TRAITÉ

SUR

LA FILATURE

DE LA

LAINE PEIGNÉE,

CONTENANT

LE PEIGNAGE, LE FILAGE ET DES NOTES SUR LE TISSAGE,

AVEC

UN ATLAS

COMPOSÉ

DES MEILLEURES MACHINES POUR PEIGNER ET FILER LES LAINES,

PAR

HAREL-GEORGE,

INGÉNIEUR-EXPERT-MÉCANICIEN.

CHEZ L'AUTEUR,

AU CATEAU-CAMBRÉSIS

(NORD).

ET CHEZ DUMESNIL, IMPRIMEUR-LIBRAIRE AU CATEAU.

1864.

TRAITÉ

SUR

LA FILATURE

DE LA

LAINE PEIGNÉE.

Les exemplaires voulus par la loi ont été déposés à la Préfecture du Nord.

L'Auteur se réserve le droit de traduction et de reproduction en France et à l'étranger.

Tout contrefacteur ou débitant de contrefaçons de cet Ouvrage sera poursuivi conformément aux lois; tous les exemplaires sont revêtus de la signature de l'Auteur.

TRAITÉ

SUR

LA FILATURE

DE LA

LAINE PEIGNÉE,

CONTENANT

LE PEIGNAGE, LE FILAGE ET DES NOTES SUR LE TISSAGE,

AVEC

UN ATLAS

COMPOSÉ

DES MEILLEURES MACHINES POUR PEIGNER ET FILER LES LAINES,

PAR

HAREL-GEORGE,

INGÉNIEUR-EXPERT-MÉCANICIEN.

—☙—

CHEZ L'AUTEUR,

AU CATEAU-CAMBRÉSIS

(NORD),

ET CHEZ DUMESNIL, IMRRIMEUR-LIBRAIRE AU CATEAU.

——

1864.

DÉDIÉ

A LA

SOCIÉTÉ INDUSTRIELLE DE MULHOUSE.

Harel-George.

Le Cateau, 30 septembre 1864.

INTRODUCTION.

Le grand maître en industrie, c'est l'expérience : c'est un professeur dont les leçons ne sont pas limitées par un programme, et qui tous les jours ajoute un fait nouveau aux connaissances acquises par la pratique.

C'est ainsi que l'application du traité de commerce avec l'Angleterre a donné tort aux nombreux pessimistes qui voyaient tous nos ateliers fermés si l'on ouvrait les frontières. Nous avons passé ce moment critique; l'épreuve est faite, et les filatures de laine, au lieu de se restreindre, se développent.

Sous ce rapport, l'Empereur n'a pas seul devancé l'opinion publique, car j'écrivais en 1859 (page 252) : « Pour l'industrie des tissus de laine, je crois la France parfaitement en mesure de lutter avec l'Angleterre, lorsqu'elle sera dans les mêmes conditions pour les matières premières. »

Aujourd'hui les faits ont parlé : l'industrie lainière, en France, n'a rien à craindre de la concurrence étrangère; nous sommes plus forts que nos voisins; les exportations, au lieu de diminuer, augmentent chaque année, et l'importation des tissus de laine diminue. Nous en avons exporté dans les quatre premiers mois de 1864 pour 100 millions de plus que nous n'en avons reçu. Voici les chiffres officiels de l'exportation en marchandises dans la même période, depuis 1861; je les donne pour faire voir la progression énorme de 1864 sur les autres années.

	Valeur exportée en marchandises.
Quatre premiers mois de 1861,	652 millions ;
Quatre premiers mois de 1862,	702 millions ;
Quatre premiers mois de 1863,	804 millions ;
Quatre premiers mois de 1864,	975 millions.

Les importations restent stationnaires, et ne sont cette année que de 701 millions 1/2. Les tissus de laine figurent pour 112 millions dans le chiffre de 975 millions de nos exportations de 1864, pour les quatre premiers mois ; tandis que l'importation pour les tissus de laine, pendant la même période, est de :

19893000 pour 1862 ;
12381000 pour 1863 ;
11354000 pour 1864.

J'espère que ces chiffres, tirés des tableaux de la douane, sont concluants : ils doivent rassurer complètement sur les effets redoutés du libre échange partiel. Nous exportons pour 112 millions de tissus de laine, et nous en recevons à peine pour 12 millions : c'est, comme je le dis au début, une différence de 100 millions à l'avantage de l'industrie nationale, pour quatre mois de production. Je répète le chiffre, pour que l'on sache bien qu'il n'est pas le résultat d'une erreur.

Les causes principales de notre supériorité sur les ateliers anglais résident dans notre système d'outillage. Cette assertion semblera hasardée aux personnes qui entendent répéter tous les jours que les Anglais construisent mieux que nous : d'abord ceci n'est pas exact ; la construction anglaise peut être bon marché, elle n'est pas finie comme la nôtre. Mais je parle du système de machines, qui est tout-à-fait inférieur au système français pour les laines fines ; c'est pourquoi les Anglais viendront encore longtemps acheter les mérinos en France et en Saxe pour leur commerce d'exportation, malgré qu'ils aient à Londres le grand marché des laines australiennes que nous leur revendons confectionnées.

Par une coïncidence vraiment extraordinaire, en même

temps que la première édition de ce livre paraissait en France, M. James, de Bradfort, publiait en Angleterre un ouvrage ayant pour titre : *Histoire de la Filature des Laines depuis les temps les plus reculés jusqu'à nos jours.*

Le travail anglais a été traduit par M. Fergusson fils, membre de la Chambre de Commerce d'Amiens. J'ai lu avec curiosité l'exemplaire que l'auteur m'a offert, et j'ai vu avec satisfaction qu'il n'avait rien de commun avec mon *Traité sur la Filature de la Laine peignée.*

L'auteur anglais se borne à donner les noms et la description des machines employées pour préparer et filer la laine chez nos voisins, sans accompagner ses descriptions de conseils et de réflexions qui donnent la vie à un livre. Après une lecture attentive, on demeure convaincu que, pour les mérinos et tous les genres fins, la France n'a rien à craindre des ateliers anglais. L'outillage est spécial pour les laines longues ; c'est presque partout le métier continu qui est employé pour préparer et filer la laine. On ne voit que quelques mull-jenny à Bradfort ; la grande masse de ces métiers est appliquée au coton. Il est vrai que le système peut s'étendre à la laine, et nos voisins, qui ont chez eux les matières premières dans de bonnes conditions, pourront lutter avec nous le jour où ils nous emprunteront notre système, mais pas avant. C'est tout le contraire de ce que les industriels redoutaient ; malheureusement, il n'en est pas de même pour toutes les industries.

L'auteur anglais, qui s'est très-étendu sur l'origine du peignage, a été sobre de développements sur la filature. On trouvera au triage, au peignage, au cardage, les dires de M. James, et le lecteur jugera. Nous n'avons pas à changer notre outillage ; il suffit de perfectionner le système qui est bon et fait tous les genres.

Je disais dans la première édition que, depuis cinquante ans, la filature de la laine peignée n'avait encore trouvé aucun auteur pour traiter cette matière. Pendant que j'écrivais ces lignes en 1859, M. Charles Leroux, d'Hangest-sur-Somme, mettait la dernière main à un travail qu'il a publié depuis. C'est un livre qui a du mérite, surtout pour les opérations préliminaires; seulement, l'auteur a adopté une échée qui n'est pas celle en usage, ce qui nuit à l'application de ses données.

M. Ernest Stamm a aussi publié en 1862 son *Traité sur le Métier renvideur* que j'avais annoncé. C'est un travail savant, trop savant peut-être pour un succès populaire; c'est un livre qui renferme autant de science qu'il était possible d'en montrer sur un tel sujet. Ce que l'on veut, ce sont des ouvrages pratiques, pas trop bourrés de coefficients et de formules, et qui n'exigent pas des études supérieures pour être compris, enfin des ouvrages à la portée des élèves sortant des écoles professionnelles. Quoi qu'il en soit, M. Stamm est le premier auteur qui ait osé et qui ait réussi à traiter complètement à fond le métier renvideur.

Ces productions, répétées après un silence d'un demi-siècle, prouvent que la question est mûre pour passer des ateliers dans les livres, afin d'en discuter les principes et de fixer une théorie; je ne revendique que le mérite d'en avoir pris l'initiative pour la filature de la laine peignée. On trouve, dans les anciennes publications des frères Armengaud, quelques machines prises au hasard, comme le bobinoir et le défeutreur de Carbon, qu'a reproduit M. Alcan dans son grand ouvrage, en l'attribuant à Villeminot. Le fait est que l'on pouvait s'y tromper : ces machines se ressemblent presque; le bobinoir de Carbon a été tiré de celui de Villeminot. MM. Armengaud frères sont des dessinateurs hors ligne; mais ils ne sont pas compétents pour la filature, et l'ouvrage de M. Alcan, qui a du mérite pour le tissage et la filature du coton, n'est pas dans les mêmes conditions pour la filature de la laine peignée. L'auteur donne un assortiment pour une quantité déterminée, qui suppose une production quatre fois plus forte que la quantité possible, surtout à cette époque (1847).

Pour faire un bon ouvrage didactique sur tous les genres, il faut le concours d'un homme spécial dans chaque genre. Le lin, le coton, le chanvre, la soie, la laine peignée, la laine cardée, forment des industries diverses qui réclament chacune des connaissances spéciales pour les études technologiques qui les concernent. Un fileur sachant écrire ferait un meilleur livre sur le métier à filer qu'un académicien.

Je prendrai la liberté de citer, dans cette nouvelle édition, les passages que je croirai utiles dans les auteurs que j'ai nommés ; j'en ferai une libre critique, comme je la provoque sur ce que j'écris.

A ce sujet, je dois dire en passant que si les critiques verbales ne m'ont pas été épargnées, je n'ai reçu qu'une seule critique écrite noyée dans des lettres tout-à-fait contraires. L'auteur, qui débute par dire : « *Votre livre aura un mérite incontestable aux yeux des masses,* » termine en disant : « *On sent que vous avez subi l'influence ordinaire des hommes qui tiennent à faire de l'histoire contemporaine et ne blesser personne.* » J'accepte le reproche de n'avoir voulu blesser personne : si c'est un péché, je l'ai commis; mais on peut le faire et rester libre dans ses appréciations. Un ami intime, avec lequel je suis lié depuis trente ans, l'homme le plus compétent que je connaisse, m'a fait un reproche tout différent; il m'a dit : « *Votre franchise vous fera des ennemis.* » C'est un inconvénient que je ne voudrais pas éviter au prix d'une faiblesse.

Je regrette que les autres plaintes ne se soient pas formulées par lettres, car j'aurais aujourd'hui le plaisir de les réfuter : je suis armé pour leur répondre. Et puisque j'ai cité une critique, qu'il me soit permis de citer une lettre d'éloges; elle est signée Bernoville frères, Larsonnier frères et Chenest : ce sont des noms honorablement connus. Après remise du montant de leur souscription, ces messieurs ajoutent : « Adressez un exemplaire de votre ouvrage à notre associé, à Guise; nous sommes certains qu'il trouvera plaisir et utilité à y suivre vos observations judicieuses, pour lesquelles nous croyons que les industriels qui peignent et filent la laine vous doivent des remercîments auxquels nous nous associons sincèrement. »

Beaucoup de filateurs de mérite ont accompagné la remise de leurs mandats de réflexions semblables. Ces témoignages sont des encouragements qui donnent la force de continuer la tâche ingrate d'écrire pour les industriels, surtout pour une spécialité dont le nombre est beaucoup trop restreint pour que ce soit un travail lucratif; il faut le faire dans l'unique but de participer aux progrès de l'industrie de son pays dans la mesure de ses forces.

La Société Industrielle de Mulhouse, que M. Jules Simon a placée au premier rang dans son beau discours sur le travail, au Corps Législatif, a jugé que les travaux de ce genre avaient droit à ses récompenses. Voici la conclusion de son comité, que m'a adressée son président :

« Je me félicite, monsieur, d'avoir à vous annoncer que la Société, adoptant les conclusions de son comité, vous a décerné une médaille d'argent. J'ai l'honneur de vous offrir, monsieur, l'assurance de ma considération distinguée.

» Le président, Nicolas KOECHLIN. »

Si j'ajoute à ces témoignages celui de M. Seydoux, député, ancien filateur et homme très-compétent, je puis attendre la critique de pied ferme et n'ai guère à redouter d'être attaqué par des noms mieux posés dans l'industrie.

Je tiens compte autant que possible, dans cette nouvelle édition, des observations qui m'ont été faites. Une table par ordre alphabétique, placée à la fin du volume, facilite les recherches, tout en maintenant l'ancienne division par chapitres et en groupant mieux les matières qui se rapportent au peignage, au filage et au tissage.

Je me présente comme filateur, et si j'ai placé le peignage avant le filage et le tissage après, c'est pour tracer le cadre dans lequel viendront se placer les travaux des hommes spéciaux pour chaque branche.

Pour le tissage, nous avons M. Alcan, qui donne beaucoup de développements sur cette industrie dans son *Traité des Matières textiles*, publié en 1847, et que je n'ai lu que l'année dernière. Il faudrait y ajouter les progrès faits dans le tissage mécanique, qui accepte aujourd'hui des fils beaucoup plus délicats.

Pour le peignage, je ne connais aucun ouvrage spécial en France; il n'en est pas de même en Allemagne : M. Hulsse, directeur de l'Ecole royale Polytechnique de Saxe, a publié, à Stuttgart, les dessins lithographiques de la fabrication du peignage. On trouverait, en France, une partie de ces dessins dans la publication industrielle d'Armengaud aîné; mais ils sont disséminés dans tous les volumes qui traitent de toutes les industries.

J'ai fait traduire, par M. Offermann, ingénieur de la maison Mercier, de Louviers, les passages de l'ouvrage de M. Hulsse, qui peuvent avoir de l'intérêt pour mes lecteurs; je les ai fondus dans le chapitre du peignage, avec la permission de M. Hulsse.

M. Alcan, dans son premier travail, a divisé la fabrication en cinq opérations principales :

1° *La filature*, qui comprend tout le travail que subit la matière première pour arriver à l'état de fil;

2° *Le tissage*, divisé en une infinité de genres;

3° *La teinture*, qui est plutôt une opération chimique que mécanique;

4° *Le feutrage* ou le foulage;

5° *L'apprêt*, qui, pour les tissus de laine peignée, se borne au grillage, la tonte, le pressage et le lustrage.

Je ne vais traiter à fond que la première de ces cinq opérations, celle qui comprend la filature, et incidemment celles qui s'y rattachent, comme le peignage et le tissage.

Voici dans quel ordre j'opère :

On pourrait, sur chacune de ces données, écrire des volumes; mais l'intérêt irait en diminuant à mesure que l'ouvrage s'allongerait. Ce n'est pas ce que j'ai voulu.

J'ai développé dans le chapitre VII les peigneuses Heilmann et Lister. J'aurais pu ajouter la peigneuse Rawson, en usage à Roubaix; il en résulterait des frais sans fin, et le livre, tel qu'il est, avec ses vingt planches, coûte plus de 15 francs.

Pour faire un ouvrage aussi complet que le demande la Société Industrielle de Mulhouse, comprenant toutes les machines en usage dans l'industrie des laines, il faudrait que l'auteur fût subventionné, afin de pouvoir donner son travail à un prix relativement bon marché, condition indispensable pour qu'il soit répandu.

Plusieurs auteurs, qui ont traité des autres industries, ont fait précéder leur sujet de notions sur les mathématiques; je préfère engager les lecteurs qui ne possèdent pas les connaissances suffisantes pour bien suivre les calculs, que j'ai rendus les plus simples possible, à se procurer des ouvrages spéciaux, comme le *Guide de l'Ouvrier mécanicien*, par Armengaud jeune, qui résume les premiers cours des Ecoles des Arts-et-Métiers.

Il y a aussi deux ouvrages de Delaunay sur la mécanique : l'un très-élémentaire, mais parfaitement rédigé; l'autre avec des calculs plus développés, comme ceux de Laboulaye. Ces derniers ouvrages s'adressent plutôt aux ingénieurs; pour bien les comprendre, il faut avoir fait des études spéciales.

L'absence d'échelle sur les vingt planches de l'atlas qui accompagne ce livre n'est pas un oubli : j'ai dû faire cette concession aux personnes qui construisent ces machines; mais on trouvera dans le texte sur quelles proportions elles sont dessinées.

Les machines pour peignage sont gravées sur pierre, et celles pour filature, sur cuivre : ce qui explique la différence des tons; les unes et les autres sont faites par des artistes distingués.

Depuis que ce livre est écrit, j'ai vu fonctionner à Amiens, chez M. Mollet-Lefebvre, un régulateur du secteur appliqué au métier renvideur, ce qui rend ce métier presque complètement automate ; le fileur ne touche plus à la vis du secteur que pour former les têtes des bobines.

J'ai aussi vu à Roubaix la peigneuse Rawson, qui rend de grands services. Elle diffère de celle de Lister principalement dans le système d'alimentation; le peigne transporteur est supprimé; ce sont les gills qui chargent eux-mêmes la peigneuse, qui produit 400 kilogrammes par jour en laines longues.

La plus grande nouveauté en filature, c'est le continu Fostier. J'en dis quelques mots à la page 267; si cette machine réussit, j'en donnerai la description dans une troisième édition, à moins que je n'en fasse l'oraison funèbre. Il en est des idées comme de l'espèce humaine : souvent celles qui donnent de grandes espérances en naissant vivent peu.

HAREL-GEORGE.

TRAITÉ

SUR LA

FILATURE DE LA LAINE PEIGNÉE.

CHAPITRE I.

APERÇU GÉNÉRAL ET NOTIONS HISTORIQUES.

DÉFINITION.

On définit la filature, en général, l'art de convertir en fils les matières textiles. La filature à la main remonte à la plus haute antiquité; celle à la mécanique n'a qu'un siècle d'existence; elle se divise en plusieurs industries qui travaillent les substances filamenteuses, les métaux et les gommes.

A l'aide de machines, on file le coton, le lin, le chanvre, le jute ou *corcherus capsularis*, qui vient de l'Inde, le *chinagrass*, l'*alpaca* du Pérou, qui se mélange au coton, au lin, à la laine et à la bourre de soie.

Le verre, l'or, l'argent, le caoutchouc, se filent aussi par des moyens mécaniques; mais la partie dans laquelle je me renferme ne trouve son application que pour le filage des bourres de soie, des poils de chameaux, des cachemires, et surtout des laines de vigogne, angoras, lamas, mérinos et autres moutons de tous les pays.

La filature de la laine se divise en deux genres principaux : la laine peignée et la laine cardée ; de leur union est née une troisième industrie désignée sous le nom de filature mixte ou cardé-peigné. La laine, après avoir subi le cardage, est travaillée dans des étirages et des doublages, comme le peigné ordinaire ; quelquefois on mélange la laine cardée avec une portion de laine peignée, ce qui donne des produits mixtes. Ce genre est surtout employé pour la bonneterie, qui demande de gros numéros avec un fil creux ; on fait aussi des mixtes à Tourcoing et Roubaix pour certaines nouveautés, et à Reims pour les flanelles ; mais bien moins que par le passé, à cause du peignage à la mécanique qui a amené le bon marché dans les fils en peigné pur. Cependant, dans les bas numéros 7, 8, 10, jusqu'à 30 et 35 au demi-kilogramme, le mixte est avantageux ; tous les numéros au-dessous de 25 se font en cardé-peigné, à peu d'exceptions près. Ils se produisent dans les pays que j'ai déjà cités : Roubaix, Tourcoing, Angers, Mende, Marvejols, Villers-Bretonneux ; les numéros fins se font surtout à Fourmies, Avesnelles, le Cateau, Reims, dans l'Alsace et les Ardennes. Amiens fait les numéros moyens et sous-filés, genre très-avantageux qui se fait aussi par les filatures isolées du département de l'Oise.

ORIGINE DE LA FILATURE.

Le filage à la main a, comme je le dis plus haut, une origine très-éloignée ; il est très-difficile, sinon impossible, d'en fixer la date d'une manière certaine. Voici comment s'exprime sur ce sujet M. Ch. Leroux, dont le traité a paru un an après ma première édition ; il rappelle l'ingénieuse fiction d'Hercule filant aux pieds d'Omphale, et il ajoute :

« A une certaine époque, l'art de filer était l'apanage exclusif des reines ; aussi, la plupart des peuples attribuaient-ils cette invention aux femmes. Les Egyptiens prétendaient la devoir à la déesse Isis ; les Chinois, à la femme d'Yao, leur empereur; les Indiens en firent honneur à Arachné; les Grecs, à Minerve, et les Péruviens, à Mama-Oella, femme de Manco-Capac, leur premier roi; enfin, d'après Pline le naturaliste, ce fut Closter, fils d'Arachné, qui inventa la quenouille et le fuseau. »

On lit dans un autre auteur, traduit de l'anglais, que les Phéniciens l'attribuèrent à leur Roëma.

Que conclure de tout cela? Que chaque peuple veut s'attribuer la gloire d'une invention aussi utile. Mais je ne vois pas, dans ce qui précède, de motif pour changer ce que j'ai écrit sur le même sujet. Je lis dans l'histoire sainte de Jouy que l'art de filer la laine est attribué à Roëma, sœur de Tubalcaïn, qui fut le premier forgeron ; leur mère Sella était une des femmes de Lameck, fils de Mathusalem. Ainsi, selon que l'on adopte la chronologie de Royaumont ou celle des Bénédictins en usage dans les lycées, la filature serait connue depuis cinq à six mille ans. A une distance aussi éloignée, il ne faut pas trop marchander les dates, d'autant plus que la valeur des mots n'était pas la même que de nos jours.

Si nous admettons que les Chinois, peuple qui a toujours été très-avancé dans les connaissances, soient dans le vrai, et que le filage fût inventé du temps de Yao, leur empereur, qui vivait dans le vingt-quatrième siècle avant J.-C., ceci nous donne encore une époque respectable de 4,200 ans pour l'origine du filage à la main.

En consultant la mythologie, ce mélange de fables et de vérités, on trouve que c'est Arachné qui, d'après les Syriens, aurait inventé l'art de filer.

Pline nous dit que c'est Closter, fils d'Arachné, qui inventa la quenouille et le fuseau. Si cette assertion est exacte, la quenouille n'aurait pas été le moyen primitif, car on filait avant Closter, et le nom de sa mère, Arachné, qui veut dire araignée, ne lui aurait été donné que parce que cette princesse aurait défié et surpassé Junon dans l'art de filer.

La quenouille était le moyen unique jusqu'en 1530 de notre ère, et ne servait qu'au chanvre et au lin ; ce fut à cette époque qu'un certain Jurgens, à Watenmuttel, près Brunswick, inventa le rouet qui se meut avec le pied. Avant d'analyser les inventions pour la filature mécanique, qui date du dix-huitième siècle, qu'il me soit permis de faire une petite digression sur l'araignée, qui est en effet la première fileuse avec le ver à soie. En lisant cette description, que je prends dans la *Revue des Sciences*, on remarquera que la perfection du fil d'araignée s'obtient par des doublages comme dans la laine peignée.

« Dans l'ordre des choses créées, les araignées ont leur cause, leur raison d'être. Les aranéides sont classées, par Linné, parmi les insectes. Il y en a de plus de cent espèces dans les environs de Paris.

» La soie qui compose les toiles d'araignée est secrétée par des grappes glanduleuses, d'où partent neuf paires de canaux coudés et recoudés plusieurs fois, se rendant dans des réservoirs où se perfectionne la matière soyeuse. Tous ces canaux convergent vers la partie postérieure de l'abdomen, terminée par six mamelons percés d'une infinité de trous donnant issue à la liqueur, qui se concrète au contact de l'air et forme la toile d'araignée. Chaque fil de cette toile, quoique d'une ténuité extrême, est composé d'autant de brins qu'il y a de petits trous à chaque mamelon, ce que nous avons constaté plusieurs fois à l'aide du microscope.

» Les flocons blancs et soyeux qui voltigent dans les airs au printemps et à l'automne, et qu'on a décoré du nom poétique de fils de la Vierge, ne sont que des fils d'araignées formés par des espèces du genre épeire et tomise.

» La soie des araignées a été utilisée : on a fabriqué des bas et des gants ; on rapporte même que Louis XIV en avait fait faire un habit. Bien que les araignées se dévorent entr'elles, elles peuvent s'apprivoiser. Pélisson, renfermé quatre ans à la Bastille, faisait accourir les araignées au son de la musette. »

Revenons à notre sujet, et constatons que le fuseau et le rouet, moyens exclusifs jusqu'en 1760, représentent les deux systèmes qui leur ont été substitués par le génie de l'homme. En effet, la quenouille et le fuseau, avec lesquels on fait alternativement des aiguillées de la longueur du bras que l'on renvide absolument comme au mull-jenny, représentent ce système, sauf que les doigts de la fileuse font l'office des cylindres lamineurs. Dans le rouet, le système est continu ; le fil se produit et se renvide en même temps sur la bobine, sans interruption ; ici encore les doigts font l'office des cylindres étireurs des métiers continus qui ont remplacé le rouet. Il y eut des rouets avec un mouvement de va-et-vient pour le renvidage du fil sur la bobine. Tréfart, de Riedé, dans le Hanovre, a inventé le rouet double, au moyen duquel une personne seule peut, avec les deux mains, filer deux brins à la fois.

Pendant bien des siècles, ces moyens ont suffi ; les ménagères filaient, les hommes tissaient pendant que les travaux des champs leur en laissaient le loisir. Mais la civilisation, en se développant, a fait naître des besoins nouveaux ; alors on a créé des machines pour les satisfaire.

Les sciences et la mécanique sont bien plus anciennes que les machines à filer ; la mécanique doit même dater de la création du monde, car le premier homme qui a voulu déplacer une lourde pierre a dû, par instinct, se servir d'un bâton comme levier.

Nous voyons, six cents ans avant l'ère chrétienne, Pythagore et Thalès donner les premières notions scientifiques ; mais ce n'est que de nos jours, et au milieu du siècle dernier, que la science et la mécanique ont été appliquées à l'art de filer. Il a fallu près de soixante ans pour faire supprimer le fuseau que j'ai vu entre les mains de mes sœurs dans leur jeunesse, et l'on trouve encore dans les greniers des grand'mères, le classique rouet avec lequel s'amusent nos enfants. Naturellement, celui-ci devait durer plus longtemps que le fuseau ; on filait encore des chaînes à la main pour flanelle en 1825.

D'après la version du docteur Pope, la première machine à filer qui se soit trouvée capable d'être utilisée fut inventée en 1767, à Blackburn, en Angleterre, par Jacques Hargreaves, qui la nomma jenny ou jenny-machine. Elle ne filait que 8 brins ; au bout de quelque temps, son inventeur la disposa pour 16 au lieu de 8.

Lorsque les ouvriers, qui avaient vécu jusqu'alors de la filature du coton, entendirent parler de ce procédé, ils fondirent sur la maison d'Hargreaves, et brisèrent sa machine. Il dut se retirer à Nottingham, où il en confectionna une nouvelle à 80 bobines ; mais celle-ci aussi fut détruite par une attaque nocturne.

La confusion est grande sur l'origine du métier à filer. Tandis que des auteurs attribuent l'invention de la jeannette à Hargreaves, d'autres prétendent qu'il la perfectionna seulement ; et si presque tous lui accordent l'idée des machines à carder, l'auteur anglais Pope dit positivement que ce fut Richard Arkwright qui mit au jour presque simultanément la machine à filer et la machine à carder en 1770, qu'il arriva à des résultats beaucoup plus considérables qu'Hargreaves. De là datent ces procédés de fabrication qui contribuèrent tant à l'accroissement de la richesse nationale en Angleterre et à la fortune particulière d'Arkwright, qui mourut en 1792, au château princier de Crumford. Des lettres de noblesse avaient été conférées au barbier Arkwright, en 1786, pour les services qu'il avait rendus à son pays.

Si maintenant on demande mon opinion sur le mérite d'Arkwright, je réponds qu'il a surtout celui d'avoir réussi ; et il lui arrive ce qui arrive à tous les hommes dans cette

condition : on leur attribue tous les mérites. Non-seulement
je ne crois pas qu'il soit l'inventeur primitif du métier à
filer et de la carde, ce qui serait par trop extraordinaire,
car ces deux machines n'ont rien de commun et partent
évidemment de deux imaginations différentes ; mais si j'en
crois ce qui reste dans mes souvenirs de l'ensemble de ce
que j'ai lu sur cette question, il n'a inventé aucun de ces
moyens ; il les a perfectionnés et il a eu l'incontestable
mérite de faire fonctionner ces machines, que d'autres avaient
mises en germe. Quelle est sa part dans l'invention ? Nul ne
le saura. Voici le résumé le plus fidèle de mes connaissances
sur ce point fondamental :

Highs, fabricant de peignes, aurait eu l'idée du métier à
filer vers 1760 ; son ami Kay, horloger, l'aurait aidé dans
l'exécution ; et, vaincus l'un et l'autre par la résistance populaire, ils auraient renoncé à cette idée, du moins aux yeux du
public ; Kay aurait même été jusqu'à nier sa participation,
pour reconquérir, par ce moyen peu loyal, ses anciennes
pratiques.

Highs continua de travailler en silence et en cachette à son
œuvre ; sur le point de mourir, il fit demander Arkwright, lui
confia que tout était prêt dans son grenier, et ce dernier,
s'associant au fils de Highs, commença l'exploitation de
l'œuvre du défunt. A-t-il hérité de l'idée si riche des
cylindres étireurs, ou est-ce là un perfectionnement qui lui
soit personnel ? Il faut le supposer, car on dit que dans le
premier métier, l'étirage se faisait verticalement au lieu de
s'effectuer horizontalement. Highs a passé sa vie dans les luttes
et une misère continuelles ; c'est souvent le lot des inventeurs,
c'est même un des signes auxquels on peut les reconnaître.

Les premières années d'Arkwright et de son associé ne
furent pas non plus heureuses ; ils firent une première fois
faillite ; mais Arkwright, qui était de caractère gai et ardent,
se releva seul et fit fortune.

Son premier métier fut le trostle ou le continu ; Hargreaves fit la jeannette au chariot mobile, et Crompton, réunissant les deux systèmes, fit le mull-jenny d'aujourd'hui, qui a les cylindres lamineurs d'Arkwright et le chariot d'Hargreaves.

Je reviendrai sur ce sujet, pour la construction moderne, au chapitre du mull-jenny.

Ainsi, il me paraît bien démontré que le métier à filer est le produit de plusieurs inventeurs successifs, que je place dans l'ordre suivant : Highs, Hargreaves, Arkwright et Samuel Crompton.

Ces inventions diverses n'étaient faites que pour la filature de coton ; elles ne furent développées d'une manière courante en Angleterre que vers 1780 ; elles passèrent en France et furent appliquées à la laine. Nous voyons, en 1784, un sieur Martin qui s'établit à Amiens avec un privilége exclusif de douze années pour la construction des machines à carder et à filer en gros et en fin ; en 1785, un constructeur nommé Miln, obtient une somme de 60,000 francs à titre d'encouragement, plus, d'autres faveurs.

En 1789, l'Etat accorde à MM. Morghan et Massey, d'Amiens, une somme de 12,000 francs, à titre d'indemnité, pour avoir fait construire un métier mull-jenny de 180 broches ; c'est le même qui sert aujourd'hui pour la laine peignée ; il n'y a que des changements de détails ; on met quatre rangs de cylindres au lieu de trois, puis des pressions libres sur les cylindres intermédiaires, au lieu des rouleaux pressés qui existent pour le coton.

Il faut remarquer que nous sommes à une époque où tout le monde court aux armes pour défendre nos frontières ; l'industrie éprouve un temps d'arrêt, et il faut nous reporter aux premières années qui ont suivi l'établissement de l'Empire, pour voir naître en France celle de la filature de la laine peignée.

PROGRÈS DE LA FILATURE DE LA LAINE PEIGNÉE.

Il faut remonter, en effet, jusqu'au commencement de ce siècle, pour trouver les premiers brevets pris en France pour filer la laine; Mme veuve Garnelt en obtint un pour un assortiment composé d'une machine préparatoire à cylindres, un métier en gros et un continu.

Deux Anglais se présentent, en 1808, avec une machine à cylindres pour étirer la laine peignée; ils filaient aussi avec des continus. C'est généralement le moyen adopté en Angleterre et peu répandu en France, sauf pour les gros numéros en laines longues. Ce n'est que deux ans plus tard que la filature de la laine peignée attire l'attention des constructeurs français. La filature de la laine cardée a été importée en France, de 1809 à 1813, par John Cockeril, Douglas et Lasgossaix. En 1810, Mayssemer fit un assortiment d'un grand mérite pour l'époque; il avait déjà le grand tambour, qui était un bon moyen de régulariser les rubans, dans ces temps primitifs de la filature à la mécanique; ce grand tambour, pour lequel on faisait des pesées de laine qui enveloppaient sa circonférence, a duré jusqu'en 1835 à 1840; on en trouve encore dans les greniers des anciens établissements. Le second passage était un réduit à trois rangs de cylindres; le troisième, un banc d'étirage à dix têtes croisées. Toutes ces machines sont aujourd'hui supprimées, ainsi que le continu, qui est très-lourd à mener et ne fait pas les numéros fins. La Belgique en fait usage pour ses gros numéros; il y en a aussi quelques-uns à Roubaix et Tourcoing. Dans le centre de la France, on s'en sert pour retordre, parce qu'alors on travaille du fil fort.

Sous le premier Empire, l'industrie française a fait peu de progrès, sauf celle qui avait la guerre pour mobile. Ce n'est qu'à la conclusion de la paix que l'on voit la filature se développer rapidement, sans interruption jusqu'à notre époque, qui a vu naître la peigneuse Heilmann et le métier renvideur. Ces deux inventions peuvent suffire pour la gloire d'un siècle. On pourra facilement mesurer le chemin parcouru en comparant l'assortiment que Dobo montait, en 1813, chez M. Joubert, à Bazancourt, avec celui que j'indique dans la composition de l'assortiment actuel. Il est bien entendu que je ne l'indique pas comme définitif; en mécanique, ce mot est de trop, la porte restant toujours ouverte au progrès.

Ainsi, l'établissement de Bazancourt qui, depuis 1830, est entre les mains de MM. Lucas, date de 50 ans. Pour se maintenir au premier rang comme il l'a fait, il a dû changer ou modifier plusieurs fois son matériel ; il ne doit plus y avoir aujourd'hui une seule machine de cette époque dans sa composition. Voici comment Dobo, qui avait acheté le brevet de Mayssemer et qui en prit un second en 1816, composait l'assortiment :

1er *passage* : Un défeutreur à cylindres.

2me *passage* : Un réduit, après lequel on tortillonne.

3me *passage* : On défait les tortillons que l'on repasse au réduit.

4me *passage* : On place des pésées de 20 grammes derrière le grand tambour.

5me *passage* : Un second tambour reçoit les rubans de 4 mètres du premier.

6me *passage* : Un banc d'étirage à 8 têtes, double et redouble les rubans.

7me *passage* : Un bobinoir à 8 bobines, le seul de l'assortiment.

8me *opération*, qui valait un passage : Les bobines faites au compteur étaient classées.

9me *opération* : Le métier à filer recevait les bobines par série de grosseur.

Ce système, qui était l'enfance de la filature à la mécanique, était un grand progrès sur la filature à la main, qu'il devait supprimer, comme plus tard le peignage mécanique a détrôné le peignage à la main, et comme de nos jours le tissage mécanique se développe et remplace le tissage à la main : la loi du progrès le veut ainsi. Ce dernier changement sera plus long que les autres à s'opérer; mais il est inévitable.

Toutes les machines de l'assortiment qui précède, défeutreurs, réduits, étirages, sont nées de la même idée. Leur base est le cylindre lamineur du mull-jenny. Il en est de même dans les machines préparatoires du coton; parmi ces dernières, il en est une qui a beaucoup de rapport avec le bobinoir : c'est le rota-frotteur. Cette machine, refusée en Alsace, a été acceptée en Normandie pour les numéros moyens. C'est probablement de cette machine que Deviéville-Déclandieux a tiré son frottoir à trois colonnes appliqué par lui aux bobinoirs. Cependant le rota-frotteur semble être d'une construction plus récente, ou il a subi d'heureux changements; l'application d'un frottoir rationnel au bobinoir, et les peignes à barettes, également dus à Déclandieux, en firent une machine d'un grand mérite. Voici ce que dit Alcan sur ce sujet :

« M. Deviéville-Déclandieux, constructeur-mécanicien, conseillé, aidé et soutenu de toutes les manières par M. Ternaux, parvint à livrer à l'industrie une nouvelle machine à préparer la laine peignée; il inventa ou appliqua, si l'on veut, les peignes à barettes aux machines à étirer, à doubler et à laminer la laine. Nous disons que l'on peut considérer cette heureuse idée comme une invention ou seulement comme une application, parce qu'on avait fait une application analogue aux machines à filer le lin. Quoi qu'il en soit, le travail de la laine peignée est entré dans une voie nouvelle; depuis lors, toutes les autres améliorations n'ont été, pour ainsi dire, qu'une conséquence de celle-là. »

Je me dispense de la description de ce peigne, qui n'est plus en usage. C'était un peigne à manchon qui a été remplacé par le peigne circulaire que Laurent avait fait pour le lin; il fut modifié et appliqué à la laine peignée. Celui de Déclandieux

était tiré des Gills de MM. de Girard frères, qui furent brevetés, en 1810, pour des machines à filer le lin. Cette industrie,
pour laquelle Napoléon avait promis une prime énorme, occupait alors beaucoup les esprits.

Laurent fit aussi d'excellents mull-jenny; lui et Déclandieux
étaient les constructeurs renommés, dans la période de 1815 à
1830. Le peigne cylindrique, en permettant d'approcher très-
près du cylindre étireur, a permis de filer des laines plus
courtes et plus fines; il était aussi moins coûteux que celui de
Déclandieux. Ce constructeur, dont le système n'existe plus,
est arrivé à temps et a fait fortune; tandis que Laurent est mort
pauvre, quoique son système soit aujourd'hui le seul en usage.
Dobo-Féret a aussi terminé sa carrière dans une position précaire : il faisait, à la Villette, près de Paris, ou à Charonne,
des tarauds de précision pour les horlogers. Je ne dis pas cela
pour insulter à la mémoire de ces hommes qui ont été les
initiateurs de l'industrie de la laine peignée en France; mais
pour faire voir quel rôle joue le hasard dans les succès industriels. Nous voyons, en 1830, sombrer les maisons Joubert et
Ternaux; et c'est à ces deux hommes que nous devons la fabrication des cachemires français, qui ont fait la fortune et qui
font l'objet de réclames des négociants qui ne sont même pas
filateurs.

Entre les constructeurs anciens et les constructeurs actuels,
il faut placer Villeminot-Huart, qui a eu son moment de succès,
succès justifié par les améliorations apportées aux machines de
Déclandieux et Laurent. Il mit le frottoir du bobinoir à cinq
colonnes, au lieu de trois, avec d'autres dimensions; depuis
elles ont encore été changées; mais ce frottoir fut un grand
perfectionnement, pour lequel M. Villeminot a négligé de se
faire breveter; il a dû le regretter, car ce système ayant été
adopté par tous les filateurs, c'était un coup de fortune. Il fit
d'autres changements de détails pour consolider ses machines,
qui sont toujours recherchées dans le dernier modèle; aujour-

d'hui elles sont faites par les constructeurs dont les noms
suivent et pour lesquels j'observe l'ordre alphabétique :

MM. Bruneau fils aîné, de Rethel;
    Carimay, de Paris, successeur de Pihet;
    Corbeau, de Rethel;
    Grun, de Guebvillers;
    Kœchlin, A., de Mulhouse;
    Moreau, à Roubaix;
    Pierrard-Parpaite, de Reims;
    Schlumberger, de Guebvillers;
    Skène et Dévallée, à Roubaix;
    Stehelin et Cie, à Bitschwiller.

La somme des progrès pour la construction se trouve dans
les assortiments de ces constructeurs; l'un fait mieux la
machine, l'autre le métier à filer, un autre la lisseuse, le
dégraissoir, la carde, le métier à tisser, etc. Il n'y en a que
trois qui construisent le renvideur; deux construisent les
peigneuses. Je ne publie pas ces distinctions, parce que la
position change tous les jours et que je ne veux pas que ce
livre ressemble à une réclame en faveur de tel ou tel constructeur. Je n'ai pas cité M. Mercier, de Louviers, parce que
je crois qu'il ne s'occupe que du cardé, qu'il construit parfaitement; sa grande carde est toujours demandée.

Le banc à broches que j'indiquais dans ma première édition
comme essayé à nouveau dans la préparation de la filature de
la laine peignée, est décidément abandonné, et cela devait
être, les filateurs qui en faisaient usage les ont cassés pour
les remplacer par des bobinoirs.

Tous les démêloirs, y compris celui de Pierrard, sont aussi
en partie supprimés; il en est de même de la grande et de la
moyenne peigneuse de Schlumberger, tandis que le petit
modèle pour la laine fine est toujours très-recherché.

PRIX DE L'ÉCHÉE A DIVERSES ÉPOQUES.

Le point le plus important des progrès de la mécanique réside dans l'influence immédiate qu'ils exercent sur les produits fabriqués, en diminuant leur prix de revient; c'est donc une conclusion logique que de donner ici ces prix à diverses époques; on en trouvera le détail à la fin du livre pour les conditions actuelles. Les échées filées à façon, en 1825, se payaient 14^c, et lors de mes débuts, en 1835, le prix était de 9^c; je conduisais alors la filature de M. Villeminot, de Reims; les fabricants nous priaient pour avoir des échées à 9^c, ce qui se faisait en 1862 à 1^c 1/2. On proclamait bien haut que le prix coûtant était de 5^c, que jamais on ne pourrait produire à meilleur marché. L'expérience a prouvé que la première partie seule de ce raisonnement était vraie; l'échée coûtait en effet 5^c en 1835, mais on est arrivé à pouvoir le produire au-dessous de 2^c, grâce au développement des établissements et aux progrès de la mécanique.

En 1845, je filais pour mon compte à 4^c et 4^c 1/2, ce qui laissait encore un bénéfice de 30 p. %; plus tard, en 1855, on a fait des marchés à 2^c et 2^c 1/4, et je ne serais pas étonné de les voir faire l'année prochaine au-dessous de ces prix. Dans les temps de crise on file à 1^c 1/2. De 1825 à 1862, nous avons le tableau suivant :

En 1825, prix de la façon d'une échée de 710^m, 14 centimes.

1835,	le même travail,	9 —
1845,	—	4 —
1855,	—	2 —
1859 à 1862,	—	1 1/2.

En 1863, les prix remontent à 2^c et 2^c 1/2. Entre les années que j'indique pour marquer des époques, il y a eu des crises commerciales qui ont fait baisser les prix. Ces crises sont périodiques : les plus marquantes ont été celles de 1840, 1847 et celle de ces dernières années. Ce sont des moments terribles pour le filateur qui ne sait pas perdre.

Généralement lorsqu'on dit que les filateurs à façon travaillent souvent à perte, et cela pendant des années, on n'en croit rien, parce que tous les ans on voit s'élever des établissements nouveaux, excités par l'exemple de fortunes faites dans cette industrie. Si j'émettais une opinion isolée, on pourrait ne pas s'y arrêter, l'homme est faillible dans ses jugements ; mais j'ai conservé, pour servir à l'histoire de la filature de la laine, les procès-verbaux d'une fameuse réunion de 94 filateurs qui, en 1848, avaient convoqué tous leurs collègues afin de s'entendre pour ne jamais filer au-dessous du prix de revient, que l'on estimait alors à 2ᶜ 1/2 ; c'était un rêve comme on en fit tant à cette époque ; aussi personne ne prit cette résolution au sérieux. Et pendant qu'à l'hôtel-de-ville de Reims on discutait encore pour assurer l'efficacité de la mesure, renouvelée des jurandes, les plus pressés cherchaient en ville des laines au-dessous de 2ᶜ 1/2.

Cependant ces industriels se sentaient gênés, car des cinq membres qui composaient le bureau, plus un seul n'est filateur, sauf la maison Tranchart-Froment.

Il y a un enseignement encore plus positif dans la liste des membres qui composèrent la commission déléguée par l'assemblée dont ils représentaient l'esprit : presque tous ont succombé, industriellement parlant, dans un espace de 12 ans.

Ce sont MM. Ed. Henriot ;

   Hendelang ;

   Bureau fils ;

   Tranchart-Froment ;

   C. Poulain ;

   Fortier ;

   Roger ;

   Provost.

Je crois que de cette liste, que je n'invente pas, puisqu'elle a été publiée, il ne reste qu'un seul filateur; ce serait une erreur de croire que les autres ont fait fortune. Tout n'est donc pas rose dans la filature, et si je consulte la liste des 94 signatures, j'y vois des vides énormes : l'un a fait faillite, un autre s'est pendu, un troisième est devenu fou; ce dernier était, à l'époque dont je parle, un filateur des plus renommés. La vérité est qu'il se ruinait, et que son successeur a perdu de 30 à 40,000 francs; heureusement pour lui qu'il avait de l'argent. A tant de ruines que l'on oublie si vite, pour ne voir que ceux qui restent, il y a une cause générale. Il n'entre pas dans mon plan de la rechercher; je laisse ce soin aux économistes : c'est peut-être nécessaire.

C'est pour parer à la ruine dont plusieurs étaient menacés que l'on avait pris la résolution de ne pas filer au-dessous de 2^c 1/2. Il avait été dit, dans le cours de la discussion, que les *minimums* de prix de façon seraient fixés de manière à ne laisser aucun bénéfice aux filateurs; que ce prix de revient serait révisé tous les deux ans, pour tenir compte des progrès accomplis qui pourraient diminuer ce prix; ainsi, je suppose qu'aujourd'hui, en 1864, on fixerait ce prix à 1^c 75.

Il ne manquait à ce projet qu'une chose assez essentielle : l'acceptation de l'Etat pour le rendre obligatoire pour tous; car presque tous les filateurs présents l'avaient signé. Voici quelques-unes des résolutions qui avaient été arrêtées en principe :

ARTICLE 2. Le guindage de 1,000 mètres est obligatoire pour tous les filateurs en peigné et en cardé. (Le prix était de 2^c 1/2 pour 710 mètres.)

ART. 4. Aussitôt l'acceptation de ce traité, un *minimum* de salaire pour l'ouvrier sera basé sur le *minimum* accordé aux filateurs. (Ce paragraphe, voté à une faible majorité, a été ensuite abandonné comme impossible à réaliser.)

ART. 6. La journée sera de douze heures de travail effectif.

ART. 7. L'assemblée décide à l'unanimité qu'en principe le travail de nuit devait être aboli, ainsi que celui des dimanches et autres jours fériés légalement, excepté pour réparer le temps perdu par accident.

ART. 11. La réduction des heures de travail pourra avoir lieu pour tous les filateurs, ou seulement pour une des deux branches peigné ou cardé.

ART. 12. La mesure relative à la réduction des heures de travail est obligatoire pour les filateurs, marchands de fils ou fabricants, comme pour les filateurs à façon.

ART. 16. Dans chaque établissement, il sera formé une caisse de secours pour les malades, au moyen d'une retenue faite à chaque paie, d'après un règlement.

ART. 17. L'assemblée générale des filateurs se réunira chaque année, au mois de mai, afin de modifier, s'il y a lieu, le présent traité, et renouveler la commission de surveillance, etc.

Les articles que je ne cite pas ont surtout pour but les moyens d'exécution : l'abolition du remboursement, les bureaux de conditionnement, la question de détails.

Ce règlement avait été fait et signé le 13 juillet 1848.

A ceux qui disaient que l'on ne pouvait faire une loi exceptionnelle pour une seule industrie, on répondait :

Qu'il vaut mieux sauver une industrie qui indique les moyens de le faire, que de les laisser périr toutes (n'oublions pas que nous étions au lendemain des journées de juin); que l'industrie lainière en France touche, par son importance, à toutes les autres, depuis celle des métaux, des houilles, du roulage, de la navigation, etc., jusqu'à l'agriculture, dont elle emploie une partie des produits; qu'elle est, en un mot, un des plus puissants agents de la prospérité de la France. On invoquait l'intérêt général, l'amélioration du sort des travailleurs, la sécurité publique.

On ajoutait que si la tâche était difficile pour toutes les industries, elle ne devait pas rebuter ceux que la confiance du

3

pays avait mis à la tête du Gouvernement, précisément pour rechercher les moyens d'améliorer ; qu'au contraire, ils devaient s'armer de résolution et de courage pour travailler à une organisation ferme, humaine et équitable de la régénération de l'industrie, et par suite, de la société tout entière.

Tous ces beaux raisonnements avaient contre eux la suspension des travaux. Que faire lorsque les chefs d'industrie ferment leurs ateliers ? Et puis les filateurs avaient ruiné leur base en repoussant l'article 4. Pourquoi le Gouvernement prendrait-il plus de soin de la position des filateurs que de celle des ouvriers qu'ils occupent ? Un filateur à façon est un ouvrier aux pièces ; il travaille pour un fabricant ou un marchand de fils, comme le fileur travaille pour le filateur. Les positions sont identiques sous le rapport du salaire ; il ne fallait pas les séparer. Pourquoi l'un aurait-il plus de garanties que l'autre ? Le grand remède, c'est la liberté : elle répond à tous les besoins. Personne n'est forcé de se mettre filateur, et si j'ai écrit un chapitre sur les salaires, c'est parce que cette liberté n'est pas entière ; elle ne le sera que lorsque la loi sur les coalitions sera modifiée (*). Il y a eu des discours admirables sur ce sujet, dans la discussion de l'adresse de 1864 ; j'engage les lecteurs qui s'occupent des questions sociales à les méditer.

Nous devons à la liberté de l'industrie des progrès énormes dont le consommateur profite ; il faut donc gêner cette liberté le moins possible. Si certaines contrées ne sont plus aussi florissantes, d'autres se développent, surtout dans le Nord. Dans un seul village, à Fourmies, il s'est monté plus de vingt établissements en peu d'années, et il s'en monte encore tous les jours dans les environs du Cateau, mais pas au Cateau, où il y a un établissement d'une telle importance que tous les autres

---

(*) Cette loi vient d'être modifiée par un vote du Corps Législatif, dans la séance du 2 mai 1864. Ce vote déclare par le chiffre historique 221 voix contre 36, que les coalitions sont licites sous certaines réserves.

semblent petits à ses côtés, l'établissement Seydoux, Sieber et
Cie a plus de 40,000 broches, dont il absorbe tous les produits
en tissus; l'autre établissement du Cateau, la filature du Palais,
qui avait 2,400 broches en 1840, en a aujourd'hui 12,000;
dans tout autre pays, ce serait un établissement important; les
établissements en général ont une moyenne de 5 à 6,000
broches.

On trouve encore de forts établissements en Alsace : 15 à
20,000 broches, même 25,000. Le pays qui renferme le plus
de filateurs de laine peignée, c'est Roubaix, qui en compte
50; puis Reims, Amiens, Tourcoing, Rethel, chacun une
vingtaine; viennent ensuite en troisième ordre, comme
importance, Villers-Bretonneux, Mende, Suippes, Wignehies,
Signy-l'Abbaye, Paris, Angers, Marvejols, Saint-Quentin,
Solre-le-Château; puis cent cinquante établissements sont
semés dans plusieurs départements : le Haut-Rhin, l'Oise, le
Nord, la Corrèze, l'Aisne, la Marne, les Ardennes, la Somme.

CHAPITRE II.

ADMINISTRATION.

Pour être bon filateur et obtenir des résultats financiers satisfaisants, il faut être bon administrateur, bien prévoir les conditions de réussite de l'usine que l'on monte. Voici comment Alcan définit ces conditions :

« Les résultats qu'une usine quelconque doit se proposer consistent toujours dans la création de produits relativement parfaits, aux conditions les plus avantageuses. Ce problème, d'un énoncé si simple, est un de ceux dont la solution exige le plus de connaissances positives.

» Les éléments à considérer consistent :

» 1° Dans la facilité de l'approvisionnement des matières premières ;

» 2° Dans le choix, la perfection, le prix du moteur, des machines, des outils, et de leur agencement convenable ;

» 3° Dans la valeur de la main-d'œuvre ;

» 4° Dans le prix de l'argent, qui se compose des intérêts du capital mort, du capital roulant, et de l'amortissement du premier ;

» 5° Dans les différentes charges accessoires, telles que les impôts généraux et locaux ;

« 6° Enfin, dans la certitude d'un débouché facile des produits manufacturés, en faisant la part des éventualités. Les crises politiques et commerciales sont à l'industrie ce que les mauvaises récoltes sont pour l'agriculture : à l'une, les infirmités sociales ; à l'autre, celles de la nature. »

J'ajoute que l'industrie ressent toujours le contre-coup d'une mauvaise récolte, qui diminue la consommation des produits fabriqués. 1789, 1830 et 1848 ont été précédés d'une mauvaise récolte. En 1847, le pain coûtait 60° le kilogramme ; ce que l'on dépensait de plus en pain, on ne le dépensait pas en produits de l'industrie. Il faut donc être très-prudent lorsque l'agriculture souffre, car tous les intérêts sont solidaires : ceux du consommateur comme ceux du producteur. C'est pourquoi l'abolition de l'échelle mobile, qui tend à niveler sur notre marché le prix des blés, a été un grand bienfait. Toujours on revient à ce remède souverain : la liberté. Que les produits circulent librement, pour aller sur les marchés où ils sont demandés, quoi de plus naturel?

Un bon administrateur doit savoir se rendre compte et ne pas oublier les leçons du passé. Je citais dans la première édition de ce livre deux époques, 1844 et 1857, pour faire voir à quels prodigieux résultats on était arrivé pour le prix des fils.

En 1844, les laines brutes coûtaient 5 francs, et les trames 120 qu'elles produisaient se vendaient 20 francs le kilogramme.

En 1857, les mêmes laines coûtaient 6 francs, et les trames 120 se vendaient 14 francs 50 centimes.

C'est donc, d'un côté, 20 p. % d'augmentation sur la matière brute, et 30 p. % de diminution sur la matière fabriquée : ce qui forme une différence de 50 p. %. Ce résultat est dû, en partie, à l'introduction de la peigneuse dans les ateliers de filature ; non-seulement elle a supprimé les peigneurs à la main, mais cette addition a changé les rapports commerciaux, en évitant des intermédiaires qui pesaient sur le producteur de fils. Les fabricants peigneurs commençaient par prélever un bénéfice qui est aujourd'hui supprimé ; la laine peignée arrivait quelquefois chez les filateurs après avoir passé dans plusieurs mains, qui toutes en retenaient une mèche.

Il reste encore deux voies ouvertes à la spéculation sur le

travail ; il faut s'appliquer à les fermer. L'une porte sur les matières brutes, sur lesquelles spéculent les acheteurs ; et l'autre sur les matières fabriquées confiées aux commissionnaires.

Que faut-il pour supprimer les acheteurs de laine et les commissionnaires ? Une seule chose, un capital suffisant entre les mains de l'industriel. Les grandes maisons, comme la maison Seydoux, ont résolu le problème ; elles achètent directement la laine chez le cultivateur ou au marché européen de Londres, et vendent leurs produits aux marchands qui vendent au détail.

Cette réforme sera longue, car tous les industriels limités dans leurs moyens financiers croient encore les intermédiaires indispensables, sans doute dans l'organisation actuelle ; mais il faut changer cette organisation : c'est ce qui va arriver par le développement du tissage mécanique, qui exigera l'association des financiers et des industriels.

Si vous n'êtes pas assez fort, ayez des associés ; qu'ils vous représentent à la vente et aux achats ; qu'ils participent à vos bénéfices et à vos pertes, ce sera pour le producteur la meilleure garantie ; il ne faudra pas pour cela un centime de plus dans le commerce ; seulement les moyens seront réunis au lieu d'être divisés. Il en sera de même des intérêts, système de beaucoup préférable à celui actuel, dans lequel le vendeur s'occupe plus de ses chances que de vos bénéfices.

Admettons que vous ayez pour commissionnaire le plus honnête homme possible ; ne sera-t-il pas obligé, pour vendre, de faire les mêmes concessions que ses confrères peu scrupuleux qui s'inquiètent moins des intérêts de leurs clients que de leurs trois pour cent assurés, lors même que vous perdriez sur vos marchandises.

Le commissionnaire, en général, ne connaît qu'une chose : faire des affaires. La fin du mois arrive, il a des échéances à faire, il vend ; et comme il est ducroire, qu'il répond des paiements, il ne vend qu'aux bonnes maisons ; je dis que dans ce cas vous vendriez aussi bien que lui, même mieux, car vous seriez pris plus au sérieux dans la défense des intérêts qui vous touchent, et qu'il défend fort mal. Encore devez-vous vous estimer heureux lorsque le commissionnaire ne dit pas à l'acheteur : ce lot n'est pas mûr ; le vendeur n'a pas encore besoin d'argent ; attendez, nous l'amènerons. Si on ne tient pas ce langage, on le laisse deviner. Une maison entre les mains d'un commissionnaire voit son crédit descendre ; il faut que le vendeur devienne votre associé, c'est la seule combinaison rationnelle, ou former une maison assez importante pour avoir son comptoir de vente à son compte, comme les négociants de Paris qui ont leurs établissements industriels en province.

Ce point résolu par le chef de maison ou gérant, il y en a un autre non moins important : c'est le choix du personnel pour mettre à la tête de l'établissement de production, il y a d'abord :

LE DIRECTEUR.

Dans les petits établissements, ce poste est souvent occupé par le propriétaire de l'usine ; il opère à ses risques et périls, et qu'il ait ou non les connaissances et les qualités voulues, personne n'a rien à y voir. Mais lorsque les fonctions de directeur sont confiées à un employé qui ne répond plus de vos intérêts par les siens, cet homme doit donner des garanties morales et intellectuelles sans lesquelles il ne peut honorablement accepter la responsabilité des intérêts d'autrui.

Il faut que ce soit un homme éprouvé, probe et sobre, d'une capacité notoire, d'une exactitude exemplaire ; il doit avoir des connaissances spéciales dans l'industrie qu'il exerce, être un administrateur d'ordre, ayant une grande expérience des hommes et des choses, inaccessible à la faiblesse dans le le choix de tout son personnel, ne pesant que les titres sérieux, ceux qui répondent aux besoins de l'établissement, en mettant de côté toutes les influences de camaraderie ou de parenté; en un mot, cet homme, qui porte la responsabilité et fixe les salaires, doit être intègre.

Le choix d'un directeur qui réunisse ces qualités est assez difficile à faire; les sujets ne manquent pas, mais beaucoup ont un défaut quelconque. Il faut aussi que ses mœurs soient à l'abri du soupçon, car le directeur veille à la moralité de tout le personnel. Je ne dis pas qu'il faille composer un atelier de rosières; le travail en commun s'y oppose un peu; mais à tout il y a des bornes, et le directeur doit renvoyer les ouvrières qui affichent une mauvaise conduite. Sous ce rapport, les ateliers des campagnes sont plus moraux que ceux des villes; j'ai été à même de faire cette remarque plusieurs fois.

Certainement il ne faut pas suivre l'ouvrier chez lui pour scruter sa vie intérieure; une fois passé les portes de l'atelier, il est libre de ses actions. Mais dans l'atelier, il faut exiger une tenue convenable, faire respecter la décence et non tolérer des propos scandaleux devant des enfants de douze ans; il y a responsabilité morale pour le directeur qui souffre ces choses-là. C'est surtout en industrie que l'on peut dire : tant vaut l'homme, tant vaut la chose. Un bon directeur ne peut être apprécié que par des gens de beaucoup de discernement et d'une grande sagacité. Tout homme ayant de l'argent peut faire un bon filateur; il suffit de s'adjoindre un directeur capable. C'est un choix délicat à faire; mais une fois fixé, il faut laisser à l'employé choisi, toute sa liberté d'action, sous peine de paralyser ses moyens et d'affaiblir son autorité.

Il faut l'unité dans la direction, que chaque ouvrier ou employé ne relève que d'une personne dont il reçoit les ordres directement; les contre-maîtres les reçoivent du directeur.

Ces ordres doivent être peu nombreux, laconiques et ponctuellement exécutés. Les attributions entre les employés de tous grades, portier, caissier-comptable, surveillants, contre-maîtres, doivent être nettement déterminées, afin que la confusion ne soit pas possible. Il y a des établissements où les hommes de bureau sont aussi influents que le directeur; cela ne doit pas être. Lorsqu'un employé n'est pas à sa place, il vaut beaucoup mieux le changer que de lui laisser exercer une autorité bâtarde, moralement contestée, car alors il ne rend plus les services sur lesquels on a droit de compter.

Il faut avoir un plan, marcher droit à un but sans se laisser détourner par des raisons secondaires, comme ces gérants incertains qui consultent tous les vents et qui défont le lendemain les travaux de la veille. Il faut travailler avec la persévérance que donne l'esprit de suite, sans courir après toutes les branches qui semblent donner des bénéfices momentanés; il faut s'arrêter aux produits pour lesquels on est le mieux monté, les perfectionner, et s'en tenir là.

Il est prouvé que plus vous vous renfermez dans une spécialité, mieux vous la faites, et à meilleur marché.

Le bon marché tient surtout au chiffre de la production, et sur ce chiffre, le directeur a beaucoup d'influence par les primes qu'il fixe, le soin qu'il met à féliciter les bons ouvriers, et à gourmander les mauvais, que l'on change de temps en temps.

LES CONTRE-MAITRES.

Si le directeur doit avoir des connaissances théoriques et pratiques, les contre-maîtres doivent surtout posséder ces dernières. Ils doivent être spéciaux pour la partie qu'ils exercent; ainsi, à la préparation un ancien ajusteur, et aux métiers à filer un ancien fileur, feront de bons contre-maîtres, s'ils ont les qualités sociales indispensables, comme la sobriété, une bonne conduite, et beaucoup d'exactitude. Les contre-maîtres sont assujettis à la cloche comme les ouvriers : ils doivent prêcher d'exemple.

Les élèves des écoles des arts-et-métiers, des écoles professionnelles, ont l'instruction voulue pour faire de bons contre-maîtres après quelques années de pratique, et, par suite, des directeurs; mais il faut absolument les années d'atelier pour prouver leur courage et leurs capacités manuelles.

Voici comment M. J. Férat, qui m'a communiqué un travail manuscrit sur la filature, entend les devoirs du contre-maître. Son opinion est à citer, parce que M. J. Férat est un des plus anciens contre-maîtres qui existent, qu'il a beaucoup vu et beaucoup observé, et que ses réflexions me semblent justes.

« Il importe qu'un contre-maître se fasse respecter et obéir par les ouvriers sous ses ordres. Il ne suffit pas d'avoir les connaissances de sa partie; il faut encore avoir l'art de conduire les hommes : il faut étudier le caractère de ceux que l'on commande. Le contre-maître sera impartial avant tout; ses observations, ses remontrances, doivent être faites avec dignité et jamais avec emportement; elles doivent être simples et fermes. Son maintien, son regard, sa manière de s'exprimer, doivent commander l'estime, le respect, et lui mériter la confiance de tous ses subordonnés, avec lesquels il faut éviter les longues conversations; autrement, il en résulterait une trop grande familiarité. Il suffit d'être concis et explicite dans les ordres que l'on donne, d'en exiger l'exécution immédiate. En se conduisant ainsi, on sera sûr que les reproches, lorsqu'on sera obligé d'en faire, feront plus d'impression et seront en même temps mieux reçus. Le contre-maître d'une filature est, si l'on peut s'exprimer ainsi, la cheville ouvrière, l'âme de son atelier; il doit être actif, vigilant, le premier et le dernier au travail. Il est personnellement et moralement responsable de tous les défauts du fil, de l'usure des machines, etc., enfin, de la gestion qui lui est confiée. S'il connaît bien sa partie, s'il remplit bien les devoirs que lui impose son emploi, il peut faire fructifier l'établissement; si, au contraire, il lui manque l'énergie, l'activité qu'il doit déployer dans la surveillance, il en paralyse la marche. C'est au directeur à aviser.

» Le contre-maître, qui voit tout par lui-même, doit prévoir à l'avance tout ce qui est nécessaire, afin que ses ouvriers ne perdent pas de temps, soit par le chômage des préparations de telle ou telle machine, ou des accessoires à leur fournir, afin d'activer et d'entretenir leur marche. J'ai débuté par les fonctions de contre-maître : je puis me rendre cette justice que jamais un ouvrier n'a attendu cinq minutes après moi ; j'en aurais été honteux : j'aurais cru que c'était autant de pris sur son salaire. (N'oublions pas que dans la filature l'ouvrier est aux pièces).

» Le contre-maître doit porter la plus grande attention et réfléchir, lorsqu'il veut innover ou faire un changement quelconque, soit dans les machines, soit dans les différentes combinaisons des rubans à travailler ; sans quoi il pourrait se fourvoyer. Il y en a pour lesquels les changements sont une véritable manie ; je les engage à couvrir leur responsabilité en consultant leur chef immédiat avant de les entreprendre. »

M. J. Férat exige un peu trop de connaissances du contre-maître ; il veut qu'il sache forger, limer, ajuster, tourner le bois et les métaux, qu'il connaisse assez de dessin linéaire pour, au besoin, tracer un croquis ; qu'il sache l'arithmétique, les quatre règles, les proportions. Je m'arrête là, car les principes d'algèbre, les éléments de mathématiques, sont difficiles à trouver chez des hommes qui ont souvent commencé par être rattacheurs, et ce ne sont pas les plus mauvais contre-maîtres.

Je comprends que l'on exige du directeur le plus de connaissances possibles, mais il faut surtout que les employés soient des praticiens.

Il y a toujours parmi les ouvriers des hommes de bonne conduite et souvent très-intelligents ; c'est avec ceux-là qu'un directeur habile fait de bons contre-maîtres, qui vaudront toujours mieux que des hommes de protection qui ne sont pas du métier ; il y a des exceptions, mais il y en a peu.

Les contre-maîtres doivent ignorer l'ensemble des opérations et les rapports commerciaux; ils travaillent la matière qu'on leur donne et tiennent des notes rigoureuses des résultats, afin que les prix de revient soient arrêtés à la dernière limite du possible. Il faut vendre à ces prix plutôt que d'emmagasiner : le producteur n'est pas spéculateur; il ne doit jamais se laisser encombrer de marchandises faites, puisque chaque jour lui en apporte de la nouvelle.

Il faut interdire aux contre-maîtres et autres employés toute espèce de trafic avec les ouvriers qu'ils gouvernent. Les contre-maîtres marchands doivent opter entre leur boutique ou leur emploi, car il y a là une source d'abus, surtout lorsque chaque contre-maître fait la paie de son atelier : c'est une mauvaise méthode.

* * *

LA PAIE.

Dans un grand établissement, la paie doit se faire au bureau, sous les yeux du directeur, et non dans chaque atelier, par les contre-maîtres qui dressent les comptes. Il ne doit être exercé aucune retenue pour des tiers, comme boulangers, épiciers, marchands quelconques. L'ouvrier qui a fait sa quinzaine doit la recevoir entière. Il faut repousser le système des retenues, lors même que l'ouvrier demanderait à s'y soumettre : elles engendrent des abus. L'ouvrier qui va chez un marchand à la quinzaine paie plus cher, et lorsqu'il sait d'avance qu'il n'a rien ou peu de chose à recevoir à la paie, il travaille avec moins d'action. C'est encore pour ce motif qu'il ne faut lui faire d'avances que dans un cas de maladie ou d'impérieuse nécessité : c'est un point sur lequel on se laisse généralement aller, c'est à tort. Il faut résister à ces demandes dans l'intérêt même de l'ouvrier.

La meilleure division pour les paies, c'est la quinzaine : le mois c'est trop long. Cette division de douze paies par an exige des crédits chez les marchands, et la paie toutes les semaines c'est trop près, tous les lundis se trouvent être des lundis de paie ; ces jours-là donnent toujours moins de produits, bien que les ouvriers qui manquent le lundi ne soient plus supportés.

On arrête les comptes le jeudi soir qui précède le samedi de paie; on les fait le vendredi sur les livrets de comptes des fileurs. Ils leur sont ensuite remis pour qu'ils fassent leurs réclamations, s'il y a lieu, et le samedi matin on dresse la feuille de paie, qui est soldée le samedi soir après la journée faite. Les sommes sont disposées d'avance avec des billets qui les indiquent; les ouvriers n'ont qu'à défiler à l'appel de leur nom et prendre la somme annoncée. J'ai vu payer ainsi quinze cents ouvriers en une heure et demie, sans confusion, sans bruit, sans réclamation.

Les ouvriers n'ont qu'une chose à voir : si la somme qu'on leur donne est celle annoncée sur le billet. Que ce soit leur compte ou non, ils n'arrêtent pas la paie par une réclamation souvent mal fondée ; ils reviennent le lendemain avec leur bulletin : alors on leur fait droit, s'il y a lieu.

RETENUES POUR AVANCES, AMENDES, CAISSE DE PRÉVOYANCE.

Si l'on ne doit pas faire de retenues pour des tiers, il n'en est pas de même des avances faites par l'établissement, des amendes imposées par les contre-maîtres, et de la retenue pour la caisse de prévoyance qui doit être fondée dans chaque établissement, au profit des ouvriers malades. Les fileurs, les soigneuses, les rattacheurs, versent 2 p. % du montant de leur paie dans une caisse, où l'on verse également les amendes, pour avoir le médecin et les médicaments *gratis*, et donner encore une légère rétribution aux ouvriers malades. Par ce moyen, jamais de misère pour cause de maladie. (Voir le règlement, à la fin de l'ouvrage.)

Il faut amortir les avances le plus vite possible. Les amendes doivent être soldées à chaque paie ; il faut en être sobre, et ne les appliquer que dans les cas prévus par le réglement ; mais ces amendes une fois prononcées, doivent être payées sans exception ; sans cela, la parole du contre-maître serait discréditée ; il aurait beaucoup plus de mal à conduire son atelier que s'il montre constamment une juste sévérité. S'il est intelligent, il découvre toujours les meneurs qui font agir les niais, et ne frappe jamais à faux. Les voies de fait sont toujours amendables ; il ne faut les supporter à aucun prix, pas plus sur les rattacheurs que sur les ouvriers et ouvrières. Tout individu qui s'obstine à lever la main dans un atelier doit être remercié. Alors vous aurez de l'ordre et de la discipline ; ces deux conditions sont fondamentales pour toutes les usines bien tenues.

<hr>

RATTACHEURS SUPPLÉMENTAIRES.

Pour tenir les ouvriers en haleine et stimuler leur zèle, il est d'une bonne politique d'avoir un ou deux rattacheurs en plus, que l'on occupe aux travaux du magasin ou au jardinage ; on peut aussi les mettre aux métiers qui garnissent, à ceux qui coulent à fond, ou aux fileurs qui cassent le plus. Il y a toujours moyen de les occuper utilement, et ce n'est pas de l'argent perdu ; car si un fileur vient à manquer momentanément, pour maladie ou autres motifs, son métier n'arrête pas. Généralement, ce rattacheur supplémentaire n'est pas vu d'un bon œil ; c'est l'affaire d'une quinzaine ou deux : le pli une fois pris, on n'y pense plus. Il rend service à tout le monde ; il ne faut pas qu'il ait d'autres fonctions fixes, et qu'un fileur puisse se l'attacher à demeure ; sans quoi il y en aurait toujours dans le nombre qui trouveraient que leur rattacheur ne vaut rien. Il ne faut pas les dispenser d'en chercher ; celui de l'établissement reste à l'établissement, qui doit le payer assez largement pour qu'il tienne à sa position.

Dans la discussion qui a eu lieu à la Chambre sur la loi des coalitions, on a exprimé le vœu que les enfants de huit ans ne soient employés que six heures par jour. Il vaut encore mieux ne pas les employer du tout, et n'occuper que ceux au-dessus de douze ans, que la loi sur le travail dans les filatures ne peut atteindre, s'ils savent lire et écrire. La loi sur le travail des enfants est imparfaite ; mais son exécution l'est bien encore plus : les agents ne font pas leur devoir, surtout dans les campagnes.

PORTIER.

Le portier, par la confiance qu'on lui donne et qu'il doit mériter, fait aussi partie de l'administration. Dans les petits établissements, c'est un homme à toutes mains : il emballe, fait les expéditions, il est chauffeur à l'occasion, il rattache au besoin. Généralement, il entretient les cours et les jardins. Il doit être énergique et honnête.

Dans les grands établissements, il ne peut guère quitter sa porte, surtout aux heures d'entrée et de sortie, pour lesquelles il doit être d'une grande exactitude. Le portier doit être non-seulement un homme de confiance, mais aussi un homme de police ; c'est-à-dire que moralement il répond des vols, puisque rien ne peut sortir de l'établissement sans passer devant sa porte. Il lui est interdit, de même qu'aux employés, toute espèce de commerce avec les ouvriers. J'ai connu un portier qui vendait à boire : c'est un abus. Tous les jours, après la sortie du personnel, le portier doit faire le tour des ateliers pour s'assurer qu'il ne reste personne ou rien qui puisse occasionner l'incendie. Je parle des grands établissements, car dans les petits ou les moyens, le chef ou le contre-maître veillent à ce soin. Dans les petites filatures, la porte est tenue par une femme qui s'occupe à faire des rouleaux de fileurs ou des busettes, lorsqu'on ne les fait pas à la mécanique.

La portière peut aussi être employée utilement à l'emballage des bobines, lorsque les magasins sont à proximité de sa porte.

EMBALLAGE.

L'emballage est encore une affaire d'administration. Il doit se faire avec soin sous tous les rapports, et l'ouvrier employé à cette besogne ne doit pas cacher les défauts qu'il trouve dans les bobines.

Il faut employer de bonnes caisses si l'on est dans les pays au bois, et des paniers dans les pays où l'osier est bon marché, comme dans les Ardennes. Un panier de 3 francs à 3 francs 50 centimes contient de 110 à 120 kilogrammes de fil, tandis qu'une caisse de 4 à 5 francs n'en contient que 70 à 80. Il y a aussi beaucoup plus de tare; mais dans les caisses la marchandise est mieux logée; cependant, les grands paniers bien serrés livrent le fil en bon état. L'été, les piqûres sont à craindre; on les évitera radicalement en entourant le panier à l'intérieur d'un bon papier-goudron dont les feuilles se croisent dans les angles; il se fabrique spécialement pour cet usage.

On préserve encore la laine des vers par une poudre composée de :

Pyrethrum	10 grammes.
Lavende	20 id.

D'autres mettent du camphre, du poivre, pour atteindre le même but.

La marchandise en magasin a aussi à craindre les rats et les souris, surtout sur les cours d'eau. On les chasse par la pâte arsenicale dont voici la composition :

Suif	1000	grammes.
Farine	1000	id.
Arsenic	100	id.
Noir de fumée . . .	10	id.
Essence d'anis . . .	1	id.

Cette pâte est dangereuse. On emploie de préférence la pâte phosphorée. En voici la composition :

Phosphore	20 grammes.
Eau bouillante. . . .	400 id.
Farine	400 id.
Suif fondu	400 id.
Huile de noix . . .	200 id.
Sucre en poudre . . .	250 id.

On met l'eau bouillante et le phosphore dans un mortier de porcelaine ; le phosphore se liquéfie immédiatement. On ajoute rapidement la farine, mais par portion, en agitant continuellement avec un pilon en bois. Lorsque ce mélange est presque fait, on verse peu à peu le suif fondu et peu chaud, l'huile, et enfin le sucre, en continuant de remuer jusqu'au refroidissement.

Cette pâte, qui doit se conserver en bocal à l'abri de l'air, est une préparation infaillible ; pour l'employer, on l'étend en couches légères sur des tranches de pain très-minces.

Les rats, les souris, les mulots en mangent avec avidité et ne tardent pas à succomber. Bouchardat.

L'emballeur doit vérifier les numéros et les poids des levées des fileurs. Quelles que soient les précautions que l'on prenne dans une filature, il y a toujours des différences de numéros. Le contre-maître des fileurs doit indiquer rigoureusement ces différences sur les bulletins des levées, et à l'emballage on fait toutes les caisses ou paniers de levées semblables, afin que non-seulement les colis, mais toutes les levées d'un même colis soient du numéro indiqué sur l'étiquette.

Lorsqu'on recevait les tissus au poids, comme font encore des fabricants arriérés, cette exactitude du numéro avait moins d'importance ; mais aujourd'hui que les tissus se reçoivent des tisseurs, généralement à la duite, c'est-à-dire d'après la longueur du fil employé, on comprend que si le numéro déclaré n'était pas parfaitement exact, le tisseur serait victime et passerait pour avoir gardé de la matière qu'il n'aurait pas reçue si le numéro était plus gros que celui annoncé. Le contraire arriverait lorsqu'il serait plus fin, le tisseur aurait du fil en trop. Lorsque le contre-maître change un fileur sur la fin de ses bobines, un peu avant de lever, il doit l'indiquer sur le bulletin de la levée, car elle sera, dans son ensemble, plus grosse ou plus fine que l'échantillon du dessus.

REPRISE.

C'est aussi après l'emballage fait que l'on vérifie la reprise, c'est-à-dire la différence de poids entre celui payé aux fileurs et celui trouvé à l'expédition. Dans les conditions ordinaires cette différence doit être de 2 p. % en plus sur le poids de l'expédition, parce que la température élevée des ateliers fait perdre ces 2 p. % à la laine, lorsqu'elle y entre dans les conditions marchandes, celles adoptées par les bureaux de conditionnement. Les fils au repos dans les paniers des fileurs, sur un sol humide, reprennent de 2 p. % en quarante-huit heures ; ils sont alors dans des conditions hygrométriques convenables, ils peuvent voyager sans rien perdre, et les bureaux de conditionnement ne constateront pas d'humidité.

Une plus grande reprise ne peut s'obtenir que par des moyens frauduleux, que je crois inutile d'indiquer. Ils sont variés ; mais le filateur qui comprend bien ses intérêts n'en fait jamais usage. Les fabricants ne sont trompés qu'une fois par la même maison. Les correspondants, comme les ouvriers, doivent être traités avec la plus grande loyauté ; il ne faut jamais escompter sa réputation. Qu'on soit sévère, mais juste ; la probité dans les rapports quotidiens est la base du crédit d'une maison.

La reprise n'est une opération déloyale que lorsqu'on en abuse ; une reprise dans les limites indiquées plus haut est nécessaire pour que chacun retrouve son compte. Ceci a surtout de l'importance pour les filateurs à façon, qui paient le remboursement ; mais les filateurs à forfait, c'est-à-dire pour leur compte, garantissent le bon conditionnement. Ils doivent donc observer la même règle.

FAUT-IL TRAVAILLER A FAÇON OU A FORFAIT ?

Cette question est une de celles qui n'admettent pas de réponses absolues ; car si le filateur n'a pas de capitaux, il est obligé de travailler à façon. Cette condition devient de plus en plus mauvaise. Pendant trois ans, le prix de façon a été de 1^c 1/2 ou 1^c 3/4, prix qui ne laisse aucun bénéfice ; et même, beaucoup de filateurs, à ce prix, sont en perte. Les fabricants, les commissionnaires et les marchands de fils qui alimentaient les établissements à ces prix désastreux devaient y trouver leur compte, car rien ne les obligeait de produire des fils, et s'ils avaient été en perte, ils auraient arrêté. C'est toujours facile pour le négociant qui n'a pas de matériel. J'en connais un qui m'a avoué que les moments de crise étaient ses meilleurs moments, parce qu'il exploitait les filateurs gênés. Il est vrai que si le filateur à façon fait de petits bénéfices, lorsqu'il ne perd pas, il court moins de chances aléatoires. Il ne peut être pris que sur le montant de la façon dans les faillites, et non sur la totalité de la matière, comme le marchand de fils ; mais il n'a pas, comme ce dernier, l'occasion de profiter des moments de prospérité, qui compensent largement les crises que le filateur à façon supporte presque seul. Ma conclusion est donc qu'il ne faut pas immobiliser des capitaux en machines pour se mettre filateur à façon ; les résultats n'en valent plus la peine. Lorsque l'on se met dans les affaires, c'est pour en supporter les chances bonnes ou mauvaises, et non pour étançonner les nuages, comme font tous ceux qui ne veulent rien risquer ; ceux-là doivent rester rentiers. Mais si l'on se met filateur , il faut entrer dans cette industrie avec la volonté et les moyens financiers pour travailler à forfait, acheter directement les laines brutes chez les cultivateurs ou au marché de Londres, avoir une maison de vente sur une des principales places, et la maison de production dans un centre de population ouvrière où la main-d'œuvre soit facile.

Avec des connaissances, des capitaux et de la prudence, on doit réussir, comme la plupart des filateurs à forfait de Fourmies, Sains et Avesnelles. Tous ces filateurs travaillent pour leur compte et s'en trouvent bien. Je sais que le filateur marchand de fils n'a pas toujours l'esprit tranquille, car s'il sait acheter les laines et faire le fil, il reste la question du placement qui n'est pas sans danger. Entre une hardiesse excessive qui compromet tout, et une prudence exagérée qui vous paralyse, il y a un juste milieu que l'on peut suivre étant bien renseigné (point très-important). Les maisons de banque ne donnent pas toujours des renseignements exacts ; j'engage à les prendre ailleurs.

La vente des tissus est moins dangereuse, comme paiement, que celle des fils ; mais alors il faut être manufacturier : l'avenir est peut-être là, lorsque les capitaux seront plus accumulés ou le crédit plus étendu. Presque tous les filateurs de Roubaix sont fabricants, parce que, sur cette place, le crédit est facile. J'ai vu marier des jeunes gens avec vingt, trente mille francs de dot ; ils montaient une filature dont la machine à vapeur coûtait quarante mille francs. A Roubaix et à Tourcoing, les membres d'une même famille sont nombreux et se soutiennent.

Pour travailler à façon, il ne faut que l'établissement ; encore peut-on le louer, puisqu'on n'a pas besoin de crédit. Mais pour travailler pour son compte, comme filateur marchand de fils, il faut disposer de 100 francs par broche avant de se monter ; et si l'on fait les tissus, il en faut le double pour être maître de son affaire. On n'a que le nécessaire avec 200 francs par broche, pour voir entrer la laine en balles dans son usine et la convertir en ballots de tissus à la sortie.

Il y a sans doute des industriels qui ont commencé sans argent, et qui ont fait fortune ; mais il y en a encore plus qui se sont ruinés. Et puis les temps ne sont plus les mêmes : la marge est étroite entre le prix de revient et le prix de vente ; il faut être bien armé pour lutter et traverser les crises commerciales sans succomber.

Si l'on n'a pas de capitaux, quoiqu'on fasse pour suppléer à leur absence, on n'arrive jamais à les remplacer. Ce sont les moyens les plus ingénieux employés pour les échéances qui tuent le crédit, et qui creusent le gouffre dans lequel tombent beaucoup d'établissements. Ainsi, les sociétés par actions donnent toujours un intérêt aux actionnaires, autant pour obéir à la loi que pour soutenir leur crédit. Mais c'est là un faux calcul, car si l'on n'a pas gagné les intérêts, il faut prendre sur le capital ou faire un emprunt pour les payer. On escompte l'avenir, que l'on rend plus mauvais, sans que les actions vaillent un centime de plus ; au contraire, on fait naître et on alimente le cancer qui doit les ronger.

COMPTABILITÉ.

Les employés de bureau, sans être à l'heure comme les ouvriers, doivent avoir des heures fixes pour les entrées et les sorties. Ils sont généralement moins payés que les contre-maîtres d'atelier, et sont moins tenus ; on admet qu'un travail de bureau de neuf heures suffit.

Il ne faut pas beaucoup de livres auxiliaires ajoutés aux livres employés dans la comptabilité ordinaire. Dans les établissements moyens où il y a des associés, c'est souvent l'un d'eux qui tient les livres exigés par la loi.

Les autres livres sont :

1° Un livre de journées, qui, bien tenu, jour par jour,

dispense d'un livre de paie ; car ce dernier, refait après coup et copié sur le livre de journées, n'a aucune valeur, puisque si l'on veut faire une recherche, on se reporte toujours au livre de journées, et non à celui remis au net. La paie est reportée au journal en bloc, par chaque atelier ou chaque genre d'industrie : peignage, filature, tissage, etc., lorsqu'on les fait tous.

2° Un livre d'entrée des matières par lots ; en face de chaque lot, l'emploi de ce lot facturé à divers, par colis de fils et déchets. Le peignage a un livre à part pour les rendements.

3° Un livre des colis, ayant pour numéro d'ordre la suite naturelle des nombres, sans interruption. On marque les caisses ou paniers, en les inscrivant sur ce livre à mesure qu'ils se ferment. Sur le même livre, et en face de chaque colis, la sortie est indiquée de manière à retrouver ce colis, soit à la vente, soit à la fabrication.

4° Un livre à souches pour les bons, avec numéros d'ordre pour tout ce qui entre et sort sans facture, ainsi que pour les commandes données aux divers fournisseurs.

5° Les livres de commerce : brouillard, journal, grand-livre, copie de lettres, copie d'effets, livre d'inventaires et livre de magasin, sur lequel on doit trouver nettement détaillées les marchandises qui figurent à chaque inventaire. Le tout constamment à jour, ainsi que le livre de caisse, qui doit être vérifié tous les soirs. Les inventaires peuvent monter ou descendre, selon la manière d'apprécier la valeur des marchandises en magasin. Les uns comptent ces marchandises au prix de revient, ce qui semble logique ; les autres, au cours du jour de l'inventaire, ce qui est plus juste. Ces derniers sont dans le vrai.

La comptabilité en partie double exige six comptes généraux, qui sont :

  1° La caisse ;
  2° Les marchandises générales ;

3° Les effets à payer ;

4° Les effets à recevoir ;

5° Profits et pertes ;

6° Capital.

La règle fondamentale, pour passer les écritures, repose sur ce principe : celui qui reçoit doit à celui qui donne ; d'où part la marchandise, où va-t-elle ? qui fournit, qui reçoit ? Les réponses à ces questions donnent les débiteurs et les créanciers.

Pour les comptes marchandises, caisse, effets à recevoir, on conçoit facilement qu'ils doivent être débités lorsqu'il entre de la marchandise, de l'argent, ou des effets à recevoir. Mais pour les comptes capital, profits et pertes, effets à payer, on peut se méprendre à premier examen. Toutes les fois que le négociant souscrit un billet, ce billet est reçu par la personne au profit de qui il est fait ; cette personne doit être débitée, et le compte effets à payer crédité. Ce compte, comme tous les comptes généraux, représente le négociant. Lorsque le billet rentre, il faut débiter ce compte, et créditer la caisse qui le paie, ou les marchandises, si l'on paie en marchandises.

Toutes les fois que l'on fait un bénéfice, s'il entre à la caisse, il faut débiter la caisse, et créditer profits et pertes.

Si on hérite en espèces, on débite la caisse ; en marchandises, les marchandises ; on crédite le compte capital. Le contraire a lieu si l'on fait un don considérable ou une perte majeure.

Dans une maison où il y a des intéressés pour une part des bénéfices, il est urgent, pour éviter les difficultés, de fixer à l'avance le taux de l'intérêt du capital mort, c'est-à-dire immobilisé, la dépréciation de ce même capital engagé dans la valeur du matériel, les commissions à payer à des tiers, les appointements des employés supérieurs, la base des frais de voyage, le taux de l'intérêt du capital roulant. Ce taux est ordinairement de 6 p. %. Voici la règle qui sert à trouver l'intérêt :

Soit une somme de 500 francs prêtée à 6 p. %, l'an, pendant 415 jours.

Le problème se résout en multipliant la somme par le nombre de jours; on divise le produit par 6; puis on supprime à droite le dernier chiffre par une virgule; on sépare les deux suivants, et on obtient le produit en francs et centimes.

$$415 \times 500 = 207500. \quad \frac{207500}{6} = 34^{\text{f}} 58^{\text{c}}; \text{ tel est l'intérêt.}$$

Il en serait de même de toute autre somme; c'est ainsi que l'on fait les tableaux.

Si l'intérêt est d'un autre chiffre que 6 p. %, on cherche d'abord l'intérêt à 6 p. %, puis on fait une proportion entre l'intérêt qu'on veut avoir et celui obtenu.

Une autre cause de discussion réside dans les additions possibles; il faut distinguer celles applicables à l'entretien, supportées par les bénéfices, et celles applicables au matériel qui augmente la valeur de l'établissement à mesure qu'il se développe. Ces chiffres sont un peu élastiques. J'ai connu un procès qui avait pris sa source dans des appointements exagérés donnés au gendre du propriétaire : 20000 francs; un autre, dans des travaux hydrauliques qui absorbaient les bénéfices.

Sur les établissements neufs, il faut compter la dépréciation; mais lorsqu'un établissement a une vingtaine d'années d'existence, elle se confond avec l'entretien. On ne compte plus que l'intérêt de l'établissement à 6 p. %, sur sa valeur réduite de 50 p. %.

BALANCE.

Les comptes des particuliers se balancent à l'aide du compte *balance de sortie,* qui ne sert que pour l'inventaire. Il a pour contre-partie le compte *balance d'entrée,* qui sert à ouvrir les comptes à nouveau, avec les mêmes sommes qui ont servi pour la balance de sortie, ce qui ne change rien à la position de chacun.

La caisse, les marchandises, les effets à recevoir, et le compte mobilier et d'immeubles, se balancent par deux comptes : celui de balance de sortie, pour les valeurs réelles, comme espèces en caisse, marchandises en magasin, effets en portefeuille, meubles et immeubles existants. Les différences de chacun de ces comptes se soldent par le compte de profits et pertes.

D'autres comptes, sans présenter des valeurs en nature, n'offrent que des pertes ou des bénéfices : ceux-là se balancent à l'aide du compte de profits et pertes.

Pour procéder plus simplement, on commence par la balance générale, à l'aide du compte de profits et pertes, qui solde les comptes ;

Les frais généraux se soldent par marchandises ;

Les marchandises, par les bénéfices ou les pertes ;

Et le compte profits et pertes, par capital.

Puis, à l'aide du compte de sortie, on solde tous les autres, excepté le compte capital, qui soldera le compte de balance de sortie.

C'est ce compte qui indiquera ce que l'on a gagné ou perdu, selon les augmentations ou les diminutions qu'il supportera d'un inventaire à l'autre.

Ce n'est qu'après un inventaire bien net, des comptes parfaitement exacts et la vérification de toutes les valeurs qui forment la balance de sortie, qu'on doit distribuer les bénécices aux ayants-droit.

APPOINTEMENTS DU PERSONNEL.

Dans les sociétés par actions, les gérants sont généralement payés sur les bénéfices dont ils ont une large part : 25 à 30 p. %, avec des appointements fixes pour frais de représentation.

Les directeurs de filature se paient de 3000 à 5000^f, soit 4000^f.

Les contre-maîtres aux divers postes, de 1500 à 2400^f, — 2000^f.

Les surveillants, portiers, de   800 à 1200^f, — 1000^f.

Les employés de bureau, sauf le chef comptable et le caissier des grandes maisons, sont peu payés, parce que les hommes de plume sont nombreux, et que ce n'est pas une position qui demande des connaissances étendues; ils ont peu de responsabilité.

La meilleure méthode pour intéresser les employés, c'est de les payer sur les bénéfices, et non sur la production; car on peut toujours produire beaucoup, tandis que pour gagner de l'argent, il faut produire vite et bien; tout est là.

C'est un bon principe de ne distribuer les bénéfices que tous les cinq ans; pendant cette période, il y a presque toujours des années de crise qui se trouvent confondues comme résultat avec les bonnes années. Les inventaires quinquennaux donnent une moyenne vraie.

Les appointements indiqués plus haut sont pour les contrées les mieux placées pour bien payer : ce sont les prix du nord de la France et de Reims. Dans le midi, les appointements sont généralement de 1200 à 1500^f. La vie est meilleur marché. Ainsi à Mende, Marvejols, le vin vaut 30^c la bouteille, et il est tellement fort, qu'il faut le couper avec moitié d'eau. Si le reste est en proportion, la vie doit, en effet, coûter bon marché. Dans ces pays, les établissements sont généralement très-petits : il y en a de 600 broches. Ils font les fils pour l'industrie du pays : les escots.

On m'écrit de Chirac, près Marvejols, qu'un fileur gagne 1^f 75^c à 2^f par journée de douze heures; les peigneuses à la main, 50^c; ici le tarif des fileurs est de 6 à 7^f du $^{oo}/_{oo}$ d'échées.

Je signalais, dans la première édition, une différence notable entre les tarifs du Cateau et ceux des environs. Depuis la position s'est modifiée; les prix du Cateau sont restés les mêmes, et ceux de Fourmies, par exemple, se sont sensiblement relevés. Cette différence disparaîtra tout-à-fait dans deux ans, lorsque le chemin de fer reliera les deux pays. Le prix des ouvrières est de 1ᶠ 30ᶜ en moyenne; c'est à Roubaix que les prix sont le plus élevés; dans les Ardennes, ils sont assez modérés.

Les salaires élevés sont un des signes de la prospérité industrielle d'un pays. Les fileurs qui gagnent le plus sont les meilleur marché : un bon administrateur doit les attirer par ses tarifs, ils réduisent d'une manière sensible le prix de revient de l'échée par la production en plus. On comprendra cela facilement au chapitre des prix de revient en détail, lorsque l'on verra que si une broche fait 3 échées 1/2 par jour, l'échée coûte 2 centimes; si cette même broche fait 4 échées dans le même temps, l'échée coûte 1ᶜ 3/4, et si elle en fait 4 1/2, l'échée ne coûte plus que 1ᶜ 1/2.

Ces prix de revient sont pour les numéros en laines fines de 60 à 180 au kilogramme ; mais en gros numéros pour bonneteries, on ne compte plus à l'échée : on compte le prix de façon au kilogramme. On emploie généralement dans cette industrie des fils mixtes jusqu'au numéro 25 ; la façon se compte 1ᶠ 50ᶜ le kilogramme tout compris, pour carder, filer, doubler et retordre.

On file à Roubaix, à 90ᶜ le kilogramme, des laines qui ne sont même pas dégraissées; elles sont travaillées telles qu'elles arrivent, en y ajoutant 4 à 5 p. % d'eau de savon, pour faciliter le cardage. Dans les ateliers qui font ce genre, il faut peu de broches pour absorber beaucoup de préparation. Ce sujet sera traité dans le chapitre de la composition de l'assortiment; il est temps de clore celui-ci par les notes qui doivent servir à la composition d'un réglement.

Les réglements trop sévères ne valent rien, parce qu'ils ne sont pas exécutés. Cette exécution dépend surtout du directeur, qui doit être le réglement vivant; car si l'on paie cet employé beaucoup plus que les autres, c'est pour se reposer sur lu comme sur soi-même, quelquefois mieux, attendu que si l'on prend des employés dans ces conditions, c'est qu'on les reconnaît d'une capacité supérieure, d'une moralité à toute épreuve, et d'un caractère ferme.

NOTES POUR UN RÉGLEMENT.

Dans les localités où il y a des conseils de prud'hommes, les réglements intérieurs des usines ne sont valables qu'autant qu'ils ont été approuvés par ces conseils, qui doivent les avoir tous en dépôt. On pourra, auprès de ces conseils, se renseigner utilement pour les dispositions qu'un réglement doit contenir. En voici les principales pour une filature :

1° Défense d'entrer dans les ateliers à toute personne étrangère à l'établissement; ceux qui les introduisent sont responsables.

2° Défense à tous les ouvriers d'entrer dans les ateliers sans changer de chaussures. (Il n'y a qu'à cette condition que l'on aura des ateliers propres.)

3° Défense d'entrer et de sortir aucun objet sans une permission écrite ; les ouvriers qui portent des vêtements de rechange doivent les présenter à l'inspection du portier.

4° La première cloche du matin sonne un quart d'heure avant la rentrée; la deuxième, à l'heure de commencer les travaux; la troisième, un quart d'heure après : c'est la cloche d'amendes pour le matin.

Aux autres repas, la cloche d'amendes sonne cinq minutes après la rentrée; tout le monde doit être à son poste lorsque cette cloche sonne. La première cloche sonne cinq minutes avant l'heure de rentrée; il n'y a que deux sonneries à chaque rentrée, et une pour la sortie.

5° Toutes les permissions de sortie pendant le travail doivent être déposées au bureau par le portier.

6° Défense de boire, manger, se peigner, cirer ses chaussures, coudre dans les ateliers ; les ouvrières ne doivent s'occuper que de leur besogne, qui se fait debout.

7° Personne ne doit rester dans les salles pendant les petits repas, pour lesquels il y a une pièce spéciale pour l'un et l'autre sexe ; la femme peut aller rejoindre son mari.

8° Défense d'aller au cabinet d'aisance en portant de la laine ou des déchets sur soi ; les fileurs qui ont des tabliers à poches doivent les laisser à leurs métiers, lorsqu'ils sortent.

9° Les ouvrières, pendant le travail, ne doivent pas mettre la laine sur elles ou dans leurs fichus.

10° Les contre-maîtres ne doivent faire aucune avance ni aucun trafic avec les ouvriers de leur atelier ; il leur est également défendu de faire des retenues pour des tiers.

11° Toutes les admissions et les sorties doivent être approuvées par le directeur, qui seul accepte ou remet les livrets.

12° Lorsque plusieurs ouvriers s'entendront pour manquer ensemble, les plus mal notés seront renvoyés. Un ouvrier renvoyé pour inconduite ne doit pas rentrer.

13° Tout ce qui est contraire à la bonne tenue des ateliers, à la propreté, à la quantité et à la qualité des produits, est amendable. A la suite de chaque amende, le motif doit être indiqué sur le livre de journées.

14° Personne ne doit laisser traîner les déchets. Les mauvaises balayures doivent être déposées dans un endroit apparent et visitées tous les jours ; les bonnes, que chaque ouvrier garde à son métier, sont rendues toutes les semaines, après le nettoyage ; elles ne doivent contenir que des jarres et des laines venant du dégorgement des cylindres et des rouleaux.

15° Toute infraction au présent réglement doit être punie d'une amende proportionnée au délit. Pour un quart de jour d'absence non motivée, 50ᶜ par fileur, 25ᶜ pour les rattacheurs, et 15ᶜ pour les soigneuses.

Le lundi, les amendes sont doublées, et au bout de douze

amendes de ce genre dans la même année, l'ouvrier est remercié.

16° Il y a quatre degrés de punition :

    1° L'avertissement, pour la première faute ;

    2° L'amende, pour la récidive ;

    3° La mise à pied (suspension temporaire), lorsque l'amende est sans effet.

    4° Le renvoi, lorsque le mal est sans remède, que le le sujet est incurable.

17° La journée légale est de douze heures, les seules qui soient amendables.

18° Le produit des amendes est versé dans la caisse de prévoyance. Tous les ouvriers de l'établissement sont obligés de faire partie de la société de secours mutuels, fondée par le chef de l'établissement, qui abandonne les amendes au profit de cette société.

(Les statuts de cette société sont à la fin de l'ouvrage.)

19° Chaque contre-maître ouvre et ferme son atelier; avant de le quitter, il fait une ronde dans chaque place pour s'assurer que tout le monde est sorti, et chaque soir, en passant auprès du bureau du directeur, il dépose son rapport des travaux de la journée, des besoins de son atelier, ou toutes autres observations dans l'intérêt de son service.

Je n'ai pas désigné spécialement les ivrognes dans ce réglement, mais l'article 13 leur est applicable; il ne faut les supporter à aucun prix. Tous les ouvriers et ouvrières qui boivent à l'excès sont à surveiller : ceux qui volent le font ordinairement pour satisfaire une passion quelconque. Bien que l'on puisse être ivrogne et honnête, ceux qui ont ce défaut font toujours tort aux établissements qui les occupent, car ils débauchent leurs camarades et dérangent l'atelier; le mieux est de s'en passer.

Une bonne mesure qu'il faut appliquer de temps en temps, c'est de faire compter toutes les bobines des fileurs sur les levées rendues; c'est ainsi que j'ai découvert des voleurs. Il arrive aussi que pour cacher un défaut, une bobine tachée ou arrachée, le fileur la fait disparaître; tandis que lorsqu'il sait qu'on les compte, il la met sur sa levée. Pour s'assurer que l'on compte réellement lorsque le directeur en donne l'ordre, on enlève une ou deux bobines sur des levées que l'on remarque; si le compteur fait son devoir, il réclamera les bobines; sinon, l'on sait à quoi s'en tenir sur la confiance qu'il mérite.

CHAPITRE III

COMPOSITION DE L'ASSORTIMENT.

Quelle est la composition de l'assortiment pour la filature de la laine peignée?

La question ainsi posée ne trouvera pas de réponse, car la composition de l'assortiment varie selon le genre d'industrie que l'on veut faire. Pour les gros numéros, il faut peu de broches pour absorber le produit d'une bobine du bobinoir finissant. Je connais une maison à Roubaix qui, pour alimenter 1000 broches en gros numéros, a :

Un Gill-Box à deux têtes;

Trois défeutreurs doubles, à compteurs, à deux têtes;

Un étirage pour réduire le ruban ;

Trois bobinoirs intermédiaires pour le régulariser;

Et deux bobinoirs à 36 finissants qui donnent deux passages.

Je cite cette composition parce que la maison est conduite par un garçon intelligent du Cateau.

MM. Nicolas Schlumberger et Cie composent encore l'assortiment plus simplement. Pour 1000 broches faisant des numéros 10 en moyenne, pour bonneterie :

Un bobinoir à 6 grosses bobines;

Un bobinoir à 16 bobines de 25 centimètres de long;

Un bobinoir à 24 bobines de 20 centimètres   id. ;

Un bobinoir finissant à 36 bobines de 15 centimètres de long.

C'est ce qu'on désigne sous le nom d'assortiment à quatre

passages; mais c'est trop peu, même pour les numéros 10, qui ne sont pas plus faciles à faire que les autres, au contraire.

On remarquera qu'il y a dans cet assortiment, comme dans le précédent, un 36 pour alimenter 1000 broches, puisque le premier, qui a deux 36, donne deux passages sur chacun d'eux; ils ne font que le produit d'un 36 à un passage.

Je mets en présence un constructeur et un filateur : le constructeur indique quatre passages où le filateur en met dix : c'est ce dernier qui a raison. On verra pourquoi.

M. Ch. Leroux, qui a particulièrement travaillé les laines d'Amiens, indique sept passages pour les gros numéros (nous en avons plus haut quatre et dix);

Huit passages pour les moyens ;

Dix pour les fins numéros.

Voici la composition de son assortiment :

1er passage : Un défeutreur à 4 peignes, 2 bobines;

2me passage : Un réduit à 8 peignes, 4 bobines;

3me passage : Une réunion à 12 peignes, 6 bobines;

4me passage : Un bobinoir à 12 peignes, 12 bobines;

5me passage : Un bobinoir à 24 peignes, 24 bobines;

6me passage : Un bobinoir à 16 double, 32 bobines;

7me passage : Un bobinoir à 20 double, 40 bobines.

Ceci peut convenir pour les petits assortiments qui font des petits lots en numéros moyens, car les petits lots sont gênants avec de grandes machines. Mais lorsqu'on fait les numéros courants en laines mérinos, il faut d'autres combinaisons pour produire à bon marché. Avec les laines fines, on met 40 broches pour absorber le produit d'une bobine du bobinoir finissant en mèche simple, et 35 broches par mèche de bobinoir double. Si donc on est fixé sur la longueur du bobinoir finissant et sur son système, on a par ce fait, déterminé le nombre de broches de l'assortiment.

Pour les laines fines, la question de la double mèche est jugée. Ce système est de tous points préférable , puisqu'il permet d'alimenter plus de broches, sans changer la longueur des bobinoirs finissants, et sans augmenter le nombre des soigneuses; ce qui apporte une notable économie. Aujourd'hui que les bénéfices sont limités, il ne faut en dédaigner aucune.

Presque tous les filateurs de Fourmies, Sains, Avesnelles, ont des bobinoirs doubles. Ces bobinoirs ne font pas mieux que les simples; mais ils font aussi bien, et comme ils produisent à meilleur marché, ils doivent être préférés. Le bobinoir double n'est pas une nouveauté, car j'ai livré le premier bobinoir double à M. Carlos Florin, en 1836. Il n'a pu prendre à Roubaix, parce que le genre de laine s'y oppose; il faudrait le modifier pour ce pays, donner plus de largeur aux organes.

Il y a aujourd'hui des établissements où tous les passages sont à mèches doubles; on peut, si l'on veut, ne mettre ainsi que les passages qui travaillent la laine à petit volume : c'est le système que j'adopte. Je n'entre pas ici dans les détails sur la mèche double; ils trouveront leur place à l'article du bobinoir.

Maintenant que l'on est fixé sur le système, combien faut-il donner de passages ou de doublages? car ces deux questions se tiennent.

Si l'on a des machines à doubles étirages ou des grandes machines au début qui permettent de réunir beaucoup de rubans, il faudra moins de passages qu'avec des petites machines doublant peu.

Il n'y a pas deux filateurs qui soient d'accord sur la composition de l'assortiment. Généralement les constructeurs les indiquent de peu de passages, pour tenter l'acheteur par le bon marché de l'ensemble; mais on ne tarde pas à ajouter deux ou trois bobinoirs, pour obtenir la régularité, condition sans laquelle on ne filera jamais bien; et le bon fil est une question de vie ou de mort pour la filature.

On me citait dernièrement une filature à Roubaix qui n'avait que peu de passages : on parlait de quatre bobinoirs. J'ai fait la démarche, et j'ai vu que si en effet il n'y avait que quatre bobinoirs, il y avait en tout onze passages pour des numéros 45. Ce n'est pas encore là ces fameux assortiments à quatre passages.

Les Anglais ont calculé que la mèche, en passant par les procédés de l'étirage et de la préparation en fin, est doublée deux cent quarante-cinq mille sept cent soixante fois. Ils comptent par multiplication, et non par addition. En comptant ainsi, les assortiments français, qui ont de quarante à quarante-six doublages, comme cela est expliqué dans le chapitre des calculs, représentent une mèche doublée plus d'un million de fois. Du reste, il suffirait d'un passage de plus, en doublant par quatre les deux cent quarante-cinq mille sept cent soixante mèches citées plus haut, pour obtenir une réunion d'un million de mèches en une. Croit-on que le résultat serait quatre fois plus régulier? Pas le moins du monde; l'effet obtenu correspond à l'addition des mèches, et non à leur multiplication; c'est-à-dire que si l'on a quarante mèches réunies et qu'on les double par quatre en les étirant, on aura un produit d'un dixième plus régulier, et non quatre fois plus régulier. C'est pourquoi il faut compter les doublages par addition; encore arrive-t-il un moment où les doublages ne produisent plus aucun effet. C'est ce qui indique que le nombre de passages et de doublages donnés est suffisant.

Qu'on double autant qu'on voudra une mèche bien faite, après une douzaine de bons passages, elle ne gagnera plus rien et aura toujours les mêmes imperfections, parce que ces imperfections tiennent à celles de la machine qui a donné le dernier passage. Ce fait sera expliqué au sujet du bobinoir.

La régularité de la préparation tient surtout au point de départ; il faut là de bonnes machines permettant de doubler beaucoup, des bobines faites au compteur. Les machines de la construction Grün, de Guebvillers, sont dans ces conditions. Aussi ce constructeur est celui qui a livré le plus d'assortiments dans ces dernières années. Obligé de faire choix d'un ensemble pour les dessins de l'album qui accompagne cet ouvrage, j'adopte les machines construites par Grün, comme étant les mieux raisonnées. Mon choix est justifié par la préférence que les meilleurs filateurs accordent à ce constructeur. J'offre ainsi à beaucoup d'entre eux les dessins des machines qu'ils ont dans leurs ateliers, et aux autres les modèles des machines les plus nouvelles que l'expérience a corrigées.

L'assortiment est combiné pour aller de 40 à 50 doublages; un trop grand nombre de passages, lorsqu'on a fait le nécessaire, est plutôt nuisible qu'utile, car on augmente sans nécessité les chances d'en donner un mauvais qui peut gâter tout. C'est l'expérience qui indique qu'avec les machines actuelles ces passages doivent aller de 10 à 12 pour le mérinos; pour les autres genres, ils sont indiqués plus haut. La variation que l'on trouve après ces 10 ou 12 passages peut encore aller de 1 à 2 p. %; j'entends la variation d'un fil à un autre, et non celle qui existe sur un échantillon de cinq fils avec un autre échantillon du même nombre de fils. Là, on ne doit plus en trouver, parce que les cinq fils forment une moyenne; mais la variation fil à fil existe toujours, et elle existerait au vingtième comme au douzième passage, parce qu'elle vient des agents du dernier bobinoir.

Ce nombre de passages est nécessaire, surtout lorsque le filateur ne produit pas lui-même son peigné, et qu'il est obligé de mettre en filature des rubans de toutes grosseurs et de diverses origines. Lorsque l'on fait son peigné soi-même, il est facile de donner moins de passages à la filature en le produisant plus régulier; mais si, pour avoir les produits du peignage plus réguliers, on multiplie les passages après peignage, autant les donner à la filature, cela vaut même mieux; on laisse ainsi au contre-maître de la préparation toute la responsabilité de la régularité, en le laissant disposer des moyens de l'obtenir. Le contre-maître du peignage doit s'appliquer à obtenir cette régularité avant peignage; mais il doit, avant tout, donner du peigné pur au meilleur marché possible. La question du matériel est un point très-important, aussi bien pour le peignage que pour la filature; car de la composition plus ou moins heureuse de l'assortiment, dépend le prix de revient de l'échée. C'est une des nombreuses conditions de prospérité.

Un assortiment dans les meilleures conditions, doit alimenter le plus grand nombre de broches possible, avec une suite de douze passages pour les numéros fins. N'ayant qu'une seule ouvrière aux premiers passages, c'est le moyen d'occuper amplement tous les bras de la manière la plus économique. Depuis l'emploi du peigné mécanique, qui permet et même se trouve bien des gros rubans dans les premiers passages, on peut alimenter de 6 à 7000 broches avec une suite de douze passages, n'ayant qu'une seule machine à chacun des premiers passages. Ensuite l'assortiment se bifurque en deux parties sur des bobinoirs doubles de 40 à 50 bobines, jusqu'au dernier passage, ce qui forme de 80 à 100 mèches à chaque bobinoir, soit 200 mèches en tout; à 30 broches par mèche donnent 6000 broches, et à 35 broches par mèche, 7000 broches. Le bobinoir double suit moins de broches par mèche que le simple, soit 1/6me; et comme il a le double de mèches, il fera 4/5me de plus d'ouvrage qu'un bobinoir simple, pas tout à fait le double, parce que les temps d'arrêt portent sur plus de mèches.

Le même raisonnement s'applique à la comparaison des grands et des petits bobinoirs simples. Si un 30 finissant suit facilement 40 broches par bobine d'un métier de fileur, il n'en est pas de même du 68 simple. Je dis 68, car c'est le plus grand bobinoir simple que j'ai vu chez M. B. Wulveryck, à

Saint-Quentin ; il a été mis à mèche double dans ces dernières années.

Il n'y a plus guère d'assortiment au-dessous de 3000 broches pour laines fines. On peut cependant monter 1000 broches sans être obligé de monter douze machines pour les douze passages. Voici la composition d'un assortiment avec six machines et

1000 *broches*.

1er et 2me passages : Un défeutreur à 2 bobines ;
3me et 4me passages : Un étirage double à 4 bobines ;
5me et 6me passages : Un bobinoir de chute, 12 longues bobines ;
7me et 8me passages : Un bobinoir ordinaire à 20 bobines ;
9me et 10me passages : Un bobinoir double à 24 bobines ;
11me et 12me passages : Un bobinoir double à 30 bobines.

Ce qui donne 15 bobines ou 30 mèches au bobinoir finissant, pour alimenter 1000 broches ; c'est 34 broches par mèche. Il faudrait, pour cet assortiment en métiers de 200, cinq fileurs, cinq rattacheurs et six soigneuses.

Voici le dernier assortiment de machines, livré à Amiens par Grün, en mèche simple, pour

1500 *broches*.

1er et 2me passages : Un gill-box à 2 têtes ;
3me et 4me passages : Un étirage à 4 cannelles ;
5me et 6me passages : Réunion à 10 cannelles ;
7me passage : Bobinoir à 16 cannelles ;
8me passage : Bobinoir à 20 cannelles ;
9me passage : Bobinoir à 24 cannelles ;
10me passage : Bobinoir à 32 cannelles ;
11me passage : Bobinoir à 40 cannelles.

Le jour où ce filateur voudra mettre ses derniers bobinoirs à mèche double, il pourra doubler le nombre de ses métiers, avec peu de changement dans les machines (*). La composition

---

(*) C'est ce qu'il a fait depuis que ces lignes sont écrites.

devient plus avantageuse à mesure que l'on augmente la quantité de broches. Voici celle pour alimenter

3000 broches.

1er passage : Un gill-box ou un défeutreur double faisant, selon le genre de laine, 2 bobines ;

2me et 3me passages : Un étirage double à 8 peignes, 4 bobines ;

4me et 5me passages : Un bobinoir de chute à 16 peignes, 16 longues bobines ;

6me et 7me passages : Un bobinoir ordinaire à 40, faisant 16 et 24 bobines ;

8me passage : Un bobinoir double à 24 bobines, 48 mèches ;

9me passage : Un bobinoir double à 32 bobines, 64 mèches ;

10me passage : Un bobinoir double à 36 bobines, 72 mèches ;

11me passage : Un bobinoir double à 40 bobines, 80 mèches ;

12mo passage : Un bobinoir double à 50 bobines, 100 mèches.

Il y a des combinaisons à l'infini, et les données ne peuvent pas être absolues. Ainsi, un établissement qui fait tous numéros fins, peut alimenter plus de broches avec les mêmes machines, parce que dans les premiers passages un même volume de laine représente beaucoup plus d'échées, et que les métiers étant retardés par la torsion en plus qu'exige le fin, les bobinoirs finissants qui n'ont pas le même retard, gagnent de l'avance sur les fileurs. L'assortiment que je vais donner pour type, est pour le numéro 110 en moyenne ; je le prends de 6 à 7000 broches pour n'avoir plus qu'un seul passage sur chacune des premières machines, ce qui est préférable ; c'est par économie qu'on en donne deux dans les petits assortiments. On trouvera à la fin de ce chapitre tous les assortiments, depuis 3000 jusqu'à 25000 broches. Voici celui auquel je m'arrête pour alimenter de

6 à 7000 broches.

1er passage : Un gill-box à barettes, faisant 2 bobines ;

2me passage : Un défeutreur double à 8 peignes, 6 et 2 bobines ;

3me passage : Un étirage double à 12 peignes, 4 bobines;

4me passage : Une réunion double à frottoir, 8 bobines;

5me passage : Un bobinoir de chute, 16 bobines;

6me passage : Un bobinoir ordinaire, 40 bobines;

7me passage : Deux bobinoirs ordinaires à 24, 48 bobines;

8me passage : Deux bobinoirs ordinaires à 32, 64 bobines;

9me passage : Deux bobinoirs doubles à 32, 128 mèches;

10mo passage : Deux bobinoirs doubles à 36, 144 mèches;

11me passage : Deux bobinoirs doubles à 40, 180 mèches;

12me passage : Deux bobinoirs doubles à 50, 200 mèches;

Cet assortiment diffère de celui donné dans la première édition pour plusieurs motifs :

1° Les machines à étirages doubles ayant été perfectionnées, je les admets un peu aux premiers passages, ce qui aide beaucoup à la régularité, par de nombreux doublages.

2° Je supprime la vapeur dans la laine, parce que si ce moyen facilite le travail, ce qui n'est pas douteux, il expose aux nuances dans le fil; et le peigné mécanique, étant bien lissé, dispense du chauffage. Cette idée de chauffer la laine en la travaillant est très-ancienne, car Dobo se fit breveter en 1816, et Carbon substitua la vapeur au procédé de Dobo en 1840. Tout cela est tombé. Un jet de vapeur lancé sur la bobine, à mesure qu'elle se forme, a encore des partisans.

3° Ce qui forme surtout une grande différence entre les deux assortiments, c'est que celui que je donne est combiné pour doubler par trois bouts en un aux bobinoirs finissants, au lieu de doubler par quatre, comme celui de la première édition. Le doublage par quatre peut être préférable avec de très-bonnes ouvrières qui sont bien surveillées; mais si l'on n'a que des ouvrières ordinaires, il vaut mieux doubler par trois au dernier bobinoir : la mèche, se trouvant 1/4 plus forte aux autres passages, casse moins. Ce qui m'a aussi déterminé à donner l'assortiment par trois, c'est un peu parce que le premier est par quatre, et pour faire voir l'économie qu'il y a dans la mise de fonds pour le matériel. En ne doublant que par trois, il y a aussi économie de force, puisque pour une seule mèche de moins au dernier bobinoir, tous les autres sont 1/4 plus courts. Cette considération est à peser ; je crois qu'elle compense le mieux problématique qui résulte du doublage par quatre. Mais lorsque les machines sont combinées pour doubler par quatre, il faut en tenir compte. Celles-ci sont combinées pour doubler par trois aux bobinoirs finissants et au huitième passage.

Dans la composition de l'assortiment, il y a des principes généraux qui servent de guide pour faciliter le travail ; autant que possible, il faut les observer. Ainsi, un bobinoir qui doit doubler par trois au passage suivant, doit avoir son nombre de bobines divisible par trois, afin que lorsqu'on monte une levée derrière le bobinoir, on puisse la monter entière, qu'il ne reste pas une ou deux bobines en plus. Les nombres 12, 18, 24, 30, 36, 42, 48, sont applicables aux bobinoirs qui doivent doubler leur produit par trois.

Lorsque les machines qui s'alimentent étirent de 1 à 4, et doublent par trois, celle qui alimente doit être 1/4 plus courte que la machine alimentée, parce qu'en marchant à même vitesse, elles se suivront, l'une faisant le ruban 1/4 plus gros que l'autre. Si l'étirage est de 1 à 4,25 ou 1 à 4,50, et que l'on alimente par quatre bouts, il faut tenir la machine qui alimente 1/8me à 1/10me plus courte que la machine alimentée, et autant que possible, divisible par quatre, comme 12, 16, 20, 24, 32, 36, 40 et 44.

J'ai observé ce principe pour les machines intermédiaires, et si je m'en suis écarté aux finissants, que j'aurais dû mettre à 48 et l'avant-dernier à 36, c'est parce que le nombre 50 ou 100 mèches pour les fileurs convient mieux que 48 ou 96. Généralement les métiers sont de 200, 250, 300, 400 et 600 broches. Une garniture se trouve formée d'un nombre de levées déterminé, sans laisser de portions de levées à réunir à d'autres. Un bobinoir à 30 alimentant un 40 par trois, forment aussi une bonne combinaison, parce que quatre levées de bobines du 30 font 120 bobines; comme la garniture de ce bobinoir, 3 fois 40, donne 120 bobines, c'est commode pour les changements.

La question des grandes machines est maintenant bien jugée; elle n'arrête plus aucun filateur. L'expérience a parlé, ainsi que pour la mèche double. Ce système deviendra général; il n'en est pas de même du métier à filer. Pendant que l'on fait des renvideurs de 500, 600 et même 700 broches, beaucoup de filateurs préfèrent le métier de 200 broches.

CHOIX DES MÉTIERS A FILER.

Il y a un chapitre spécial pour les métiers à filer, comme pour toutes les autres machines, où l'on trouvera les écartements, les diamètres, etc. Je ne m'occupe dans la composition de l'assortiment que de l'ensemble par machines et métiers, et non des questions de détails sur ces mêmes machines et métiers.

Doit-on monter des métiers à bras, des demi-renvideurs ou des renvideurs? Voilà trois systèmes, dont l'un, le demi-renvideur, doit être écarté pour monter les métiers ordinaires et les renvideurs. Les métiers à bras ne doivent pas descendre au-dessous de 200 broches ni dépasser 250; les renvideurs seuls peuvent être longs, parce que ces métiers, étant conduits totalement par le moteur, à la sortie comme à la rentrée du chariot, on n'a plus à s'inquiéter de la charge qu'ils donnent à l'homme qui les conduit. Jusqu'à ce jour, les renvideurs ne font que les très-bons fils; la casse a donc aussi moins d'importance sur ces métiers que sur ceux à bras, où l'on file des laines tirées jusqu'aux dernières limites de finesse. Plus un métier est long, plus il est difficile à manier à la main et plus il faut rattacher. C'est pourquoi les métiers de 200, avec un rattacheur, ou ceux de 250, avec deux rattacheurs, sont de bonnes longueurs ; ces derniers surtout doivent avoir des tambours à engrenages pour les rendre légers.

Je disais, dans la première édition, que le tissage mécanique aidant, l'heure du métier renvideur viendrait : elle est en effet venue. Les progrès que fait la construction française sur le renvideur de Parr-Curtis, et la multiplicité des tissages mécaniques, qui exigent de très-bons fils, ont rendu de grandes chances d'avenir au métier renvideur ou métier automate, qui se monte de tous les côtés. Mes planches représentent celui que la maison Grün vient de livrer dans les établissements du Nord. J'ai vu ce métier marcher à Wignehies, chez MM. Lion frères, à 5500 tours de broches par minute ; le même existe chez M. Th. Legrand, de Fourmies, qui a un atelier complet de demi-renvideurs de 400 broches. Auprès de cet industriel de mérite, on peut savoir quel système il préfère.

Un correspondant m'écrit pour me dire de définir les mots *renvideurs, demi-renvideurs, sous-filé, remboursement*, etc., un autre me dit que mon livre n'est pas assez élémentaire, que, très-intelligible pour les hommes de la partie, il n'en est pas de même pour ceux qui veulent apprendre.

Je réponds que des descriptions trop élémentaires expliquant ce que c'est qu'une broche, un cylindre, un rouleau, une crapaudine, un collet, etc., ennuieraient les gens du métier, et que la filature s'apprend dans l'atelier et non dans les livres, qui ne peuvent avoir d'autre but que de donner des principes, des méthodes, expliquer la théorie de la filature et propager les moyens les plus nouveaux. Je m'adresse donc aux gens qui ont sous les yeux les machines et métiers représentés dans l'album ou des machines analogues, et qui, s'ils n'ont pas quelque teinte des connaissances élémentaires en machines, doivent s'adresser à un contre-maître ou à un ouvrier qui les leur donnera.

Les fils sous-filés sont des fils qui ne sont pas tirés au numéro que la laine peut supporter. Ainsi, avec une laine qui permet, je suppose, de faire 120 échées au kilogramme, on en fait 110 : cette laine est sous-filée de 10 numéros. Le surfilé, c'est le contraire ; la même laine, poussée à 130, est surfilée de 10 numéros. Tout cela est possible, seulement le fil sera très-bon à 110, bon à 120, et mauvais à 130. Le renvideur, c'est le self-acting, le métier automate anglais. Nous avons francisé le nom, mais j'aime mieux dire mull-jenny renvideur, ou simplement renvideur, que self-acting; la langue tourne mal pour ce mot d'outre-mer. Le métier automate fait toutes les opérations du filage automatiquement. Le chariot sort, le fil s'étire et se tord ; le dépointage s'effectue ainsi que le renvidage et la rentrée du chariot, sans que le fileur y mette la main. C'est un métier admirable. J'espère que les quatre planches que je lui consacre le feront bien comprendre.

Le demi-renvideur est un diminutif du renvideur. Dans ce système, le dépointage et le serrage du fil sur la bobine sont encore l'œuvre du fileur, qui n'a plus à pousser son chariot de métier, lequel se rentre par le moteur.

Tant que le demi-renvideur exigera, comme le renvideur, des produits sous-filés, le renvideur devra lui être préféré, puisqu'il fait entièrement la besogne.

Je mettrai donc dans l'assortiment des métiers ordinaires de 250 broches au plus, et des renvideurs de 600 broches. Je monterai ces métiers dans la proportion de la chaîne et la trame qui entrent dans les tissus mérinos, et qui formeront toujours l'article de fonds pour les laines fines. Ainsi, sur 12000 broches, on peut monter 4000 broches en renvideurs et 8000 broches en métiers ordinaires.

Cette donnée est pour un filateur fabriquant ses produits au tissage à la main, car si l'on file à façon, il faut monter tous métiers ordinaires pouvant faire tous les fils, et il faut les monter de 200 plutôt que de 250, parce que souvent le filateur à façon a des fils surfilés à faire, et rarement des sous-filés.

Le renvideur est également gênant dans une petite filature, parce que si l'on file un lot qu'il ne puisse pas faire, il faut lui préparer un lot à part, ce qui amène du dérangement.

Je n'admets les renvideurs que dans les établissements importants. Ils sont certainement économiques, ils font mieux la bobine ; mais ils prennent plus de force que les métiers ordinaires, et exigent plus de réparations ; ils sont aussi plus difficiles à conduire. Bien qu'il marche seul, le renvideur se dérange facilement.

Plus un métier est long, moins il fait d'échées à la broche. C'est là une vérité incontestable. J'ai conduit un établissement qui a 12000 broches : les métiers montés à toutes les époques ont de 170 à 250 broches. Il n'y a qu'une vitesse pour tous ces métiers : ceux au-dessous de 200 font 5 échées par broche et par jour ; ceux de 200, 4 échées 1/2 ; et ceux de 230 à 250, moins de 4 échées. La moyenne a toujours été de 4 échées 1/4. Tous les métiers étaient à cordes ; aujourd'hui, les métiers sont montés plus légèrement avec des tambours à engrenages, et mêmes des broches à engrenages. Ce système est surtout léger ; je crois que c'est là son seul avantage. La broche maintenue par la corde est préférée par les connaisseurs, surtout pour aller à grande vitesse.

Ce qui reste à dire sur le mull-jenny trouvera sa place dans le chapitre qui lui est spécial. Je termine celui-ci en donnant un tableau qui le résume dans la composition de tous les assortiments, depuis 3000 jusqu'à 25000 broches. Il y en a peu de composés ainsi, parce que les grands établissements se sont augmentés successivement.

Voici les plus anciens et les principaux :

1° La manufacture de *MM. Seydoux, Sieber et Cie*, du Cateau, dont l'origine remonte à l'année 1818, époque à laquelle on filait la laine peignée généralement à la main.

L'établissement s'est peu à peu et constamment agrandi depuis l'introduction des métiers à filer ; dans ce moment il se compose de :

> 60 peigneuses Schlumberger ;
> 42000 broches ;
> 400 métiers à tisser mécaniquement.

2° La première filature de laine peignée de Rethel a été montée, en 1821 ou 1822, par Dieudonné, avec 5 à 600 broches ; elle est aujourd'hui exploitée par *M. Auguste Maquet,* qui a 3500 broches avec peignage.

3° *M. Defourment* a débuté, en 1824, à Cercamp, avec 2000 broches ; il a aujourd'hui 26000 broches avec un peignage anglais qui les alimente.

4° *M. Théophile Legrand,* de Fourmies, a fondé, en 1825, la première filature de laine peignée qui ait existé dans ce pays. Il a de suite monté, sur une grande échelle pour l'époque, 4000 broches du système mull-jenny ; il en a aujourd'hui 10500, avec peignage et tissage mécaniques. En 1832, une autre filature a été créée sur le modèle de celle de M. Legrand, et depuis, il y a à Fourmies et aux environs, cinquante établissements qui renferment 250000 broches pour filer la laine peignée.

5° *M. Tranchart-Froment* a monté, en 1821, 6 métiers de 160 broches ; il est porté actuellement, sur l'*Almanach du Commerce,* pour 25000 broches.

6° L'établissement de *M. Frédéric Davin,* de Paris, a été commencé par Griolet, en 1826, avec 4 métiers de 260 broches chaque ; en 1831-32, il vient, rue Albouy, avec 16 métiers de 160, auxquels il ajoute 16 métiers de 320, construits par Pihet. La filature compte aujourd'hui 16000 broches, avec peignage.

7° *MM. Bernoville frères, Larsonnier frères et Chenest* ont, à Guise, 10000 broches, 1 peignage français et 160 métiers à tisser mécaniquement.

8° Il y a encore trois forts établissements d'origines moins anciennes, ce sont :

1° Celui de *MM. Trapp et Cie*, construit, en 1839, avec 6000 broches, et qui en a aujourd'hui 22500, avec peignage Schlumberger;

2° Celui de *MM. Ch. Rogelet, Gand frères, Grandjean, Ibry et Cie*, à Buhl, qui a 19600 broches, avec peignage et 350 métiers à tisser;

3° Celui de *MM. Villeminot-Huart et Victor Rogelet*, de Reims, sur lequel les renseignements me manquent; il doit avoir 12000 broches environ, avec peignage, et 300 métiers à tisser.

Ces chiffres, que je donne pour officiels et que je dois à la complaisance des propriétaires des établissements, appartiennent à l'histoire contemporaine de la filature. Ils portent en eux un enseignement qui ne doit pas être perdu pour ceux qui entrent dans cette industrie : ils indiquent qu'il faut monter des machines de grandes dimensions, lors même que l'on n'aurait que peu de broches, car toujours ce nombre de broches va en augmentant. Ils indiquent surtout que la force motrice sur laquelle on s'établit, ou la machine à vapeur que l'on monte, doivent être supérieures à la force réelle dont on a besoin pour mener l'assortiment primitif, afin de changer moins souvent cette force.

Tous les hommes qui ont de l'expérience monteront une force de 50 p. % plus grande que la force nécessaire; cette machine, dans laquelle on détend la vapeur, marche à une pression peu élevée, et n'use presque pas plus de combustible que si elle n'avait que juste la force voulue. Pour 6 à 7000 broches, il faut monter une machine de 35 chevaux, à moyenne pression, si l'eau s'obtient facilement. Par cette acquisition, on ne se verra pas dans la nécessité, après cinq ou six ans, de changer sa machine, parce que l'on sera changé d'avis sur le nombre de broches à faire mouvoir (ceci arrive neuf fois sur dix). C'est la même raison qui fait tenir les machines un peu plus grandes que cela est nécessaire dans les derniers passages du tableau que l'on trouve à la page suivante.

COMPOSITION DE DIVERS ASSORTIMENTS DE 3500 A 25000 BROCHES.

DÉSIGNATION.	NOMBRE DE BROCHES.							
	3500.	5000.	6400.	8000.	11200.	17200.	25000.	AUTRE DE 25000.
1er passage : Gill-Box.	1 gill-box à 2 bobines.	1 gill-box à 2 bobines.	1 gill-box faisant 2 bobines.	2 gill-box faisant 4 bobines.	3 gill-box faisant 6 bobines.	4 gill-box faisant 8 bobines.	6 gill-box et 12 bobines	6 gill-box et 12 bobines
2me passage : Défeutreurs doub.	1à8 peign. 2 bobines.	2 à 8 peig. 4 bobines.	2 à 8 peig. 4 bobines.	3 à 8 peig. 6 bobines.	4 à 8 peig. 8 bobines.	5 à 8 peig. 10 bobines	7 à 8 peig. 14 bobines	7 à 8 peig. 14 bobines
3me passage : Etirages doubles..	1à12 peig. 4 bobines.	1 à 18 peig. 6 bobines.	1 à 18 peig. 6 bobines.	1à 30 peig. 10 bobines	2à18 peig. 12 bobines	2à30 peig. 20 bobines	3à30 peig. 30 bobines	3à30 peig. 30 bobines
4me passage : Bobinoirs de chute	8	12	16	20	2 à 14	2 à 20	3 à 20	3 à 22
5me passage : Bobinoirs ordinres.	16	24	32	40	2 à 30	2 à 40	3 à 40	4 à 30
6me passage : Bobinoirs ordinros.	24	34	40	2 à 26	2 à 36	2 à 50	4 à 40	4 à 40
7me passage : Bobinoirs ordinres.	30	40	50	2 à 32	2 à 44	3 à 44	5 à 40	4 à 50
8me passage : Bobinoirs doubles.	30	40	50	2 à 32	2 à 44	3 à 44	5 à 40	4 à 50
9me passage : Bob. doub. mèches	34	42	50	2 à 34	2 à 46	3 à 46	5 à 40	4 à 50
10me passage : Bob. doub. mèches	1 à 36	44	2 à 30	2 à 36	2 à 50	3 à 50	6 à 40	5 à 48
11me passage : Bob. doub. mèches	1 à 40	2 à 30	2 à 40	2 à 44	3 à 40	4 à 48	7 à 40	6 à 48
12me passage : Bob. doub. mèches	1 à 50	2 à 40	2 à 50	3 à 40	4 à 40	5 à 50	8 à 44	7 à 50

Les filateurs qui ne veulent pas dépasser la longueur des bobinoirs à 40, prendront pour 25000 broches la première combinaison, qui exige 46 bobinoirs, tandis que la seconde combinaison, faite dans les conditions du tableau, en s'arrêtant au bobinoir à 50, n'exige que 41 bobinoirs. Ici, il y a économie de main-d'œuvre et un peu de capitaux. J'avoue qu'un atelier composé de tous bobinoirs semblables flatte la vue, et me plairait infiniment mieux que celui indiqué par la logique.

Pour le quatrième et le cinquième passages du premier assortiment de 3500 broches, j'ai indiqué un bobinoir de chute à 8 cannelles et un bobinoir ordinaire à 16, pour mettre une machine à chaque passage; mais il vaut mieux mettre le bobinoir de chute plus grand, soit 18 longues bobines, et donner dessus les deux passages.

Le gill-box du premier passage, dont on trouvera la description plus loin et le plan dans l'atlas, a pour but de réduire les gros rubans que l'on reçoit du peignage, pour les amener au volume voulu pour les engager dans les machines. Ces rubans sont souvent fort irréguliers lorsqu'ils sont peignés au dehors; mais le filateur qui fait son peigné lui-même peut supprimer le passage au gill-box, parce qu'il prépare au peignage son ruban comme il veut l'avoir. Ces rubans sortant du peignage doivent indiquer les numéros 5 à 6 à la romaine, avec cinq tours d'un dévidoir de 142 centimètres. Le gill-box est aussi très-utile lorsqu'on travaille des laines dures ou des laines teintes. C'est pourquoi j'ai placé cette machine dans l'assortiment, quoique je ne l'accepte pas pour les laines fines.

Le défeutreur double a surtout pour but de régulariser les rubans au départ. Cette machine, comme la suivante, par laquelle on peut la remplacer, reçoit une masse de rubans derrière et permet de former de suite une moyenne régulière à l'œil. Le volume, dans les peignes du devant, ne doit pas être très-fort pour bien se laminer et cependant assez fort pour que le ruban se dévide facilement au passage suivant. Le numéro doit indiquer de 8 à 10, avec la même longueur de cinq tours de dévidoir. J'ai mis dans l'atlas un petit défeutreur à 2 peignes et un à 5 peignes, pour conserver les types de ces machines, que l'on ne construit plus qu'à 6 et 8 peignes faisant 2 bobines, encore en fait-on peu. Les premières machines d'un assortiment doivent être assez courtes, jusqu'à ce que les bobines soient bien faites et se dévident sans déchet, c'est-à-dire jusqu'à la bobine frottée. Aussi je place cette bobine au troisième passage.

L'étirage double de Grün remplace les défeutreurs doubles dans tous les assortiments neufs que livre ce constructeur. J'en donne également le plan et la description. Les passages, sur cette machine, avant de multiplier les doublages dans les passages intermédiaires, sont une bonne opération pour avoir un bon point de départ, et le point de départ régulier est une question capitale pour le fil. L'étirage double, que j'indique de 12 peignes et 6 bobines, a en réalité 18 peignes : 12 derrière et 6 devant faisant les 6 bobines. Cette machine reçoit de 120 à 150 kilogrammes derrière, qui sont reproduits par 6 rubans réguliers, parce que les garnitures ont été pesées de manière à ce que le poids des bobines de l'une, donne la même moyenne que le poids des bobines de l'autre. Ce pesage, dont on peut se passer, est expliqué dans le chapitre de la préparation pour la filature. Je ne donne ici qu'une explication rapide des motifs qui ont motivé la composition de l'assortiment.

Le bobinoir de chute est aussi une bonne machine; je l'ai reconnu depuis que j'en ai fait usage. Il faut mettre cette machine à compteur, comme l'étirage double, et un compteur dégrenant seul. Le bobinoir de chute double peu, et même, souvent il ne double pas; il a l'office de l'ancien réduit, il amène la mèche à un volume convenable pour entrer dans les bobinoirs, soit de 20 à 30, avec cinq tours de dévidoir. On trouvera les numéros indiqués juste sur le tableau, et expliqués dans le chapitre des calculs. Je donne le plan et la description d'un bobinoir de chute; on voit, à la simple inspection, qu'il est construit sur d'autres données que les bobinoirs ordinaires. On fait la bobine longue sans réunir deux rubans de deux peignes différents, on a ainsi évité la faute des anciens bobinoirs réunisseurs, dont les bobines n'allaient jamais très-bien. Pour que des mèches frottées soient réunies sans inconvénient, il faut qu'elles passent sous le même buffle; c'est ce qui a lieu dans les bobinoirs à doubles mèches.

Les bobinoirs ordinaires, qui viennent ensuite, se ressemblent tous. L'atlas représente celui livré par la maison Grün; au cinquième passage, on en trouvera la description. C'est après le premier bobinoir ordinaire que l'assortiment de 6000 broches se divise : un 40 alimente deux à 24. J'aurais pu mettre un 48, comme je l'ai fait dans le tableau, où j'ai mis un 50 pour l'assortiment de 6400; car c'est en effet sur celui-là que je dois raisonner : il nous servira comme théorie. Mais dans la pratique, j'ai reconnu qu'il était plus agréable de diviser l'assortiment; cela va mieux pour les coulages à fond : au lieu de terminer un lot sur trois bobinoirs à 50, aux septième, huitième et neuvième passages, on coule seulement sur un 24 et deux à 32; c'est du temps de gagné, surtout si l'on change souvent de lot. Il y a encore un autre avantage : si l'on est pressé d'un lot, on coupe sur un assortiment seulement, pendant que l'autre continue le lot engagé. C'est ainsi qu'on trouve raisonnement à tout, et si l'on me dit de conclure, je réponds : il faut bifurquer lorsqu'en le faisant on n'établit pas des machines trop petites, et lorsqu'en ne le faisant pas on est obligé d'en avoir de trop grandes. Je maintiens le tableau pour les filateurs qui travaillent pour leur compte ; et pour ceux à façon, qui doivent contenter vite plusieurs fabricants à la fois, je m'en tiens à l'assortiment de 6000 broches que j'ai indiqué page 55.

Les bobinoirs doubles doivent se faire en réunissant deux mèches sur une seule bobine. On remarquera que le premier bobinoir double, dans tous les assortiments, est alimenté par un bobinoir simple de même grandeur. Cette disposition est très-commode, car le premier bobinoir double, bien que l'on mette quatre mèches dans chaque peigne, ne peut doubler que par deux; quatre levées de celui qui l'alimente forment sa garniture. Ce premier bobinoir double, qui a des mèches simples derrière, n'éprouve aucun embarras, et va généralement assez vite, parce qu'il ne double que par deux. Si l'on voulait doubler davantage, il faudrait élever le ratelier ou le mettre double, et alimenter par un bobinoir simple plus grand que le double. J'ai écarté ce système. La mèche double, pour bien marcher, demande quelques soins que j'indique à l'article bobinoir, dans la préparation : c'est un système avantageux que je recommande toujours, lorsque les laines le permettent..

CHAPITRE IV

NOTES SUR LA CONSTRUCTION

DES BATIMENTS ET DES MOTEURS.

BATIMENTS.

Dans la construction des bâtiments pour filature, il y a deux systèmes : l'ancien, qui consiste à élever deux, trois ou quatre étages les uns sur les autres, comme à Roubaix et dans la Belgique ; le nouveau, qui a des avantages très-grands pour la surveillance, et qui se résume dans un atelier de plain-pied, où tout est réuni : peignage, filage, tissage. Ce système a l'inconvénient de mêler les sexes, parce que les fileurs et les soigneuses sont dans la même salle ; mais avec de la discipline, et en séparant les métiers à filer des machines préparatoires par une petite balustrade, chacun reste dans son carré. Partout où la place existe, il faut construire les ateliers de plain-pied ; cette disposition est préférable pour travailler la laine, qui se trouve bien d'une température un peu humide et chaude.

En tous cas, si l'on fait des étages, il ne faut y loger que les métiers à filer ; car les peigneuses, les cardes, les machines préparatoires, les métiers à tisser, demandent à être montés sur un sol inébranlable. Sans doute on en place dans les étages, mais il faut pour cela ne pouvoir faire autrement : c'est une mauvaise condition. Il y a surtout une machine qui doit rester sur le sol et dans une place dallée, c'est le dégraissoir. Il en est de même de la lisseuse, parce que ces deux machines ont toujours leur dessous mouillé.

Les ateliers avec des étages trop élevés sont durs à chauffer, mais ils sont plus sains; ceux avec des étages trop bas manquent de lumière. Voici les dimensions de la plus belle filature de Reims comme bâtiment :

On y a placé deux rangées de mull-jenny mis bout à bout, en travers des salles; les métiers ont 250 broches, et il reste une belle allée dans le milieu. Pour éviter les tendeurs, on place deux lignes de moteurs qui passent au-dessus des poulies motrices des métiers. Dans cette disposition, il faut avoir soin de placer les poulies de commande auprès des colonnes; on construit le bâtiment pour cela.

Pour des métiers de 250 broches, cette largeur totale sera de 27 mètres en dedans des murs.

Hauteur du rez-de-chaussée. .	4 mètres	50	centimètres.
— premier étage. . .	4 —	» »	—
— deuxième étage. .	3 —	50	—
— combles	3 —	25	—

Dans un bâtiment de cette largeur, il faut une grande élévation, pour que la lumière arrive facilement au milieu.

Si l'on monte 6500 broches en métiers de 250 ou en renvideurs de 500 broches, il faut treize travées, plus une pour l'escalier, soit quatorze, pour loger treize renvideurs ou vingt-six métiers de 250 broches. La place occupée par un métier, l'aiguillée comprise, le porte-système et la place du fileur, est de 3 mètres 50 centimètres. Ainsi, avec une salle de 50 mètres de long, il restera moitié de la travée en face de l'escalier, pour le bureau du contre-maître et les pièces de rechange à mettre sous clé.

Dans une salle de 27 mètres de large sur 50 mètres de long, on logera 6500 broches à l'aise. Le peignage, la préparation, avec les ateliers de réparation, occupent le même espace au rez-de-chaussée, très au large. Il faudra donc, pour un atelier de plain-pied, 2500 à 2700 mètres carrés, pour une filature de 6500 broches, avec son peignage.

Pour conserver facilement une température régulière, il faut des murs assez épais..En Champagne et dans les Ardennes, où la pierre manque, beaucoup de ces murs sont en charpente remplie avec des carreaux de terre; c'est généralement trop mince. Dans le Nord, où toutes les constructions se font en briques, il ne faut pas regarder à une demi-brique, sur l'épaisseur des murs, pour construire solidement. On doit d'autant moins hésiter sur cette épaisseur, que ce n'est pas la maçonnerie qui coûte le plus cher; ce sont les planchers, poutres et poutrelles. C'est pourquoi les ateliers de plain-pied, *dans les endroits où le terrain est bon marché*, sont plus économiques à construire, bien que la toiture soit beaucoup plus grande.

La maçonnerie coûte, pour les murs de face, au rez-de-chaussée, qui ont trois briques d'épaisseur, 15^f le mètre cube, les fondations 13^f.

Le premier étage a deux briques et demie d'épaisseur; le deuxième étage a deux briques d'épaisseur. Prix du mètre cube : 15^f.

Les pignons, plus minces de une brique et demie, coûtent, le mètre cube, 16^f (*).

Pour placer 26 métiers de 250 broches dans un atelier à deux étages, il y aura 13 métiers au premier étage et 13 au second; la préparation au rez-de-chaussée, construit en contre-bas du sol.

L'atelier, pour cette disposition, aura 50 mètres de long sur 14 mètres de large; si l'on met des renvideurs, on les placera en long sur quatre rangs; cependant le renvideur ayant sa commande au milieu, il vaut mieux, lorsqu'on bâtit exprès, faire les salles pour le recevoir en travers, les poulies motrices du métier sous le moteur.

Un atelier à deux étages, pour 6500 broches, coûtera, de maçonnerie, 15000^f.

(*) La brique a 20 centimètres, 10 centimètres et 5 centimètres sur ses trois dimensions.

Le plancher du bas sera en chêne, les trois autres en sapin, premier, deuxième étages et combles. C'est l'article le plus cher.

Les poutres en chêne valent 180^f le mètre cube ;

Les poutrelles même bois, 120^f le mètre cube ;

Les planchers, 6^f le mètre carré ;

Les poutres en sapin coûtent 120^f le mètre cube ;

Les poutrelles en sapin, 90^f le mètre cube ;

Les planchers en sapin, 4^f 50^c le mètre carré ;

Les poutres, poutrelles et planchers, pour les quatre places, chiffre rond. . . . . 38000^f.

La charpente vaut 80^f le mètre cube, et coûtera pour les combles. . . . . 2600^f.

La couverture : ardoises, chevrons, plomb, faîtières, crochets, 5^f 50^c le mètre. . . . . 6000^f.

Le terrain du bâtiment, 700 mètres, autant pour les cours, soit 1400 mètres à 5^f. . . . . 7000^f.

Ancrages divers, colonnes en fonte, petits frais divers, intérêts, timbres. . . . . 1400^f.

Nous avons dit, pour la maçonnerie. . . . . . 15000^f.

Total. , ... 70000^f.

Pour avoir le même espace couvert dans un atelier de plain-pied, on aura, en supposant le terrain au même prix, 2100 mètres de plus à 5^f. . . . . 10500^f.

La toiture coûtera aussi beaucoup plus, puisque l'espace à couvrir sera quatre fois plus grand. Dans les pays où le bois est bon marché, il y a compensation pour un atelier à deux étages, qui exigent des poutres pour trois planchers de plus, mais trois fois la valeur du toit de moins ; c'est là toute la différence à calculer.

Les usines construites sur l'eau coûtent cher à établir, à cause des travaux hydrauliques pour déversoirs, vannages, barrages, coursiers, etc.; il faut, dans les fondations, un bon béton.

Voici un moyen pour le préparer :

Sur un terrain bien uni et bien battu, on forme une bordure

circulaire avec douze parties de pouzzolane ou de briques concassées, on étend également six parties de sable bien grené et non terreux, on emplit ce bassin de neuf parties de chaux vive récemment tirée du four, et on y jette de l'eau.

Dès que la chaux est éteinte, on mêle, comme à l'ordinaire, la pouzzolane, après quoi on ajoute treize parties de recoupe de blocailles, de pierres et de cailloux, dont la grosseur ne doit pas surpasser celle d'un œuf. A l'aide d'instruments appropriés appelés broyons, plusieurs hommes remuent à force de bras pendant une heure environ.

Le béton, mis en place par couche, doit être battu et foulé avec des maillets de fer, et la surface doit être bien nivelée pour recevoir les assises de maçonnerie.

Les meilleurs bois sont ceux séchés par l'âge. Lorsqu'on est obligé d'employer des bois verts dans des endroits où ils peuvent pourrir, voici un moyen de les préserver :

On les trempe pendant huit jours dans une solution de sublimé corrosif, 100 grammes par hectolitre d'eau. A l'aide de ce moyen le bois vert peut être employé dans la construction. Il y en a un autre, qui a été breveté ; c'est l'emploi du sulfate de cuivre. Voici en quoi il consiste :

Six kilogrammes de sulfate de cuivre par mètre cube ; on fait une solution et l'on procède de la manière suivante : on couche horizontalement les pièces à conserver, on fixe à une des extrémités une sorte de réservoir en forme de poche, et l'on met, au moyen d'un tube en caoutchouc, ce réservoir en communication avec le bassin qui renferme la liqueur préservatrice, et qui doit toujours être placé à une hauteur de 4 à 5 mètres. La solution descend alors dans la poche, pénètre dans le bois, le parcourt dans toute sa longueur et y dépose le sulfate de cuivre qu'elle contient, tandis que sa partie aqueuse va sortir à l'extrémité opposée et entraîne avec elle les matières séreuses emprisonnées dans les pores ligneux. On reconnaît que l'opération est terminée quand le liquide qui sort est parfaitement clair.

Il faut que les bâtiments soient solides, salubres et commodes; la température sera modérée et humide, entre 20 et 22 degrés. Il est inutile de la pousser à l'excès : l'ouvrier souffre et l'ouvrage n'en vaut pas mieux. On établit des appareils aspiratoires simplement par le courant naturel, en prenant l'air le plus près possible du sol par des colonnes libres qui le portent au dehors. L'air vif ne doit pas entrer dans les ateliers; c'est pourquoi il est bon d'avoir des fenêtres doubles et des portes d'ateliers qui donnent sur des paliers, et non directement dans les cours.

D'après le nombre de briques indiqué plus haut pour l'épaisseur des murs, ceux de face, au rez-de-chaussée, auront 62 centimètres sans enduit; ceux du premier étage 52 centimètres; ceux du deuxième étage 41 centimètres d'épaisseur. Il faut mettre dans la construction de ces murs une quantité suffisante de chaux, et les recouvrir avec un bon ciment. En voici plusieurs compositions :

CIMENT ROMAIN.

Il a été trouvé naturellement combiné :

1° Dans le caillou anglais qui donne à l'analyse :

    Carbonate de chaux. . . 637 parties;

    Silice. . . . . 180 id.;

    Alumine . . . . 66 id.

2° En France, dans le caillou dit de Boulogne, contenant :

    Carbonate de chaux. . . 720 parties;

    Silice. . . . . 120 id.;

    Alumine . . . . 50 id.

On fait du ciment avec :

    Chaux . . . . 1 kilogramme;

    Cendres tamisées. . . 1 id.;

    Brique pilée. . . . . 1 id.

C'est-à-dire que ces ingrédients par tiers, mêlés et gâchés dans une quantité d'eau suffisante pour obtenir un mortier, donnent un bon ciment.

Voici un mastic pour les joints des terrasses :

>   Ciment fin . . . .   8 kilogrammes ;
>   Céruse   1   id. ;
>   Litharge . . . . . 1500 grammes ;
>   Huile de lin, quelques gouttes.

Faire une pâte du tout.

Les ateliers chauffés à la vapeur libre, dans les temps secs et par la gelée, exposent les murs à se gâter par l'humidité. Voici un mastic hydrofuge composé par les chimistes Thénard et Darcel :

>   Cire jaune . . . . 1 partie ;
>   Huile de lin lithargée . . . . 3 parties.

On fait pénétrer ce mastic à l'aide d'une chaleur très-intense dans les pores des pierres.

Les lieux d'aisance se placent au bout du bâtiment de la filature ; il est bon de les séparer par un courant d'air, pour ne pas infecter les salles. Lorsqu'une cause quelconque amène cette infection dans les ateliers, voici le moyen de les rendre salubres :

On met de l'acide sulfurique dans des vases libres, dans les salles. A l'école de Châlons, on employait le chlorure de chaux avec succès ; on se sert aussi du réactif désinfectant de Moll, composé des sulfates de fer et d'alumine concentrées jusqu'à 55°, et mélangées avec de la chaux dans la proportion de 5 à 10 p. %; on brasse constamment le mélange, jusqu'à ce que la dessiccation soit complète, puis on sèche à l'air libre.

Lorsque rien ne s'y oppose, l'atelier doit être construit, dans sa longueur, du levant au couchant, pour éviter le soleil dans les fenêtres, le soir et le matin ; il donne dans les pignons, et passe sur la longueur de l'atelier, sans gêner personne.

Les métiers à filer seront placés en travers, un à chaque

fenêtre; une allée ménagée le long des murs, des deux côtés, rend la surveillance facile.

MOTEUR.

Il est essentiel que le filateur sache les dimensions que doit avoir son moteur; autrement il s'adressera aux constructeurs qui, poussés par la concurrence, offriront ce moteur au rabais au cent de kilogrammes, avec l'espoir de se rattraper sur le poids. Il peut arriver qu'un moteur à 80ᶜ coûte plus cher qu'un moteur à 1ᶠ le kilogramme. Il faut parer à cet inconvénient par des données certaines, sanctionnées par l'expérience, et prises sur des machines qui usent peu en marchant à la vitesse voulue, et en menant la charge pour laquelle elles ont été construites.

Le diamètre du moteur dépend de sa vitesse : plus il va vite, plus il doit être petit de diamètre. La vitesse de 100 tours par minute est généralement acceptée ; à cette vitesse, et des poulies motrices de 1 mètre 40 centimètres pour les renvideurs de Grün, la broche fera 4500 tours à la minute. C'est aussi la vitesse actuelle dans les ateliers neufs.

On trouve des moteurs construits d'une grosseur uniforme d'un bout à l'autre; c'est une faute, car le dernier arbre, qui ne mène que deux ou quatre métiers, n'a pas la charge du premier, qui en mène vingt-six. Il est supposable que ces moteurs cylindriques d'un bout à l'autre ont été vendus au kilogramme. Ils sont trop lourds, et usent de la force et du combustible inutilement. On gagnerait plus à supprimer de semblables moteurs qu'à continuer d'en faire usage. L'arbre moteur n'est pas une grande dépense : on le fait aujourd'hui à 70ᶜ le kilogramme.

Les moteurs trop longs, marchant à grande vitesse, ont généralement une rotation irrégulière : l'extrémité opposée au côté de la commande fouette par l'effort de torsion. Il faut donc se tenir dans un juste milieu, et ne pas être trop esclave de la théorie. Dans les arbres de petites dimensions, il faut plutôt forcer que diminuer les diamètres qu'elle indique, attendu que l'on ne peut pas compter sur une homogénéité parfaite de la matière, et que le moindre défaut dans un petit arbre peut le faire rompre.

Il y a des intermittences de résistance, des chocs, dont les causes échappent à la sagacité du mécanicien. Il y a encore une autre cause qui défend de descendre dans de trop petits diamètres : c'est la vibration qui en résulte et qui détruit une partie notable de la force utile.

Ma formule pour l'arbre moteur des machines à vapeur, celui qui porte le volant et la manivelle, est :

$$D^2 = \frac{250 \times C}{T}$$

; le diamètre carré égale le coefficient 250, multipliant la force C (les chevaux), le tout divisé par T (le nombre de tours de l'arbre par minute).

Je prends pour unité de diamètre le centimètre, attendu qu'il n'y a pas d'arbre au-dessus d'un mètre ni au-dessous d'un centimètre de diamètre ; ceux qui sont dans cette dernière condition n'exigent pas de calcul, l'intelligence du mécanicien suffit.

Si l'on applique la formule qui précède à une machine de 20 chevaux, marchant à 25 tours par minute, on aura :

$$D^2 = \frac{250 \times 20}{25} \; ; \text{ ce qui donne : } D^2 = \frac{5000}{25} = 200.$$

Si D^2 égale 200, le diamètre D sera la racine carrée de 200 centimètres, ou 14 centimètres 2/10mes.

Ainsi le tourillon de l'arbre du volant d'une machine de 20 chevaux, marchant à 25 tours, aura 0,142 millimètres ; il sera en fer corroyé. Cet arbre doit être court, et n'avoir que deux tourillons ou collets.

Dans la formule de l'Ecole Centrale, le coefficient pour l'arbre en fonte est le double plus fort que pour l'arbre en fer.

Avant d'appliquer la formule aux arbres moteurs des ateliers, il faut déterminer leur charge. On a la valeur de T, 100 tours, il ne reste plus que celle de C à déterminer, pour avoir les diamètres de ces mêmes arbres.

C'est ici le point où les auteurs ne sont pas d'accord, parce que la quantité de broches que peut faire mouvoir un cheval est variable, selon la vitesse de cette même broche, la qualité des huiles employées à graisser, le diamètre du collet de la broche, etc. Les broches à gros pieds sont aussi plus lourdes que les autres à faire mouvoir.

Voici les données que l'on trouve dans l'ouvrage d'Alcan, de 1847. Il les fait précéder de cette réflexion :

« La quantité de force motrice est naturellement variable avec la finesse des fils à produire, toutes choses égales d'ailleurs. Le rendement par force de cheval diminue avec l'élévation du numéro, parce qu'alors les préparations augmentent ainsi que la torsion pour l'unité de longueur. On compte qu'il faut en moyenne la force d'un cheval de 75 kilogrammètres pour faire marcher 300 broches de coton, y compris leurs machines préparatoires (Morin dit 237 à 287). On estime qu'il faut en moyenne 2/3 de cheval pour un loup, 1 cheval 1/2 pour l'assortiment de laine cardée composé de trois cardes.

$$\left. \begin{array}{l} \text{Pour la briseuse. . } 4/10^{\text{mes}}; \\ \text{La repasseuse. . . } 4/10^{\text{mes}}; \\ \text{Et la fileuse . . . } 7/10^{\text{mes}}; \end{array} \right\} 1 \text{ cheval } 1/2.$$

» Pour le tissage on compte qu'un bobinoir de 144 broches, deux ourdissoirs, quatre machines à parer, suffisent pour le travail de cent métiers à tisser le coton. Un cheval fait mouvoir dix à douze de ces métiers avec les machines accessoires. »

Cet auteur reconnaît que ces données ne sont plus exactes aujourd'hui, que les ateliers sont plus complets, et que les broches marchent à une plus grande vitesse que lorsqu'il écrivait.

Je connais des tissages mécaniques pour la laine qui absorbent la force d'un cheval pour sept métiers ; ces appréciations dépendent de la vitesse des battants, de la largeur et de la force des tissus à confectionner. Ainsi les mérinos doubles de 20 à 25 croisures prennent bien plus de force qu'un mérinos léger, à vitesse égale.

Voici, d'après le général Morin, la force absorbée par les machines et métiers à préparer et filer la laine peignée :

Un bobinoir à 16, sans transmission : 1/4 de cheval ;

Trois bobinoirs, ensemble 64 bobines, avec transmission : 1 cheval 475 ;

Un métier de 220 broches, faisant 3650 tours à la minute : 1/4 de cheval ;

Un métier box-organ de 300 broches, à 3200 tours : 1 cheval 273.

Il y a évidemment erreur. Une broche de métier box-organ ne peut pas être près de quatre fois plus lourde qu'une broche de métier ordinaire, à moins qu'elle ne soit pas graissée.

Je professe une médiocre confiance dans les données purement théoriques ; je les ai vues cause de biens des déceptions ; des machines à vapeur ont dû être changées après un court service, à cause des fausses données sur la charge qu'elles devaient mener.

On estime qu'un ventilateur de 50 centimètres de diamètre sur 25 de large, marchant à 550 tours, a la charge de 3 chevaux ;

Un batteur à 1100 tours : 1 cheval 1/2.

Les coussinets de machines, marchant à une telle vitesse, doivent avoir des graisseurs mécaniques, soit la *burette Coquatrix*, de Lyon, ou tout autre moyen.

Les expériences qui précèdent ont été faites sur d'anciennes machines. Aujourd'hui, que la construction est changée, ainsi que les vitesses, les expériences sont à refaire ; en tous cas, les données des théoriciens n'ont de valeur que lorsqu'elles ont été sanctionnées par l'expérience.

Il faut compter 1 cheval par métier de 250 broches avec la préparation, et 1/2 cheval pour le métier seul. Ainsi, pour 6500 broches, il faudra 13 chevaux aux vitesses actuelles. La formule de l'arbre, pour commander les vingt-six métiers, sans les machines, avec un seul arbre qui passe sur les métiers du premier étage et au-dessous de ceux du deuxième, sera :

$$D^2 = \frac{250 \times 13}{100} \; ; \; \text{d'où il vient } D^2 = \frac{3250}{100}, \; D^2 = 32{,}50.$$

Si le diamètre élevé au carré égale 32,50, ce diamètre sera la racine carrée de 32,50, ce qui donne $5^c,7$; le diamètre d'un arbre marchant à 100 tours, pour mener 6500 broches, sera de 5 centimètres 7 dixièmes, soit 6 centimètres en chiffres ronds. Ceci est pour le premier arbre, celui qui mène tous les métiers ; mais ce moteur doit aller en diminuant jusqu'à la fin, pour arriver à 4 centimètres, diamètre du dernier arbre. Dans ces petites dimensions, les formules ne sont plus applicables. Il ne faut pas d'arbre moteur au-dessous de 4 centimètres de diamètre : ils fouettent, et le moindre accident, une courroie qui casse et se prend, suffit pour les fausser.

Voici les formules que donne Armengaud jeune dans le *Guide de l'Ouvrier mécanicien*. Je les cite pour ceux qui voudront les vérifier en les appliquant à leur moteur ; ils trouveront un peu plus de diamètre qu'avec celle que je donne, qui est bonne pour toutes les forces au-dessus de 4 chevaux et ne passant pas 75 tours par minute.

Pour l'arbre moteur de première classe, celui de la machine à vapeur, par exemple, la formule donnée par Armengaud est :

$$D = \sqrt[3]{\frac{C}{T}} \times 4370 \; ; \; \text{le diamètre égale la racine cubique de}$$

C, le nombre de chevaux, divisé par **T**, les tours, et multiplié par 4370 ; ce qui donne 15 centimètres pour le diamètre de l'arbre d'une machine à vapeur de 20 chevaux, marchant à 25 tours, où j'ai mis 14 centimètres 2.

Pour les arbres de deuxième classe, il prend la même

formule avec le coefficient 2108, au lieu de 4370 ; et pour les arbres de troisième classe, c'est-à-dire les arbres secondaires de transmission qui, généralement, ont peu de charge, il prend toujours la même formule et descend le coefficient, qui n'est plus que de 1054.

Les arbres de deuxième classe servent d'intermédiaire entre les premiers et les derniers ; ils portent de fortes roues d'engrenage.

Pour les transmissions à grande distance, on fait usage de câbles. Le premier a été monté à Logelbach, par M. Hirn. Pour une distance de 255 mètres, et pour une force de 11 chevaux, la perte de travail due aux résistances nuisibles est très-peu de chose.

Au moyen d'un câble en fer, on vint à projeter une transmission devant mener un travail de plus de 100 chevaux, à une distance de 2000 mètres.

La Société Industrielle de Mulhouse, que j'aime à citer, a constaté que :

1° Les pertes de travail occasionnées par la transmission par câbles métalliques sont très-faibles, comparées à celles des transmissions ordinaires avec arbre en fer.

2° Elles dépendent principalement des frottements des divers axes dans leur tourillon.

3° Les pertes d'une transmission donnée peuvent être considérées comme indépendantes de la force transmise, et comme proportionnelles aux vitesses.

4° Les pertes de travail ne sont pas proportionnelles à la distance franchie, et l'excès dû à cette distance ne provient que des axes et des poulies intermédiaires.

J'admets cela ; mais ces axes et poulies intermédiaires sont une conséquence de la distance franchie, et ma conclusion est qu'il vaut mieux un atelier large avec deux moteurs, qu'un atelier le double plus long avec un seul, afin de transmettre la force moins loin. Ainsi, pour 13000 broches, je ferais un

atelier de 27 mètres de large à deux étages, ou un plain-pied;
plus large, avec une ligne d'arbres sur chaque rang de métiers
à filer. Pour l'établissement de 6500 broches, à deux étages,
avec un seul métier en travers, il y aura deux moteurs : un au
rez-de-chaussée, pour les machines, et un au premier étage,
pour les métiers de cette salle et pour ceux du deuxième étage.
Les combles restent comme magasin des laines et atelier de
triage, etc.

Les arbres moteurs marchant à 100 tours doivent avoir
6 centimètres pour 13 chevaux; on mettra le premier collet,
celui qui reçoit le choc des engrenages, à 7 1/2, au moyen
d'un renflement par refoulement sur le premier arbre qui
aura 7 centimètres de diamètre ; au bout d'un certain
nombre d'années, le collet sera usé et se rapprochera des 7
centimètres de l'arbre de la première travée, qui fatigue
le plus.

Voici la division pour les treize travées contenant les vingt-six
métiers de 250 broches, soit superposés si l'atelier a deux
étages, soit à côté l'un de l'autre si l'atelier n'a qu'un étage, ou
si le tout est de plain-pied. Dans ce dernier cas, on peut
mettre deux arbres et supprimer les tendeurs.

1er arbre, diamètre 7 centimètres; c'est souvent cet arbre qui
casse en cas d'accident;

2me arbre . . . . . 6 ctres	8me arbre 4c 80
3me arbre 5 80	9me arbre 4 60
4me arbre 5 60	10me arbre 4 40
5me arbre 5 40	11me arbre 4 20
6me arbre 5 20	12me arbre 4 00
7me arbre 5 00	13me arbre 3 80

Le poids des arbres n'est pas en proportion de leur diamètre;
il est proportionnel aux carrés de ces mêmes diamètres. Ainsi
le premier pèsera 104 kilogrammes 8, et le dernier 30 kilogrammes 8; celui du milieu, de 5 centimètres, pèsera toujours,
pour la même longueur, 3 mètres 50 centimètres, 53 kilo-

grammes 522. Si on multiplie ce poids moyen par 13, le nombre d'arbres, on trouve 696 kilogrammes, qui est à peu près le poids d'une ligne d'arbres moteurs, dans les diamètres ci-dessus.

On trouvera juste le poids de tous les moteurs, sans les démonter, à l'aide du tableau suivant :

POIDS DES FERS CARRÉS ET RONDS POUR UNE LONGUEUR DE 1 MÈTRE.

Diamètres ou côtés en millimètres.	Fers carrés. Poids.	Fers ronds. Poids.	Diamètres ou côtés en millimètres.	Fers carrés. Poids.	Fers ronds. Poids.
2	0,031	0,022	42	13,759	10,776
3	0,070	0,044	43	14,422	11,300
5	0,195	0,132	44	15,100	11,836
8	0,499	0,380	45	15,795	12,384
10	0,780	0,612	46	16,504	12,936
12	1,123	0,868	47	17,230	13,504
15	1,755	1,368	48	17,971	14,080
18	2,527	1,968	49	18,727	14,680
20	3,120	2,244	50	19,500	15,292
22	3,775	2,944	55	23,595	18,562
25	4,875	3,816	60	28,080	22,024
28	6,115	4,784	65	32,955	25,842
30	7,020	5,504	70	38,220	29,968
32	7,985	6,248	75	43,875	34,412
34	9,016	7,060	80	49,920	39,160
36	10,108	7,920	85	56,355	44,202
38	11,263	8,820	90	63,180	49,556
40	12,480	9,788	95	70,395	55,218
41	13,111	10,276	100	78,000	61,159

D'après cette table, pour trouver le poids d'une barre de fer d'un diamètre quelconque, il suffit de multiplier cette longueur par le nombre de la table correspondant au côté ou au diamètre. Ainsi, tous les arbres ayant 3 mètres 50 centimètres

de long, si l'on veut connaître le poids de l'arbre de 5 centimètres, on multiplie le poids de 1 mètre, 15 kilogrammes 292,
par 3 mètres 50 centimètres, et le résultat, 53 kilogrammes 522,
sera le poids de l'arbre du milieu du moteur qui a 5 centimètres de diamètre.

Dans le montage du moteur et du chauffage, il faut tenir
compte de la dilatation, et ne pas tenir les collets et les portées
d'une manière trop rigide; il faut un peu de jeu, excepté
au premier coussinet auprès de la roue de commande : celui-là
doit être juste. Les tuyaux de chauffage, qui passent tous les
jours du froid au chaud, doivent se monter sur des supports
libres : on les place sur des roulettes, afin qu'ils puissent
s'allonger à volonté.

Voici la dilatation des métaux de 0° à 100° centigrades :

1 millimètre	24	par mètre	d'acier	de 0° à 100°;
1 millimètre	22	—	de fer	—
1 millimètre	72	—	de cuivre rouge	—
1 millimètre	88	—	de cuivre jaune	—
1 millimètre	90	—	d'argent	—
1 millimètre	55	—	d'or	—
2 millimètres	10	—	d'étain	—
2 millimètres	80	—	de plomb	—

La dilatation moyenne par degrés est de $1/100^{me}$ des nombres
indiqués pour 100°.

La dilatation superficielle d'un corps est environ le double
de la dilatation linéaire.

La dilatation cubique des corps s'estime à trois fois environ
la dilatation linéaire.

On trouve toutes ces données dans les cours des Écoles des
Arts-et-Métiers, qu'Armengaud a résumées dans le *Guide de
Mécanique pratique*, dans lequel on trouvera le poids des
tuyaux à divers diamètres, des tôles au mètre carré, en fer
laminé, cuivre rouge, plomb, zinc, étain, argent.

On y trouve aussi des données sur la force des machines à

vapeur. Avant l'usage des locomotives, on avait fixé en théorie la vitesse du piston des machines à vapeur à 1 mètre par seconde; depuis, on a dû changer d'avis et reconnaître qu'un piston pouvait aller beaucoup plus vite sans grand dommage. Les locomotives, qui passent tous les jours sous nos yeux à des vitesses considérables, ont fait renoncer à cette donnée de 1 mètre par seconde; il en est résulté que des machines de 15, 20, 40 chevaux, ont été poussées à des vitesses doubles et ont mené des charges doubles, en changeant les engrenages de transmission, pour conserver la vitesse du moteur de l'atelier, toujours la même.

Voici le raisonnement qu'on a tenu :

Supposons une machine à vapeur dont le piston enlève 1000 kilogrammes par coup. Si ce même piston donne deux coups au lieu d'un dans le même temps, il enlèvera 2000 kilogrammes; les organes de la machine (qui seront plus fatigués à cause de la vitesse) pourront résister en menant une charge double. Il est bien entendu que la consommation de la houille est en proportion de la dépense de vapeur : deux coups de piston en dépenseront le double d'un, si la machine mène double charge.

Cette dépense, dans l'un et l'autre cas, ne doit pas dépasser 3 kilogrammes par heure et par force de cheval, pour les machines à moyenne pression (les constructeurs la garantissent à 2 kilogrammes), et 5 kilogrammes pour celles à haute pression et à détente (il y en a qui usent 6 kilogrammes).

Lorsque dans les machines à moyenne pression la condensation se fait bien, l'eau qui a condensé la vapeur ne doit pas avoir plus de 40° centigrades; plus cette eau sort froide du condenseur, mieux la condensation se fait.

Les machines à moyenne pression dépensent, par heure, 300 litres par cheval; les basses pressions, qui en dépensent beaucoup plus, rendent l'eau à 10°, c'est-à-dire froide au toucher.

C'est un point bien essentiel de s'assurer, avant de monter ces systèmes, si l'on peut obtenir l'eau facilement pour la condensation ; lorsque cette eau est trop profonde, elle coûte beaucoup à tirer à la surface.

Les machines à vapeur forment les moteurs les plus réguliers ; viennent ensuite les turbines, les roues de côté et les roues en dessous. Avant de dire un mot de ces derniers systèmes, je donne le tableau suivant, qui indique, d'après les diamètres et les vitesses des pistons, la force des machines à vapeur de 4 à 100 chevaux.

DIAMÈTRES DES PISTONS DES MACHINES A VAPEUR

		à HAUTE PRESSION, à 5 atmosphères.			à MOYENNE PRESSION, à 4 atmosphères.		
Force en chevaux.	Nombre d'évolutions à la minute.	Course du piston.	Diamètre sans détente.	Diamètre avec détente au tiers.	Course des pistons.	Diamètre du petit cylindre.	Diamètre du grand cylindre.
4	35	0^m60	18^c0	23^c8	0^m75	13^c5	28^c6
8	34	0 80	22 7	31 0	0 85	18 1	38 2
12	33	0 90	26 0	35 6	0 90	21 7	45 8
16	30	1 00	29 0	39 9	1 00	24 2	51 8
20	28	1 10	31 2	43 0	1 10	25 4	54 5
30	27	1 20	36 0	49 7	1 20	29 8	63 0
40	26	1 50	39 3	54 0	1 30	32 4	69 7
50	24	1 70	43 0	58 8	1 40	35 5	75 0
75	23	1 90	50 0	68 7	1 60	42 6	90 0
100	22	2 00	56 0	80 0	1 80	49 2	104 0

D'après ces données, la vitesse du piston par seconde sera plus grande dans les fortes machines, qui donnent moins de coups de piston à la minute, que dans les petites.

Dans la machine de 12 chevaux, cette vitesse sera de 1 mètre, et dans la machine de 100 chevaux, à haute pression, 1 mètre 50 centimètres.

Une atmosphère en plus ou en moins, dans une même machine, augmente ou diminue sa force d'une manière très-sensible.

Ainsi, un piston de 21 centimètres a la puissance de 6 chevaux à 5 atmosphères ; il n'a que celle de 4 à 4 atmosphères. Les deux pistons de la machine de 4 chevaux, à moyenne pression, ne donnent que 21 centimètres comme moyenne :

$$\frac{13,5 + 28,6}{2} = 21.$$

Le piston de la machine de 75 chevaux, qui a 50 centimètres pour 5 atmosphères, aura la force de 100 chevaux à 6 atmosphères.

On voit que la force d'une machine dépend de trois conditions principales :

1° Le diamètre du piston ;

2° La pression sur ce même piston ;

3° La vitesse du piston.

Selon que l'un ou l'autre de ces éléments change, la force de la machine change. Il n'est donc pas étonnant d'entendre dire par une foule d'industriels qui ignorent les principes qui régissent les machines à vapeur : « *J'ai une machine de* 20 *ou* 25 *chevaux, à moyenne pression ; je la pousse facilement à* 30 *et* 35. » Ce n'est plus la même machine ; ce sont bien les mêmes pièces de fonte, mais les principes fondamentaux, les conditions d'économie, sont changés ; la consommation de la houille est augmentée, même par cheval vapeur, parce que la condensation ne se fait plus aussi bien si l'on augmente la pression. Il vaut mieux augmenter la vitesse, attendu que le volume d'eau, pour condenser la vapeur, sera en proportion des coups de piston pour lesquels la machine a été construite. Il y aura toujours la même quantité de litres pour un même volume de vapeur à condenser.

Le même diamètre de piston répond à toutes les forces,

depuis 12 jusqu'à 100 chevaux, selon le système de la machine à vapeur et sa pression.

Soit un piston de 0^{m}49 de diamètre, dans une machine à basse pression, marchant à la vitesse de 0^{m}975 par seconde, il aura la force de 12 *chevaux*. Ce même piston, dans une machine à haute pression qui détend la vapeur au quart de la course et marche à 1^{m}15 par seconde, à 5 atmosphères, aura la force de 25 *chevaux*.

Si cette machine est sans détente, elle aura, en chiffres ronds, une force de 52 *chevaux*, marchant à 4 atmosphères ; 70 *chevaux*, à 5 atmosphères, vitesse de 1^{m}42 par seconde ; 96 *chevaux*, à 6 atmosphères, vitesse de 1^{m}50 par seconde.

On voit, sur le tableau qui précède, que ce même piston a la force de 100 *chevaux*, marchant à 4 atmosphères, avec un second cylindre de 1^{m}04 pour détente. J'ai donc raison de dire qu'une machine à vapeur peut répondre à toutes les forces ; aussi, lorsque le filateur commande une machine, il doit s'adresser à un homme compétent ou à un constructeur honnête. Heureusement, la France n'en manque pas. En outre de ceux cités dans ma première édition, il y a MM. Farcot et fils, à Saint-Ouen, Legavrian et fils, à Lille.

MM. Farcot et fils vendent leurs machines horizontales de 30 chevaux 21000 francs, et garantissent une consommation au-dessous de 1 kilogramme 500 par heure et par cheval, en marche manufacturière ; des expériences ont constaté 1 kilogramme et 1 kilogramme 20 en charbon belge de *Sacré-Madame*. Ces constructeurs font aussi les machines verticales avec ou sans balancier.

MM. Legavrian et fils vendent la machine jumelle de 60 chevaux, composée de deux machines horizontales de 30 chevaux, 32000 francs, et garantissent un *maximum* de consommation en bon charbon du pays. C'est un point sur lequel il faut toujours s'expliquer, quand on parle de la consommation, car il y a des charbons anglais très-riches en caloriques avec lesquels on use peu, mais ils coûtent cher. Généralement les constructeurs garantissent 2 kilogrammes en bons charbons de France.

———

COURS D'EAU.

La vapeur et l'eau sont les moteurs principaux ; l'air, les animaux, l'homme, ne servent que pour les petites résistances.

La valeur d'un cours d'eau dépend de son volume et surtout de sa vitesse, qui donne la chute lorsqu'on établit le barrage.

Il faut bien se garder de monter, sur des cours d'eau, des usines qui représentent, comme résistance à vaincre, la puissance absolue de la force hydraulique, parce que cette puissance est très-variable, et que les agents employés pour la transmettre, en absorbent depuis 25 jusqu'à 70 p. %.

Sur un cours d'eau de 50 chevaux, comme puissance absolue, d'après le volume d'eau et la hauteur de la chute, la prudence commande de ne monter que 25 chevaux effectifs, comme résistance à vaincre, si l'on ne veut pas ajouter une machine à vapeur dans un temps de basses eaux, comme en 1857 et 1858.

La vitesse de l'eau, à toutes les hauteurs, s'obtient au moyen de cette formule :

$$V = \sqrt{2\,G\,H},$$

dans laquelle V représente la vitesse, H l'épaisseur de la nappe, ou la hauteur du niveau du liquide au-dessus du centre de l'orifice.

G représente l'accélération de la pesanteur pendant chaque unité de temps. En prenant la seconde pour unité de temps et le mètre pour unité de longueur, la valeur numérique de G est 9,8088 à Paris ; c'est pourquoi, dans tous les livres des ingénieurs, on lit : 9,81, ou 19,62, pour 2 G. La formule devient :

$$V = \sqrt{19,62 \times H}.$$

La formule est tirée d'une loi expliquée en physique : les espaces parcourus par la chute des corps graves sont entre eux comme le carré du temps employé à les parcourir.

Si, dans cette formule, on remplace successivement H par toutes les hauteurs, on aura le tableau de toutes les vitesses correspondantes à ces mêmes hauteurs. Soit la hauteur de 0^m10, on a $V = \sqrt{19,62} \times 0^m10$, d'où il vient :

$$V = \sqrt{1,96} = 1^m40.$$

TABLEAU DE LA VITESSE DE L'EAU A TOUTES LES HAUTEURS.

Hauteur.	Vitesse.	Hauteur.	Vitesse.
à 0^m10	1^m40	à 3^m30	8^m04
à 0 60	3 40	à 3 40	8 16
à 1 00	4 43	à 3 80	8 63
à 1 50	5 43	à 4 00	8 85
à 1 70	5 77	à 4 30	9 20
à 2 00	6 26	à 4 60	9 50
à 2 40	6 86	à 5 00	9 91
à 2 60	7 14	à 6 00	10 84
à 2 80	7 41	à 7 00	11 71
à 3 00	7 67	à 10 00	14 00
à 3 20	7 92	à 20 00	20 00

A des hauteurs au-dessus de 20 mètres, la vitesse décroît comparativement au chiffre de la chute, à mesure que celle-ci augmente. De telles hauteurs sont rares.

DÉPENSE DE L'EAU.

On a déterminé, par de nombreuses expériences, la dépense de l'eau ; dans le cas où le liquide s'écoule par déversoir, elle satisfait à la formule :

$$D = M\,L\,H \sqrt{2\,G\,h.}$$

D, la dépense, égale L, la largeur du déversoir, multipliant H, la hauteur du niveau au-dessus de la crête du déversoir, multipliant M, un coefficient qui varie un peu, avec la largeur de l'ouverture du déversoir, comparativement à celle du cours d'eau. Ce coefficient M vaut 0,40 quand l'ouverture n'est pas très-large, et 0,43 quand le déversoir a toute la largeur du cours d'eau.

La racine carrée de 2 G H est expliquée plus haut : c'est la même. Ici h représente la hauteur de la chute, tandis que H représente la hauteur de la nappe d'eau ou son épaisseur. Le produit L H représente la surface ou la section de l'ouverture ; cette surface est plus grande que la section de la veine liquide, car le niveau de l'eau s'abaisse sensiblement avant d'atteindre le plan vertical ; l'épaisseur de la nappe libre n'est que 0,72 de H. Voici les dépenses d'eau par un déversoir sur 1 mètre de large, avec différentes hauteurs de lames, le coefficient étant 0,40.

DÉPENSE D'EAU PAR SECONDE SUR 1 MÈTRE DE LARGE.

Épaisseur de la lame.	Litres par seconde.	Épaisseur de la lame.	Litres par seconde.
5 centimètres.	20 litres.	30 centimètres.	294 litres.
8 —	40,5 —	32 —	324,6 —
10 —	56,7 —	34 —	355,0 —
12 —	74,3 —	36 —	386,9 —
14 —	93,5 —	38 —	421,1 —
15 —	103,8 —	40 —	453,9 —
16 —	114,7 —	42 —	488,3 —
18 —	137,0 —	44 —	523,5 —
20 —	160,3 —	46 —	559,8 —
22 —	185,0 —	48 —	596,8 —
24 —	211,0 —	50 —	633,2 —
26 —	237,9 —	55 —	731,7 —
28 —	265,0 —	60 —	833,5 —

On trouve des tables qui varient à cause du coefficient que l'on prend entre 0,40 et 0,43, selon les cas indiqués; lorsqu'il y a une grille devant la roue, qui ne peut que diminuer la hauteur de la nappe, on prend 0,40.

Pour trouver d'après ce tableau la dépense d'eau d'une chute quelconque, on prend la largeur du déversoir en mètres; on multiplie cette largeur par la dépense de 1 mètre de la même hauteur de lame que l'on trouve dans le tableau; le résultat donne la dépense d'eau par seconde.

Soit un déversoir de 4 mètres de large, avec une lame de 20 centimètres d'épaisseur, la dépense par mètre est indiquée de 160 litres 3 par seconde; celle pour 4 mètres sera :

$$160,3 \times 4 = 641 \text{ litres } 2 \text{ ou } 0 \text{ mètre cube } 641.$$

PUISSANCE DE L'EAU.

La puissance absolue d'un cours d'eau s'obtient en multipliant la dépense par la chute. Si les 641 litres dont il est question plus haut tombent d'une hauteur de 3 mètres, la force du cours d'eau sera :

$$641 \text{ litres } \times 3 = 1923 \text{ litres};$$

le litre pesant 1 kilogramme, la puissance est de 1923 kilogrammètres ; la force du cheval étant de 75 kilogrammètres, c'est une puissance absolue de

$$\frac{1923}{75} = 25 \text{ chevaux.}$$

Les meilleures turbines rendent 72 à 74 p. % d'effet utile ; ainsi en supposant un de ces moteurs, la force disponible serait de 18 chevaux. Si l'on a une roue de côté, elle sera de 15 chevaux; une roue en dessous ne rendra que 13 chevaux d'effet utile; c'est la roue en dessus qui rend le plus, comme la turbine.

On cite une turbine, à Saint-Blaise, dans la Forêt-Noire,

qui fait 2300 tours par minute sous une chute de 108 mètres; c'est la première montée par Fourneyron. On dit qu'il l'a apportée dans sa poche; c'est possible, le diamètre n'étant que de 0^m 20.

Avant de clore ce chapitre, disons quelques mots des différents systèmes de moteurs hydrauliques. Il y en a deux, aujourd'hui, qui se disputent la préférence : la turbine et la grande roue Sagebien, de 7 à 8 mètres de diamètre, qui remplace celle de 3 à 4 mètres. Au dire des personnes qui ont monté ces grandes roues, on obtient de bons résultats avec augmentation de force; c'est un fait auquel la théorie ne comprend rien, mais c'est un fait, et si les preuves se répètent, il faut s'incliner. J'ai vu une de ces roues à Jonchery (Marne), et une autre vient d'être montée au Cateau; les acquéreurs en sont satisfaits.

La dépense du matériel est assez forte, plus forte que pour une turbine de même force, à cause de la grande charpente que les roues exigent et de la grande roue de renvoi qu'il faut pour arriver à la vitesse dans l'atelier; car il est évident que ces roues, d'un très-grand diamètre, doivent faire peu d'évolutions à la minute; il y en a qui font un tour à peine.

Dans ces grandes roues qui prennent l'eau au-dessous du centre, les aubes ne sont pas fermées au fond par des contre-aubes; elles se prolongent très-avant dans la roue, et leur direction, au lieu d'aller au centre, va au milieu du rayon vertical, au-dessus de l'axe de la roue. On ne remarque pas le moindre remous derrière ces roues; l'eau dort comme dans les autres endroits de la rivière. C'est un signe du bon fonctionnement de ces moteurs, car plus l'eau est agitée derrière une roue, moins cette roue rend de force utile. C'est le cas des roues qui prennent l'eau en dessous.

Toutes les grandes roues dont il est ici question ont des coursiers circulaires, leur diamètre ne permettant pas une autre disposition. Il faut construire ces coursiers en pierres de taille bien assises sur un massif en moellons, avec mortier en chaux hydraulique et ciment romain. Il est essentiel de garantir cette maçonnerie en amont, par un lit de terre glaise étendue d'eau, pour empêcher les infiltrations. Ces observations s'appliquent à tous les coursiers.

J'admets cette roue de 8 mètres et prenant l'eau de côté, pour toutes les basses chutes qui ne peuvent pas adopter la roue en dessus; mais lorsque la hauteur de la chute permet d'établir une roue prenant l'eau en dessus, sans que cette roue soit obligée de tourner trop vite, c'est le meilleur système. Sans être ingénieur, on comprend qu'une roue qui tient toute l'eau dans ses aubes, sans frottement sur le coursier, doit être celle qui rend le plus d'effet utile. Les roues en dessus, dans de bonnes conditions, valent les meilleures turbines; elles s'appliquent bien aux chutes de 4 à 5 mètres. Dans les chutes plus grandes, on prend des turbines; mais les bonnes sont assez rares. Celles de Fourneyron, Fontaine, Kœchlin ou Jouval sont les plus répandues.

Le choix du système est indiqué par la hauteur de la chute. Les petites roues en dessus ont un mouvement rotatif trop précipité qui fait sortir l'eau des aubes; c'est pour avoir ce mouvement lent, que j'indique 4 à 5 mètres de hauteur.

Pour préférer les cours d'eau aux machines à vapeur, il les faut bons, réguliers, dans un pays où la main-d'œuvre ne soit pas trop élevée, et avec des communications faciles. Sinon, la machine à vapeur est préférable, parce qu'elle permet au filateur de se placer dans un centre où vit son industrie. On produira toujours plus avec une machine à vapeur, à cause de la régularité.

Maintenant que l'on fait des machines qui usent 2 kilogrammes par heure et par cheval, les cours d'eau sont beaucoup moins recherchés.

Le cours d'eau qui n'a pas une puissance double de la charge qu'il doit mener, exige une machine à vapeur comme auxiliaire, afin d'utiliser sa force entière; car si un cours d'eau a, pendant neuf mois de l'année, la force de 30 chevaux, et, pendant trois mois, la force de 20, on perdra les 10 chevaux en plus pendant les neuf mois, si l'on ne monte pas une machine à vapeur pour les remplacer pendant les trois mois qu'ils manquent. C'est la position de presque tous les cours d'eau.

L'addition d'une machine à vapeur a le grand avantage de rendre le cours d'eau régulier dans sa marche, ce qui augmente la production.

Tous les industriels s'appliquent à augmenter la hauteur de la chute de leur cours d'eau, parce que les résultats obtenus suivent une progression arithmétique dont le premier terme est 1 et la raison 2, ce qui donne 1, 3, 5, 7, 9, 11, etc., pour l'effet obtenu. Les chutes élevées permettent d'adopter les moteurs les plus économiques qui rendent le plus d'effet utile, comme les turbines. Plus la chute est haute, moins la turbine coûte, parce que la force s'obtient par la vitesse, et qu'il faut moins de matière à mesure que l'arbre moteur tourne plus vite pour une même force.

On trouvera, à la page suivante, les prix des turbines.

Depuis que ce chapitre est écrit, je me suis procuré la formule de l'École Centrale, pour le diamètre des arbres moteurs. On la trouve dans Claudel :

$$D^3 = K \frac{A}{N}$$

Le diamètre cube égale K, coefficient variant de 0,4 à 1,00, et qui est ordinairement pour les transmissions 0,7 ;

A, nombre de kilogrammètres transmis par minute ;

N, nombre de tours par minute ;

D, diamètre de l'arbre exprimé en centimètres.

PRIX DES TURBINES FONTAINE ET BRAULT.

Chutes.	2 chev.	5 chev.	10 chev.	20 chev.	30 chev.	40 chev.	60 chev.	100 ch.
0 m 50	4000 f	4800 f	5600 f	7200 f	8800 f	10400 f	13600 f	20000 f
1 00	3800	4600	5350	6800	8200	9600	12400	18600
1 50	3600	4400	5100	6400	7600	8800	11300	17200
2 00	3400	4200	4850	6000	7000	8200	10300	16000
2 50	3350	4150	4750	5800	6800	7900	9900	15400
3 00	3300	4100	4650	5600	6600	7600	9500	14800
3 50	3250	4000	4550	5450	6400	7300	9100	14200
4 00	3100	3900	4350	5300	6200	7000	8700	13600
5 00	3075	3700	4100	5000	5800	6500	8000	12400
6 00	3050	3600	4000	4900	5600	6250	7700	11800
7 00	3025	3500	3900	4800	5450	6000	7400	11200
8 00	3000	3400	3800	4700	5300	5850	7100	10600
9 00	3000	3300	3700	4600	5150	5700	6800	9900
10 00	2975	3200	3600	4500	5000	5550	6500	9000

Dans ces turbines, on obtient une grande régularité par des régulateurs à force centrifuge, régulateurs à boules, qui font mouvoir des cônes tronqués sur les orifices des ouvertures de la turbine, au fond de l'eau. Pour les ouvrir ou les fermer instantanément, selon que le moteur va doucement ou vite, il y a un mouvement d'embrayage au régulateur comme à la machine à raboter; les cônes, tenus en équilibre au fond de l'eau, se meuvent très-facilement en développant en rond ou en enveloppant un caoutchouc qui se plaque sur les orifices.

Beaucoup de régulateurs hydrauliques ont échoué parce qu'on a voulu faire mouvoir les vannes, ce qui exige une grande force, à cause du poids d'eau qui les pousse; les régulateurs qui agissent en dehors de cette résistance, ont seuls des chances de réussir. Une lame de tôle descendant verticalement sur la nappe d'eau, pour en régler l'épaisseur sans toucher aux vannes, est aussi un bon moyen.

CHAPITRE V

DES LAINES.

Dans la filature de la laine, il y a deux parties bien distinctes : la partie mécanique, celle qui a rapport à la combinaison et à la marche des machines, et celle de l'approvisionnement des laines, pour alimenter ces mêmes machines. Cette seconde partie demande des connaissances qui n'ont aucun rapport avec la première.

Le meilleur filateur, disposant de l'établissement le mieux monté, fera du mauvais fil s'il emploie de la mauvaise matière.

On peut également faire du mauvais fil avec de bonnes matières, par défaut de soins ou ignorance des bons procédés; mais tous les bons fils viennent de bonnes laines : c'est la condition *sine quà non*.

Pour bien acheter, il faut : 1° avoir la connaissance des laines, qui ne s'obtient que par l'expérience ; 2° être bon négociant, pour ne les payer que ce qu'elles valent et les acheter en temps opportun. Si l'on donne à la filature de la matière payée trop cher, relativement au cours, il est impossible qu'il en sorte des produits bon marché. Le rôle de l'acheteur de laines a donc une très-grande importance sur les inventaires de l'établissement.

Dans les filatures à façon, on se préoccupe peu de cette question. Le bon temps des filateurs à façon est passé; ceux qui voudront arriver à des résultats palpables devront faire les fils à leur compte.

Il y a une autre industrie qui a aussi fini son règne : c'est celle des marchands de laines peignées. Encore un intermédiaire à mettre de côté ; les bénéfices ne sont plus assez larges pour faire vivre autant de monde. Le filateur doit acheter sa laine brute de première main, et opérer avec des écus ; c'est encore une des conditions essentielles de réussite : ce grand nerf de la guerre est aussi celui du commerce.

Lorsqu'on n'a pas assez de capitaux, il faut dépendre des commissionnaires acheteurs. Dans ce cas, je recommande de s'adresser de préférence aux maisons de premier ordre comme moralité et comme crédit ; ce sont celles qui achètent le mieux et qui trompent le moins. J'aime à croire qu'il y en a beaucoup qui ne trompent pas ; mais, quel que soit l'acheteur d'une maison, toutes ses opérations doivent être contrôlées ; plusieurs exemples autorisent ce langage.

L'industriel proprement dit n'est pas spéculateur. Il y a cependant des moments plus favorables aux achats ; il ne doit pas les laisser passer sans opérer. Ainsi la tonte est un de ces moments ; on se repent presque toujours de n'avoir pas acheté à cette époque. Lorsque les laines lavées de Champagne sont à 4 fr. 50 environ le kilogramme, comme en 1843, 1847 et 1862, on ne risque rien en faisant sa provision pour l'année. En 1848, les laines valaient 4 fr. ; c'est là un prix de révolution que l'on voit tous les vingt ans, et ce prix dure peu de mois. En 1845, elles valaient 6 fr. 25 ; et en 1846, 5 fr. le kilogramme. Les prix flottent généralement entre 5 et 6 fr.

Si la laine est relativement bon marché à la tonte, le filateur prudent peut toujours en acheter pour ses besoins pour les six premiers mois ; puis, pendant que cette provision se filera, il en achètera pour les six autres mois. C'est quand on n'a pas besoin de laine qu'on l'achète le mieux.

Il ne faut pas toujours se régler sur le prix des fils pour acheter la laine, car il n'est pas rare de voir la laine chère et les fils bon marché. Cela s'explique par le double emploi que trouve la laine dans la filature en cardé, qui peut être demandée dans un moment où la filature en peigné serait délaissée. Alors la laine nécessaire pour alimenter les établissements est recherchée, tandis que les fils trop offerts sont dépréciés.

Dans ce cas, il ne faut en acheter que pour les besoins quotidiens, à moins que le filateur n'aime mieux arrêter. J'avoue qu'il faut un grand écart entre le prix de revient et le prix de vente pour décider un chef d'établissement à arrêter son usine ; seulement il peut en ralentir la marche, ce qui ne diminue pas le prix de revient, au contraire. Ici, se présente une question économique et sociale qui réunit les filateurs par petits groupes en temps de crise, toujours pour décider qu'ils ne décident rien. Dans la dernière, les filateurs de Fourmies ont cherché à s'entendre pour ne faire que trois quarts par jour ; l'un d'eux a levé la séance en disant : « *Moi, j'ai le moyen de perdre, je marche.* » Tous les autres en ont fait autant ; ils ont marché, parce que l'amour-propre est le premier mobile. Ils s'en sont bien trouvés, puisque ce pays prospère.

Revenons à la laine.

Les bonnes laines à chaînes se trouvent en Champagne pour numéros ordinaires ; le Soissonnais donne des bons 45 à 48 ; les Ardennes du 40. Les numéros plus fins se font surtout en laines d'Australie, comme les Ports Philippe, Adélaïde, que l'on trouve au marché de Londres.

Les laines d'Allemagne et les laines d'Arles donnent d'excellentes trames. Le Soissonnais, qui se vend en suint, revient toujours cher, parce qu'il tombe beaucoup. Les laines qui rendent le mieux en peigné, les plus avantageuses, sont celles des environs de Paris ; les laines des bergeries impériales qui entourent le camp de Châlons sont aussi très-recherchées, malgré leur suint blanc.

Presque toutes les localités de France fournissent des laines qui ont déjà été améliorées, mais qui sont susceptibles de l'être encore. On a remarqué depuis longtemps que la qualité d'une laine dépendait de celle du bélier qui avait engendré le mouton ; si la laine de la brebis est commune et celle du bélier fine, la laine de l'agneau participera de celle du bélier. C'est sans doute pour cela que les beaux béliers se vendent si cher. Les croisements remontent au règne de Louis XVI et à la direction du naturaliste Daubanton.

L'Australie nous fournit aujourd'hui des quantités considérables de laines fines, sans lesquelles nous ne pourrions faire les chaînes à 60 et 65, qui entrent maintenant dans la fabrication, ainsi que les trames 150 et au-dessus.

La production indigène serait insuffisante pour alimenter nos nombreuses fabriques ; Sedan, Louviers, Elbœuf, font leurs draperies fines en laines de Silésie et de Saxe. Les fabriques du Nord, de Roubaix, de Tourcoing, sont alimentées par les laines d'Angleterre, ainsi que des échelles du Levant, de Buenos-Ayres ; celles du Cateau et ses environs, par les laines de Champagne, la Brie, la Beauce, l'Allemagne, l'Australie, etc.

Avant de passer au triage des laines, je répète la description que je donne dans la première édition, sur les filaments.

Les poils ou la laine d'un certain nombre d'animaux domestiques, employés dans les tissus, sont toujours terminés en pointe ; ils sont plus ou moins longs, plus ou moins fins ; ils paraissent composés d'un très-grand nombre de petits tubes ou cornets, emboîtés les uns dans les autres ; ces cornets, qui sont proportionnellement très-longs dans certaines espèces et très-courts dans d'autres, forment, par leur bord libre, qui est presque toujours très-irrégulièrement découpé, une sorte de dentelure qui fait accrocher ces poils les uns aux autres. On remarque, à la surface de quelques-uns de ces poils, des stries très-fines ou des ponctuations diversement placées, qui peuvent servir à faire distinguer les espèces les unes des autres. On aperçoit aussi quelquefois, dans l'intérieur des poils les plus gros, une sorte de canal cloisonné dans toute sa longueur, mais qui ne se voit bien que lorsqu'il renferme de l'air, ou un liquide d'une densité différente de celle des parois qui l'entourent et du liquide employé, pour faciliter l'observation microscopique.

Dans les laines des moutons, chaque poil, placé dans un liquide convenable, paraît très-transparent; et les bords irréguliers des cornets sont bien distincts et plus rapprochés que dans la plupart des autres espèces. Avec un bon microscope, grossissant de trois à quatre cents fois en diamètre, on aperçoit un très-grand nombre de stries très-fines, parallèles entre elles et à l'axe du poil, et qui couvrent toute sa surface.

Dans le *mérinos*, le plus grand diamètre de la laine ordinaire est de $0^m/^m04$, et le plus petit de $0^m/^m02$; celui de la laine des mérinos de Saxe, dont l'organisation est absolument la même, est de $0^m/^m03$ pour les plus gros, et $0^m/^m01$ pour les plus petits. Le nombre de frisures est de seize environ pour un centimètre de mérinos de première qualité, qui peut s'allonger à 5 centimètres en redressant les spires ou frisures.

Les mérinos les moins fins ont moitié moins d'ondulation, et les filaments sont plus longs : ils vont jusqu'à 0^m10. On trouve quelquefois, surtout lorsque la laine qu'on examine est un peu usée, des poils en partie écrasés et divisés en un nombre plus ou moins grand de fines lanières.

La toison des *lamas*, recherchée pour la fabrication des étoffes chaudes et moëlleuses, est composée de poils très-longs, ayant presque la consistance du crin *(jars)*, et d'un duvet plus court, très-fin et très-abondant, qui est seul employé. Le diamètre de ces duvets, qui ressemblent au mérinos, est de $0^m/^m02$ et de $0^m/^m01$.

Le duvet de la laine de *vigogne*, encore plus estimé que le duvet de lama, est d'une grande finesse; les dentelures sont plus distinctes et sensiblement plus écartées que sur le poil de lama. Les diamètres sont de $0^m/^m015$ pour les plus gros, et $0^m/^m0075$ pour les plus petits.

La chèvre *cachemire* a $0^m/^m025$ sur $0^m/^m01$, et la chèvre *angora* a ses filaments d'un diamètre un peu plus gros. Ces trois dernières sortes sont pointillées à la surface parallèlement à l'axe; leur transparence est la même lorsqu'elles n'ont pas été teintes.

Les poils fins de *chameau* sont employés en couvertures et burnous; ils pourraient faire concurrence aux laines de moutons de couleur, pour les roux naturels qui se font dans la bonneterie et la fabrication française. Ces poils ont les dentelures assez écourtées et bien marquées; toute la surface est couverte de ponctuations plus grandes que dans les espèces précédentes. Ces filaments ont été essayés par M. Frédéric Davin, de Paris, qui n'a sans doute pas continué, à cause des résultats financiers. Ce sont des raisons qui ont leur valeur, car il ne suffit pas qu'une matière fasse bien l'article demandé, il faut encore qu'elle le fasse à un prix avantageux pour qu'elle soit acceptée.

Ceci m'amène à dire un dernier mot des achats.

Ils se font en laines lavées ou en suint, selon l'usage des localités, ce qui change le prix d'achat de plus de moitié, sans changer le prix de revient. Dans les pays où les moutons ne sont pas chargés de suint, le cultivateur préfère laver ses laines sur le dos des moutons et les vendre ainsi; la laine en suint est cependant plus estimée, et rend généralement mieux en filature. Ce système a aussi l'avantage de ne pas fatiguer le mouton par l'opération du lavage, qui se fait en trempant l'animal dans l'eau, et en lavant les mèches une à une.

La connaissance des quantités de suint que peut contenir la laine, s'acquiert assez promptement par l'expérience; les acheteurs prétendent ne pas se tromper de plus de 1 à 2 p. %. J'ai cependant vu des connaisseurs faire des erreurs beaucoup plus graves.

Les achats à Londres exigent une certaine habitude pour les bien faire. Un acheteur qui a opéré depuis longtemps sur cette place, un homme d'expérience et capable, m'a assuré que, d'un acheteur à l'autre, il pouvait y avoir une différence de 5 p. % dans le prix des achats.

Il faut aussi se mettre bien au courant des poids et de la valeur de la monnaie du pays. La livre anglaise (poids) ne pèse que 453 grammes, et la livre anglaise (francs) vaut 25 fr. environ, selon le prix du change entre Londres et Paris. On calcule que le denier, au marché de Londres, revient environ à 25 centimes, rendu à Paris, selon les frais de port, d'assurance, de courtage. Ainsi, une laine lavée, payée à Londres 26 deniers, revient, rendue à Paris, à 6 fr. 50.

Les opérations à la criée se font très-vite ; malgré les tarifs que l'on vend, les acheteurs doivent posséder de mémoire les prix de conversion pour toutes les conditions entre les valeurs françaises et anglaises. Les filateurs qui ont des commissionnaires à Londres doivent se faire adresser, par les courtiers anglais, le bulletin officiel des prix de vente par balle et par numéro. Un procès qui a fait du bruit à Reims prouve que ce contrôle est nécessaire.

Une réforme bien urgente, et qu'il ne faut cesser de réclamer pour faciliter les relations internationales, c'est l'adoption du système décimal pour toutes les nations ; ce sera difficile, parce que nous avons pris pour base le méridien de Paris, qui n'est pas celui des autres capitales ; mais il y a tant d'harmonie dans notre système, à cause des relations qui existent entre les diverses mesures d'étendue, de capacité, de pesanteur, qu'il est impossible d'en espérer un plus simple.

La mesure de longueur, en Angleterre, est le yard, qui égale 0 mètre 914.

La mesure de superficie, le yard carré, qui égale 0 mètre carré 836.

La mesure de capacité, le gallon impérial, qui égale 4 litres 5434.

La mesure du poids, la livre avoir du poids impérial, qui égale 453 grammes.

Le schelling vaut 1 fr. 26 ou 12 deniers.

Le denier vaut 0 fr. 105.

La livre anglaise vaut 20 schellings.

Le prix des laines peignées mérinos, lorsque le peignage se se faisait à la main, flottait entre 14 à 16 fr. le kilogramme pour la première qualité, 11 à 13 fr. pour la quatrième, et 9 à 11 fr. pour la septième. Les peigneuses mécaniques, qui ont commencé sérieusement après 1848, ont fait descendre les prix. Voici, pour servir de terme de comparaison, ceux de 1842 à 1864, avec les numéros de fils correspondants.

PRIX DES LAINES PEIGNÉES EN :

	Fils.	1842.	1846.	1848.	1857.	1862.	1864.
N° 1.	140	16f00	15f00	13f00	13f70	11f55	11f25
N° 2.	130	15 00	14 00	12 00	12 90	10 85	10 75
N° 3.	120	14 00	13 00	11 50	12 15	10 20	10 50
N° 4.	110	13 00	12 25	10 00	11 45	9 55	10 00
N° 5.	100	12 00	11 50	9 00	10 80	8 80	9 50
N° 6.	90	11 50	10 00	8 50	10 20	8 10	9 00
N° 7.	82	11 00	9 50	8 25	9 80	7 50	8 50

Dans cette période, les meilleures années ont été 1845, 1849 et 1863 pour les filateurs à forfait. C'est toujours à la suite de grandes crises que se trouvent les meilleures années. Celle de 1841-42 a été provoquée par un droit de 20 p. % que les Américains ont mis sur nos tissus, ce qui a ralenti l'exportation ; celle de 1847-48, par la cherté des vivres ; celle de ces derniers temps, par la guerre d'Amérique et les inquiétudes générales. Les besoins ne s'arrêtent pas ; il arrive forcément un jour où il faut les satisfaire : c'est le cas d'être bien approvisionné de matières premières.

Pour avoir le prix des fils aux époques citées plus haut, il suffit d'ajouter au prix des laines, celui de la façon à ces mêmes époques. Cette façon, qui était de 1^c 3/4 dans ces derniers temps, a été de 3 et 4^c en 1846 ; aujourd'hui, elle est de 2^c 1/2 (en février 1864). Les fabricants trouvent cette façon trop élevée ; ils sont gâtés, depuis plusieurs années, par les filateurs qui les servent *gratis*.

TRIAGE DES LAINES.

Les bons achats, pour faire une bonne fabrication, demandent à être bien classés. Les marchands de fils attachent peu d'importance à cette opération du triage ; ils coupent les toisons en trois ou quatre qualités au plus, et forment des moyennes pour avoir des gros lots. Ils auront les distinctions suivantes en prenant pour base la finesse ; ils diront :

1° Haute finesse ;
2° Belle finesse ;
3° Finesse médiocre ;
4° Finesse inférieure.

Un filateur, ou plutôt un fabricant, doit rejeter cette division, qui assemble des filaments trop inégaux. Une même toison a sept qualités bien marquées. Des toisons les plus fines aux toisons les plus communes, on trouve seize qualités, dont l'une fera les numéros 10 à 12, et l'autre les numéros 200 à 220. Dans les divisions par quatre ou même trois qualités (car il y a des marchands de fils qui n'en font que trois), la première fera des numéros 125 en mérinos, la deuxième 110, la troisième 90.

Un chef trieur de Reims, M. Caillet, a fait un tableau des diverses qualités sur une même toison. Ce tableau est généralement exact pour les laines de France. Il n'en est pas de même pour les laines étrangères. L'auteur recommande de ne prendre pour chaîne que la longée du cou, l'épaule et le flanc, dans les toisons de laines à chaînes, ce qui se reconnaît à la résistance de la laine. Une mèche serrée fortement entre les doigts, à ses deux bouts, doit résister en tirant dessus; alors on tient de la laine à chaînes ; si elle casse, elle n'est bonne que pour la trame.

FINESSE DES LAINES SUR LE MOUTON.

Mouton mérinos français.	Mouton anglais.
1re finesse : Longée du cou,	Epaules, flancs.
2me finesse : Epaules,	Ras de queue, entre-cuisses.
3me finesse : Flancs et bouts d'épaules,	Collet.
4me finesse : Dos, haut du v^{tre}, colleret,	Côtés du cou.
5me finesse : Haut de cuisses, milieu du ventre,	Ventre, dos, pieds.
6me finesse : Bouts de cuisses et ventre jaune, gorge,	Fanon, garot, entre-deux d'épaules.
7me finesse : Bas de cuisses (cuissard),	Nuque, cuisses, toupet.

Tous les lots doivent être vérifiés à leur entrée en magasin, tant sous le rapport du poids que sous celui du conditionnement. Le chef trieur doit faire un triage préalable par toisons, en séparant les dures, les feutrées, les galeuses, les jarreuses, les noires, que l'on classe par lots comme finesse d'ensemble. On fait ces lots les plus forts possible. Ces toisons sont ensuite données aux trieurs ou aux trieuses, qui travaillent généralement à la tâche ; la pratique les rend très-habiles. Le prix du triage est de 3 fr. à 3 fr. 50 le cent de toisons pour les laines lavées; le double pour les laines en suint. Tout en tenant les ouvriers à la tâche, il faut exiger qu'ils y passent leur journée; autrement, on serait exposé à trouver l'ouvrage mal fait.

Le triage, qui demande peu de dépense de force musculaire,

peut être aussi bien fait par les femmes, qui se paient moins cher ou qui en font moins par jour, que par les hommes, qui ont besoin d'une forte journée. Les trieurs gagnent par jour de 2 fr. 50 à 3 fr., et les trieuses, au Cateau, se paient 1 fr. 60 à 1 fr. 75. On leur paie quelquefois une demi-journée en cas de chômage. Elles sont toutes à la journée, mais à la tâche ; c'est-à-dire qu'elles doivent faire tant de kilogrammes ou tant de toisons par jour. C'est le chef trieur qui fixe la quantité, selon la nature des laines et aussi selon le nombre de qualités à faire dans chaque toison.

Les laines ordinaires de Champagne se classent par sept qualités, qui portent les numéros 1 à 7. Chez certains fabricants, le numéro 7 représente la plus fine ; chez d'autres, c'est le numéro 1, ce qui semble plus naturel. C'est pourquoi je prends cette désignation de préférence. Le numéro 1 de Champagne correspond à la trame 140, et le numéro 7, qui se trouve sous le ventre et aux cuisses, correspond au numéro 80 ou 84.

M. Ch. Leroux donne, pour les grosses races indigènes de Picardie, de Normandie et du Nord, le classement suivant :

N° 1. Superfine,   portion près de l'oreille ;
N° 2. Fine,   — près de l'oreille ;
N° 3. Demi-Fine,   — de l'épaule ;
N° 4. Moyenne,   — du flanc ;
N° 5. Grosse,   — haut de cuisses ;
N° 6. Supergrosse,   — bas de cuisses.

Dans les races mérinos, l'épaule est moins fine que le flanc. On comprend que ces classements peuvent varier à l'infini, selon les races, l'emploi des laines, les usages des pays. En outre des qualités bonnes au peignage, il y a les abats, qui se divisent encore en marques coupées, crottins, très-bas de cuisses. Aujourd'hui, on peigne les bons abats, pour faire des cordes de dégraissoirs.

L'essentiel, pour le chef trieur, c'est de conserver des types qui correspondent à un numéro donné en filature, et de ne pas s'en écarter. Il faut, pour cela, qu'il connaisse l'origine des laines. Si l'on a, au triage, des laines qui gagnent en se travaillant, comme les laines d'Arles, par exemple, on tiendra le triage un peu plus serré, pour toujours arriver juste au numéro en filature. Si, au contraire, on a de belles laines blanches d'Italie qui ne font pas des numéros correspondant à leur finesse, on tiendra le triage plus large. C'est surtout là où s'exerce l'intelligence du chef trieur, qui doit faire faire à tous ses ouvriers un travail uniforme. Ce chef trieur ne doit pas être l'acheteur, et ne doit pas dépendre de celui-ci, à moins que l'acheteur ne soit le chef de l'établissement. C'est la meilleure condition pour les filatures ordinaires ; dans les grandes usines, le chef ne peut que surveiller.

Il n'est pas possible, pour une opération qui se fait à la vue et au toucher, comme le triage, de fixer une théorie. Corda a dressé un tableau de la finesse de la laine sur les différentes parties du corps du mouton de race anglaise.

La partie la plus fine est à l'épaule, au flanc, ras de queue, entre-cuisses ; la partie la plus grosse, aux cuisses, la nuque, le dos, le ventre, le fanon.

Voici comment James explique le triage dans l'ouvrage anglais :

Lorsqu'on veut trier les laines pour les étoffes, il faut les choisir à brins longs, *sans frisures,* afin de donner un fil fin et uni. Je souligne le mot *sans frisures,* parce que cette recommandation serait mal reçue en France, où plus les laines sont fines, plus elles sont frisées.

La spécialité du trieur, dit M. James, consiste à séparer cette longue fibre du reste de la toison, et à la classer en différents lots, selon la qualité.

Autrefois, ce travail était extrêmement simple : on arrachait la partie de la toison qui se trouve sur le dos et sur les cuisses de l'animal, et l'on divisait le reste en trois parties; aujourd'hui, la toison est triée en un nombre de qualités indéterminé.

Dans la plupart des filatures, on emploie des termes variés pour désigner ces qualités, qui vont jusqu'à huit sur la même toison. A Bradfort, on dit *culotte* pour désigner les qualités : première culotte, deuxième culotte, etc.

M. Ch. Leroux traite le triage de la manière suivante :

« Le fabricant doit non-seulement connaître l'espèce ovine qui a fourni ses laines, mais il faut encore qu'il en connaisse la provenance, car les pâturages ont une grande influence sur la qualité des laines. Les pâturages salés donnent une laine nerveuse et blanche. »

J'ajoute que les moutons nourris à la pulpe de betteraves donnent des laines peu estimées; il en est de même de la viande.

DISTINCTION DES RACES.

Les laines courtes, fines, ondoyantes, sont produites :

1° Par les *mérinos* importés d'Afrique par les Romains; les Espagnols, à leur tour, les importèrent plus tard chez les Romains.

2° Par les indigènes croisés avec les mérinos et qu'on appelle *métis*.

Le mérinos pur a le corps bien développé, couvert d'une laine serrée, nerveuse et frisée; il est plus délicat que les races indigènes.

Les races indigènes sont celles des Ardennes, du Berry, de la Sologne et du Midi; elles donnent une laine plus courte que la race pure, de 1 à 2 kilogrammes en suint.

Les grandes races sont celles de Normandie, Picardie, Flandre et du Nord; c'est une excellente laine longue à peigne, 2 à 5 kilogrammes par toison.

CARACTÈRE DES LAINES DE DIVERSES PROVENANCES.

La race mérinos donne la plus belle laine sur l'épaule, la croupe et les flancs; la plus mauvaise sur la tête, sur les jambes et sous le ventre.

Les laines mortes sont moins estimées, parce qu'il est rare qu'elles aient atteint leur point de développement ou de maturité, si nécessaire à leur force ou nerf. On les appelle pelures en grappes lorsque la toison est en morceaux, et pelure en avalie lorsque la toison est entière. Elles sont toujours un peu altérées par la chaux qui a servi à les enlever de la peau; l'orpin sert aussi à cet usage.

La Saxe et la Silésie fournissent des laines plus fines que les nôtres; l'Australie, colonie anglaise, produit des laines supérieures aux nôtres. Elles sont moins fines que celles de Saxe et de Silésie.

En France, la Champagne, la Brie, la Beauce, donnent les premières qualités; puis l'Artois, la Normandie, la Picardie, le Nord, viennent en seconde ligne; le Midi au dernier rang.

La Russie donne des laines très-variées; il y en a de bonnes.

L'Algérie, le berceau de la race mérinos, a laissé dégénérer ses troupeaux depuis que les Romains ont cessé de gouverner cette colonie. La province de Constantine donne les meilleures laines; puis Oran, Tlemcen et Mostaganem. Toutes ces laines sont lourdes, les unes sableuses, les autres chardonneuses; celles du Maroc sont de plus jarreuses, légèrement galeuses.

La Turquie est sur le même rang que le Maroc.

Le principal marché des laines d'Amérique est à Buenos-Ayres; elles sont très-fines; malheureusement elles nous arrivent en suint et très-chardonneuses. Depuis quelque temps, certains producteurs font faucher les chardons; il y en a moins dans leurs laines.

L'Angleterre et la Hollande nous livrent des laines très-propres, très-nerveuses, et de moyenne finesse. Dans tous les pays, les laines des moutons mal nourris présentent des apparences de sécheresse ; elles sont un peu jarreuses et galeuses ; les extrémités des mèches sont souvent plus grosses que la racine ; enfin les toisons sont d'un poids moindre que les autres.

On reconnaît qu'une laine est mal lavée, si, en la passant sous les doigts, elle est poisseuse, les mèches sont adhérentes les unes aux autres. Il faut juger un lot sur l'ensemble; et non sur une toison isolée.

La toison, au triage, si elle n'est pas arrachée, doit encore présenter la forme du mouton. On l'étend sur la claie à claire-voie, devant le trieur; on commence par déborder la toison, c'est-à-dire par enlever à sa circonférence les crottins, les parties très-basses. C'est ce qui forme les abats, que l'on classe.

Une fois le débordage terminé, on sépare la toison en deux, longitudinalement; puis on enlève les portions fines près de l'oreille. On extrait de cette partie l'*extrême fine,* si toutefois il y en a, et l'on fait ensuite deux qualités de cette portion; puis on enlève l'épaule, qui forme une demi-fine. On retire le flanc, qui donne une laine moyenne ; le haut de cuisses se met dans la grosse; et le bas de cuisses, dans la supergrosse. On a soin de distraire les laines pailleuses et les marques, qui font des qualités séparées, ayant aussi leur nom.

En triant toutes les qualités de la laine, il y a une perte en évaporation; elle est très-grande lorsque les laines sont courtes, jarreuses et sèches, et surtout quand ce sont des pelures en grappes. Les matières perdues au triage se composent de brins fins rompus, de petits abats et d'autres impuretés. Cette perte varie, pour les laines à dos, de 2 à 5 p. %, et pour les laines en suint, de 5 à 15 p. %; les petits abats ont encore une certaine valeur.

Les laines en suint ne doivent pas demeurer trop longtemps sans être lavées, car elles jaunissent et s'altèrent.

Voici, d'après les données qui précèdent, divers rendements au triage.

1000 kilogrammes de laine de Picardie ont donné :

1° Superfine	30 ^{k}	
2° Fine	100	
3° Demi-fine	400	
4° Moyenne	300	
5° Grosse.	100	980 kilogrammes.
1re qualité, abats. . .	5	20 kilogr. de perte en
2me qualité, abats. . .	10	évaporation et cordes.
Crottins	5	
Pailleux	30	

Les Anglais trient leurs laines par qualités, puis ils trient les qualités par numéros de longueur, et non par degrés de finesse, comme cela se pratique en France.

100 kilogrammes de laine de Normandie ont donné :

	1° Superfine . .	3^k 500	
	2° Fine	12 000	
	3° Demi-fine . .	42 000	
	4° Moyenne . .	28 000	
Lavée	5° Grosse . . .	8 200	98 kilogrammes 300.
	1re qualité, abats.	0 400	1 kilogr. 700, évapo-
	2me qualité, abats.	0 800	ration et cordes.
	Crottins	0 400	
	Pailleux	3 000	

Je vais ajouter deux rendements de laine d'Algérie. Il ne faut pas oublier que les désignations des qualités, dans le système de M. Leroux, sont relatives à la provenance. Ainsi, le superfin d'Algérie correspond au demi-fin de France ; ils feront l'un et l'autre le même numéro en filature.

Rendement au triage des laines d'Algérie.

100 kilogrammes de laine lavée de Tlemcen ont donné :

1° Superfine	1ᵏ	
2° Fine	8	
3° Demi-Fine	35	
4° Moyenne	30	95 kilogrammes.
5° Grosse	12	5 kilogr. de perte, tant en
6° Supergrosse	6	chardons qu'en sable.
1ʳᵉ qualité, abats . . .	1	
2ᵐᵉ qualité, abats . . .	2	

100 kilogrammes de laine en suint de Mostaganem ont donné :

		Perte au dégraissage.	Produit en peigné dégraissé.
1° Superfine . . .	10ᵏ 3	60 p. %	38 p. % du suint;
2° Fine	13 3	58 p. %	40 p. % —
3° Demi-Fine . .	23 7	54 p. %	44 p. % —
4° Moyenne . . .	22 7	50 p. %	47 p. % —
5° Grosse	20 0	48 p. %	49 p. % —
6° Supergrosse . .	4 0	46 p. %	50 p. %. —
Abats	3 5	70 p. %	

Pour se rendre compte des numéros que l'on peut filer, avec les laines des diverses provenances, l'auteur a tracé un tableau que je donne à la fin de ce chapitre. Mais avant, je veux faire connaître le triage du Cateau, qui est beaucoup plus serré; c'est aussi celui de Reims, pour les bonnes maisons.

Au Cateau, on a des désignations pour toutes les qualités, qui ont chacune un numéro de fil correspondant. Ainsi, dans les laines d'Alger, les laines de Caux, il n'y aura ni fine ni superfine; on fera trois ou quatre qualités dans les numéros bas.

Dans les bonnes laines mérinos, on fait sept qualités, plus la prime, désignées par les numéros 1 à 7, et qui correspondent aux numéros de fils suivants :

Avec la prime de Champagne, qui est peu abondante, on file les numéros 150 à 160.

Le N° 1 du triage produit la trame 140 au kilogramme ;
Le N° 2   . —   —   130   —
Le N° 3   —   —   120   —
Le N° 4   —   —   110   —
Le N° 5   —   —   100   —
Le N° 6   —   —   90   —
Le N° 7   —   —   82   —

Ceci est le classement d'une des maisons du Cateau ; l'autre tient encore le triage plus serré. Les laines de Silésie et de Saxe, qui donnent des qualités plus fines que le numéro 1 et la prime ci-dessus, sont désignées, pour les qualités supérieures, par les mots : *supra, extra, prime;* puis les chiffres 1, 2, 3, jusqu'au degré de finesse, qui s'arrête aux 4 ou 5, selon la qualité des lots. Les bons lots d'Australie donnent aussi des qualités supérieures, pas ou peu de basses qualités. Dans ce système, la désignation est une, toujours la même : le 2 sera toujours du 130, peu importe le genre de laine, et le 7 du 80 à 82 ; seulement, certains lots n'auront pas des numéros 1 et 2, d'autres n'auront pas des numéros 6 et 7. Généralement le triage est fait par le filateur qui produit le fil et peigne la laine ; mais lors même que l'on ferait peigner à façon, il est préférable de faire son triage soi-même. On peut se rendre un compte exact du rendement au peignage en divisant les lots entre plusieurs peigneurs. Quoique l'on n'aime pas la nation anglaise, on peut avoir confiance dans les Anglais de Reims, que je ne connais pas personnellement, mais qui travaillent parfaitement les numéros fins et donnent de bons rendements.

Il y a des laines communes que l'on peigne sans être triées, comme il y en a que l'on file sans les dégraisser. Dans le premier cas, le prix de revient est le même que si on les triait.

On a remarqué qu'en mélangeant les trois premières qualités de laines de Champagne, on obtenait un prix de revient conforme à la moyenne de trois prix, ce qui ne veut pas dire qu'il en est de même du numéro du fil obtenu ; toujours la laine la plus commune domine. Il y a de bons mélanges qui sont même nécessaires pour une bonne fabrication ; ils sont beaucoup plus pratiqués depuis quelques années. On mettra des numéros 5 d'Australie avec les numéros 4 de Champagne ; les uns donneront de la douceur, les autres du nerf. Les mélanges doivent être faits avec intelligence ; les fabricants les font pour un bon résultat en tissus. Les marchands de fils font plutôt ces mélanges pour l'apparence que pour le fond ; les laines de Brie y jouent un grand rôle ; aussi, on n'est certain de la nature des fils qu'on emploie, que lorsqu'on les file soi-même.

Les classements donnés plus haut pour les mérinos sont pour les numéros en trame et au nombre d'échées au kilogramme ; les numéros en chaîne sont 1/3 moins élevés avec une même finesse de laine. Ainsi, la laine pour trame du numéro 120 fera de la chaîne au numéro 80. J'expliquerai les échées lorsqu'il s'agira des calculs.

On a comparé les finesses des différents filaments des matières textiles. Ce travail, fait par Corda, place les cotons au premier rang comme finesse ; leur diamètre est en moyenne de 1/70me de millimètre.

La finesse du lin est en moyenne de 1/15me à 1/55me de $^{m}/^{m}$;
Celle du chanvre   —   de 1/20me à 1/30me —
Celle du coton   —   de 1/55me à 1/85me —
Celle de la laine   —   de 1/25me à 1/40me —

Le numéro 4 de Champagne, qui représente le numéro moyen, a 1/33me de millimètre de diamètre ; les laines extra-fines, qui n'ont que 0$^{m}/^{m}$014, rivalisent avec le coton ; ce n'est pas 1/70me de millimètre. Le chanvre vient après toutes les laines; il n'y a que les plus communes qui puissent lui être comparées : les abats de Turquie, d'Algérie, du Maroc. Voici un tableau qui résume ce qui vient d'être dit pour le classement des laines fines de France et de l'étranger.

NUMÉROS DES LAINES TRIÉES ET NUMÉROS DE FILS CORRESPONDANTS.

Numéros au Triage.			Numéros en Trame.	Numéros en Chaîne.	Diamètre des filaments.
L'extra,	se trouvent dans	la laine de Silésie,	200	120 et au-dessus	0^m/^m014
Le supra,		de Saxe,	175	110	0 016
La prime,		d'Australie,	150	100	0 018
N° 1.	Mérinos.	de Champagne,	140	92	0 020
N° 2.		de Brie,	130	86	0 023
N° 3.		de Beauce,	120	80	0 027
N° 4.		d'Espagne,	110	75	0 030
N° 5.		d'Artois,	100	70	0 033
N° 6.		de Picardie,	90	65	0 037
N° 7.		du Nord,	82	60	0 040

Toutes les grosses laines du Nord et celles d'Algérie se classent dans des numéros inférieurs. On fait aussi des fils plus fins que les numéros indiqués dans le tableau qui précède. Les trames employables vont jusqu'aux numéros 325 à 350; les chaînes jusqu'aux numéros 150 à 175; mais ce sont là des fils d'exposition, qui n'ont d'autre utilité que de prouver l'adresse des filateurs qui les produisent. Ils coûtent plus cher, et s'ils procurent des médailles, elles sont bien payées. Les numéros de fabrication courante s'arrêtent à ceux que j'ai indiqués. M. Leroux, qui a publié son tableau une année après le mien, s'est arrêté au numéro 225. Voici ce travail, que je compare à mes données pour conclure sur le chapitre du triage.

TABLEAU DES LAINES DE DIVERSES NATURES AVEC LEURS DIAMÈTRES ET LEURS NUMÉROS

DE FILS CORRESPONDANTS.

Numéros de triage.	LAINES							Numéros des fils.	Diamètres des filaments
	de Silésie.	de Saxe.	d'Australie.	de Champagne.	d'Espagne.	Nord de la France.	d'Algérie.		
1	Extrafine.							225	De
2	Superfine.	Extrafine.						180	$0^{m}/^{m}015.$
3	Fine.	Superfine.	Extrafine.					160	à
4	Demi-fine.	Fine.	Superfine.	Extrafine.				145	$0^{m}/^{m}025.$
5	Moyenne.	Demi-fine.	Fine.	Superfine.	Extrafine.			130	
6	Grosse.	Moyenne.	Demi-finè.	Fine.	Superfine.			120	De
7	Supergrosse.	Grosse.	Moyenne.	Demi-fine.	Fine.			105	$0^{m}/^{m}025$
8		Supergrosse.	Grosse.	Moyenne.	Demi-fine.	Extrafine.		95	à
9			Supergrosse.	Grosse.	Moyenne.	Superfine.		85	$0^{m}/^{m}045.$
10				Supergrosse.	Grosse.	Fine.	Extrafine.	70	
11					Supergrosse.	Demi-fine.	Superfine.	55	
12						Moyenne.	Fine.	30	De
13						Grosse.	Demi-fine.	25	$0^{m}/^{m}045$
14						Supergrosse.	Moyenne.	20	à
15							Grosse.	15	$0^{m}/^{m}075$
16							Supergrosse.	10	

On voit dans ce tableau que les plus gros numéros de Silésie, de Saxe, d'Australie, sont aussi fins que les plus fins numéros du nord de la France. Les laines de Champagne, dont le numéro 1 correspond au numéro 4 de Silésie, et le numéro 7 au numéro 3 du nord de la France, sont à peu près classées comme je l'avais indiqué dans ma première édition.

Le numéro 1, extrafine de Champagne, est désigné pour du 145; j'avais dit 140 en retirant la prime.

Les numéros 2 et 3 de Champagne, indiqués ici à 130 et 120, sont exactement conformes à mes données.

Le numéro 4, demi-fine, est indiqué à 105 au lieu de 110, et tous les numéros inférieurs supportent cette différence.

Le diamètre des filaments du numéro 7, porté par M. Leroux à $0^m/^m045$, avait été indiqué dans mon traité à $0^m/^m040$.

Je crois qu'il serait difficile d'établir une expertise sur ce point, pour lequel nous nous trouvons aussi d'accord qu'il est possible de l'être.

CHAPITRE VI

PRÉPARATION DU PEIGNAGE.

Les laines étant triées et classées par lots pour le peignage, il faut leur faire subir plusieurs préparations avant d'arriver aux peigneuses, qui feront d'autant plus d'ouvrage qu'elles auront de la laine bien préparée.

J'ai entendu dire par un de mes amis qui dirige un établissement à Saint-Quentin, que s'il travaillait pour son compte, il ferait passer la laine au loup pour le peignage comme pour la filature en cardé. C'est peut-être aller un peu loin; mais, sans passer la laine au loup, je crois qu'il n'est pas mauvais de passer certains genres à la batteuse. On comprendra donc cette machine dans le matériel pour préparer la laine peignée. Ce matériel se compose en outre de dégraissoirs, de cardes, d'étirages à bobines, ainsi que d'une lisseuse, dont je donne la note plus loin. Cependant il y a des établissements qui peignent bien et qui n'ont ni cardes ni lisseuses. Toutes ces explications viendront à leur place.

BATTAGE.

Le battage est une opération qui se fait toujours pour les laines cardées et que l'on néglige pour les laines peignées ; cependant ce travail ouvre la laine, extrait la poussière et les impuretés. On peut avancer, sans craindre de se tromper, que ce qui tombe à la batteuse tomberait au cardage en détériorant les cardes. Il ne faut donc pas que ce soit la question de déchet qui fasse repousser cette opération, que je n'ai pas indiquée dans ma première édition. Voici comment M. Charles Leroux traite la question du battage :

» Pour battre la laine, il faut qu'elle soit bien désuintée, peu humide, que les mèches soient en partie ouvertes. Plus les laines désuintées sont sèches, mieux elles se battent. Si, malheureusement, on les laisse dans un endroit humide et si on les expose dans cet état au battage, on éprouvera beaucoup de difficultés; les impuretés, au lieu de s'échapper de la laine, se fixeront au contraire d'une manière préjudiciable pour le lavage et la netteté du fil. La laine ne s'ouvrira pas, elle se transformera en cordes, et au lavage elle se feutrera. (Ce sont là des arguments à l'appui de l'opinion des industriels qui ne veulent pas battre.)

» La laine destinée au battage est emballée ou mise en tas dans un lieu bien aéré, afin qu'elle n'absorbe pas d'humidité. Une laine bien battue triple et quadruple même de volume; pour cela, il faut qu'elle soit suffisamment ouverte.

Les laines dures et noires sont celles qui ont le plus besoin d'être battues; quand elles présentent trop de résistance, on a recours à l'écharpillage. Les laines galeuses se battent mal; on les fait quelquefois à la main. »

Le prix des batteuses est de 700 à 1100 fr.; cela dépend-du constructeur auquel on s'adresse. Il y a les batteuses à baguettes et les batteuses hélicoïdes, construites par MM. Pierrard ou Mercier. Ces dernières sont généralement adoptées.

On compte que le battage à la mécanique revient de 3 fr. 80 à 6 fr. les 100 kilogrammes. Le prix varie avec les qualités à battre. Les laines communes, les abats, les pailleuses, sont celles qui coûtent le plus, surtout à la main.

Il y a des laines très-chargées qui perdent beaucoup au battage. Celles qui perdent le plus sont les pelures, les laines d'Algérie; ces dernières contiennent de grandes quantités de sable. Voici la proportion des pertes qu'éprouvent les laines de diverses provenances, au battage.

Laines de Picardie et de Normandie.

	Triée.	Battue.	Abats.	Évaporation.
1° Surfine,	100^k	96^k	2^{k}4	1^{k}600 de perte.
2° Fine,	100	96	2 3	1 700 —
3° Demi-fine,	100	95 5	2 5	2 000 —
4° Moyenne,	100	94 5	3 0	2 500 —
5° Grosse,	100	94 5	3 2	2 300 —
6° Supergrosse,	100	94 0	3 5	2 500 —

Pelures d'Allemagne contenant de la chaux.

	Triée.	Battue.	Abats.	Évaporation.
1° Fine,	100^k	84^{k}15	2 2	13^{k}650 de perte.
2° Moyenne,	100	82 25	2 6	15 150 —
3° Grosse.	100	92 50	0 5	7 000 —

Laines d'Algérie contenant du sable.

	Triée.	Battue.	Abats.	Évaporation.
1° Fine,	100^k	80^{k}50	2^{k}0	17^{k}500 de perte.
2° Moyenne.	100	92 00	2 0	6 000 —
3° Grosse,	100	90 00	2 2	7 800 —

On voit qu'une laine, dont le prix semble souvent très-bas, peut être augmentée de 15 à 20 p. % par les corps étrangers, comme les pelures d'Allemagne et les laines d'Algérie.

Il y a des laines de Buenos-Ayres qui contiennent de 12 à 20 p. % de chardons. Ces corps étrangers ne tombent pas au battage, il faut les nettoyer à la main. Ce travail coûte de 25 à 30^c au kilogramme pour être bien fait dans des laines aussi chargées; tandis que le nettoyage des laines ordinaires, pour les pailles, les crottes, les marques et un peu de chardons, ne coûte que 10ᶜ au kilogramme. Il y en a beaucoup qui n'ont pas besoin d'être épluchées autrement que par la drousseuse; celles-là ne coûtent rien pour cette opération.

Les laines anglaises sont les plus propres; viennent ensuite les laines d'Allemagne, légèrement chargées d'herbes; puis les laines de France, qui contiennent de l'herbe et de la paille, surtout en Picardie, en Normandie et dans le Nord.

Les laines d'Espagne sont un peu plus chargées que celles de France.

Les laines du Maroc sont jarreuses; elles renferment beaucoup de chardons et de sable.

Les chardons des laines de Turquie sont d'une grosseur énorme et d'une forme toute particulière, ils approchent de l'olive; ceux des laines de Buenos-Ayres sont sphériques, légèrement aplatis.

On a fait plusieurs machines pour enlever le chardon; la vérité est qu'aucune n'a réussi. Il y a des machines qui les broient; mais la laine a le même sort: elle revient dénaturée. Il y a d'autres machines qui fonctionnent seulement derrière la carde: ce n'est pas mauvais, quoiqu'insuffisant; ce que ces machines enlèvent ne passe toujours pas dans les cardes: c'est autant de gagné pour les garnitures, qu'il faut soigner.

On comprend qu'il est difficile de faire une bonne échardonneuse, lorsqu'on sait que le chardon se déroule en spirale; il est entièrement lié aux filaments.

L'échardonneuse indiquée par M. Leroux est une machine à pointes diamant, faisant 100 tours à la minute à son gros tambour. Un de mes amis a l'idée d'en construire une autre, dont il se promet un bon résultat pour les chardons durs. Attendons.

DÉGRAISSAGE.

Le dégraissage et le désuintage sont des opérations chimiques; pour être à même de les perfectionner, il faut étudier la composition des matières à dégraisser. Les praticiens trouvent que l'opération du désuintage se fait mieux quelques mois après la tonte qu'immédiatement après cette opération, parce que la laine a jeté son feu. Il est généralement admis que le suint est plus soluble au bout de trois mois environ; mais une laine restée en suint d'une année à l'autre perd de sa valeur : en toutes choses, l'excès est nuisible.

Avant de dire comment le dégraissage se fait aujourd'hui, jetons un coup d'œil sur ce qu'ont écrit les différents auteurs qui se sont occupés de cette matière.

Dans le peu de mots dits par M. James sur le dégraissage, il cite la machine de Patri et Taylor, que j'ai vue fonctionner à Roubaix. Voici comment il s'exprime :

« Autrefois, la laine était lavée à l'eau chaude, au savon, et tordue à la main; plus tard, on a ajouté à la cuve du peigneur une espèce de tourniquet pour tordre la laine. Dans beaucoup d'établissements, cette opération se fait en passant la laine entre deux rouleaux.

» Dans quelques grandes filatures, on emploie, pour laver, une excellente machine brevetée, inventée par MM. Patri et Taylor. Cette machine est ingénieuse et simple; un homme seul peut laver une grande quantité de laine en peu de temps (c'était ici le cas de mettre des chiffres). Elle consiste en une cuve de fer contenant du savon mou et de l'eau chaude; la laine est manœuvrée vivement au moyen d'espèces de rateaux de fer. Après avoir été lavée, la laine est retirée de la cuve par un cylindre hérissé de pointes de fer un peu crochues; puis on la soumet à un vannage qui la nettoie et la sèche à tel point qu'elle peut être prête pour la carde. »

M. James fait une omission, ou la machine a été perfectionnée, car dans celle que j'ai vue chez MM. Duriez, à Roubaix, le cylindre hérissé de pointes conduit la laine, par un tablier, sous des rouleaux presseurs. A cette occasion, citons de suite une amélioration apportée aux dégraissoirs : c'est une paire d'engrenages à rochets qui commande le cylindre de dessus, au lieu de le laisser entraîner par le contact de celui de dessous. On verra ce changement dans le dégraissoir de Grün, que je donne dans l'atlas. Ce moyen ménage les garnitures, qui coûtent à renouveler tous les deux ou trois mois, et même plus souvent; elles sont en tresses de laine.

M. Ch. Leroux écrit plus longuement sur cette matière que M. James, cité fidèlement; il donne surtout des chiffres que l'on peut discuter.

DU SUINT.

Le suint est formé de matières solubles et de matières insolubles; celles qui sont solubles proviennent, en grande partie, de la sécrétion de la sueur, plus ou moins modifiée par l'exigence de l'air atmosphérique; la matière insoluble provient généralement du sol : dès lors elle est accidentelle.

Le suint ou surge est onctueux au toucher, d'une odeur aromatique; son abondance dépend de la nature du mouton, de la surface des brins de laine qui composent la toison. Plus une laine est fine, plus elle en est chargée; ainsi, les laines mérinos, qui sont très-fines, en renferment les deux tiers de leur poids. La quantité de suint est si variable, que certaines laines lavées perdent de 50 à 75 p. % de leur poids primitif, d'autres 20 p. %.

Le désuintage à Marseille se fait à l'eau froide, dans des réservoirs placés au bord de la rivière. Dans le nord de la France, on lave à dos ou en toisons. Le lavage à dos se fait dans un courant qui entraîne le suint soluble; lorsque l'eau n'entraîne plus de suint de la laine qu'on frictionne, elle est lavée. Ce mode de lavage est pratiqué dans la Picardie, la Normandie, l'Oise, etc.

Les laines désuintées à dos conservent la position qu'elles ont sur le mouton, tandis que celles tondues en suint et lavées au bâton sont mêlées et souvent feutrées, ce qui occasionne beaucoup de perte et donne, en outre, des produits moins estimés. Il est à remarquer que moins une laine est touchée par les liquides, mieux elle conserve ses premières formes ; c'est ce qui arrive par le lavage à dos.

M. Chevreul donne l'analyse suivante de la laine :

« 1° Une substance grasse, solide à la température ordinaire, et parfaitement liquide à 60° ;

» 2° Une substance grasse, liquide à 15° ;

» 3° Une substance filamenteuse, qui constitue essentiellement la laine proprement dite.

» La substance filamenteuse dégage du soufre et de l'acide hydrosulfurique, sans perdre ses propriétés caractéristiques.

» La matière grasse contenue dans la laine se compose de deux principes immédiats correspondant, par la différence de leur fluidité, à la stéarine et à l'oléine. (M. Chevreul les nomme stéarine (suif de laine) et élaïorine (huile de laine) ; la première liquide à 60°, la seconde à 15°.)

» La laine mérinos contient de 20 à 28 p. °/₀ de matière grasse. »

Je passe la partie qui a rapport au désuintage, car l'auteur, qui parle en chimiste, chauffe beaucoup trop ses laines, surtout les suints. Voici comment il termine :

« Le tableau suivant présente les proportions respectives de matières que j'ai retirées d'une toison de mérinos. Leurs poids ont été déterminés pour le degré de dissolution auquel les matières parviennent à une température de 100°.

» Matière terreuse qui s'est déposée de l'eau distillée dans laquelle on a lavé la laine 26 06

» Suint dissous par l'eau distillée froide. 22 74

» Laine lavée à l'eau distillée. { Matière grasse formée de stéarine et d'élaïorine   18 57 / Matière terreuse fixée à la laine par la mat^{re} grasse   1 40 / Laine dégraissée par l'alcool. 31 23

» TOTAL 100 00

Contrairement à ce qu'ont écrit des auteurs qui indiquent la température de 60 à 65° pour le désuintage, je recommande de faire cette opération dans une eau froide ou simplement dégourdie, douce à la main. Les laines attaquées au désuintage avec une eau au-dessus de 40° restent d'un ton mat au dégraissage, à moins d'employer des mordants, ce qui est mauvais pour le rendement en filature.

Le dégraissage diffère du désuintage en ce sens que les laines, débarrassées de leur suint, peuvent supporter des bains plus chauds, mais cependant pas assez chauds pour rendre liquide la matière grasse qui demande 60°. Je me suis arrêté, dans la pratique, entre 40 et 50°; je maintiens cette donnée. Voici comment je m'exprimais en 1859 :

Dans les bassines, où le dégraisseur prenait la laine avec la main, on ne pouvait pas dépasser le degré de chaleur que l'homme peut supporter; tandis que, dans les grands bacs de trois à quatre mètres de longueur sur un mètre de largeur, l'ouvrier manœuvre la laine avec un bâton insensible à la chaleur; c'est pourquoi il faut en surveiller le degré au thermomètre.

Après le bain de trempage, si l'on traite de la laine lavée, ou le bain de désuintage, si l'on traite de la laine en suint, on chauffe les bains suivants à 50 et 55° pour descendre à 48° 50. Lorsque la laine est dans le bain, il est prudent de ne pas dépasser ce maximum de chaleur, qu'on entretient au moyen d'un filet de vapeur laché dans l'eau à mesure qu'elle refroidit.

J'ai remarqué aux grands bacs, dans lesquels on passe une

douzaine de paniers de laine, que les derniers sont toujours
moins bien faits, parce que l'eau grasse du cylindre presseur
retombe constamment sur la laine au-dessous de ce cylindre,
tandis que l'eau de l'autre extrémité du bac reste plus claire,
malgré le mouvement de la laine. Pour obvier à cet inconvénient, il faut envoyer, par une petite gouttière, l'eau grasse
descendant du tablier du dégraissoir dans l'autre bout du
grand bac; par ce moyen, toute l'eau passe sous le cylindre, et
le bain n'est pas plus terne à un endroit qu'à un autre. La
qualité de l'eau a une grande influence sur le dégraissage et
sur son prix de revient.

L'EAU.

L'eau potable, c'est-à-dire celle qui dissout bien le savon,
se reconnaît de suite parce qu'elle donne une eau laiteuse en
y mettant fondre du savon; tandis que si elle est calcaire, le
savon caille et ne se mélange pas. Les eaux de pluie sont les
meilleures pour bien dégraisser; elles sont rares dans les
usines et ne peuvent répondre aux besoins quotidiens; cependant, il faut s'organiser pour en recueillir le plus possible.
Viennent ensuite les eaux de condensation de la vapeur qui a
chauffé les ateliers; cette eau est tellement douce, que si on
l'employait pure, on ne parviendrait pas facilement à extraire
de la laine le savon qui l'a dégraissée.

Lorsqu'on est sur une rivière qui prend sa source au loin et
traverse des terrains non calcaires, l'eau est très-bonne; les
usines mues par machines à vapeur alimentées par des puits
profonds sont dans des conditions moins bonnes pour la
qualité des eaux. Je parle en général, car il y a de bons puits
et de mauvaises rivières.

Lorsqu'on n'a pas choisi l'eau pour établir son usine, et
qu'on se trouve avoir une eau dure et calcaire, on neutralise

la présence du carbonate de chaux par une addition de 100 grammes de sous-carbonate de soude par hectolitre d'eau, dans le bassin de réserve, pour alimenter les dégraissoirs; il est toujours fâcheux d'avoir recours à ce moyen, qui est plus coûteux, et nuit à la laine. On emploie aussi, depuis quelques années, un sel anglais qui remplace avantageusement les cristaux de soude. Ce sel est vendu par la maison Dejong.

J'ai pratiqué un autre moyen qui ne coûte rien, lorsqu'on a une machine à haute pression et à échappement de vapeur; il consiste à envoyer l'eau qui doit servir au dégraissage dans le haut de la colonne d'échappement, d'où elle retombe en pluie dans cette même colonne, en traversant la vapeur qui s'échappe. Il se fait une condensation et un mélange de cette vapeur avec l'eau, qu'elle rend douce. On la recueille dans un bassin, au bas de la colonne, d'où elle dessert les dégraissoirs. J'ai dit 100 grammes de sous-carbonate de soude par 100 litres d'eau; on en met souvent plus, lorsque les eaux sont tout-à-fait mauvaises. Dans les grosses laines, l'influence sur le fil est peu sensible; mais dans les mérinos, il faut y regarder de très-près avant de mettre 500 grammes pour 300 litres, comme d'autres personnes l'indiquent. Il faut ne se servir de l'eau que vingt-quatre heures après l'opération, qui a pour but de neutraliser le carbonate de chaux; c'est la substance la plus nuisible.

SAVON.

Il ne faut pas chercher l'économie dans le bas prix du savon; ce sont les meilleurs qui sont les plus économiques. Il faut des savons riches en principes gras. Tout le monde sait que les savons de dégraissage sont composés d'oléine et de sel de soude; c'est la proportion entre ces deux principes qui les rend plus ou moins forts. Une maison de Cambrai vend à beaucoup de filateurs une lessive toute préparée pour faire leur savon eux-mêmes; c'est un grand avantage pour le peigneur, qui obtient du savon juste au degré de force voulue. Des savons trop forts altèrent la laine.

Le savon doit être dissous à l'avance dans l'eau chaude, et placé dans un bassin, à portée des bacs à dégraisser. On fait cette dissolution aussi étendue que l'on veut; il ne faut tenir compte que de la proportion de savon à introduire dans les bacs. Elle varie de 16 à 18 p. % du poids des laines ordinaires, bien qu'il faille quelquefois porter cette proportion à 25 p. % pour des lots rebelles au dégraissage.

Voici les proportions de savon indiquées par M. Charles Leroux, qui ne donne que deux dégraissages. Au Cateau, pour les laines fines, on en donne toujours trois aux dégraissoirs et un quatrième à la lisseuse après cardage, pour l'établissement qui fait usage de la carde et de la lisseuse; l'autre établissement dégraisse à fond, de suite, par quatre passages de dégraissoirs, lorsque les laines l'exigent.

TABLEAU DES PROPORTIONS DE SAVON A RÉPARTIR ENTRE LES DIFFÉRENTS BAINS.

Désignation des laines soumises au dégraissage.	Degrés de chaleur des bains.	Quantité de savon par 100 kilogrammes de laine.
225	60	18^k 00
180	59	17 00
160	58	15 00
145	57	14 50
130	56	14 00
120	55	13 00
105	54	12 00
85	52	11 00
70	51	10 00
55	50	9 00

Pour faire les numéros

Au premier bain, après le désuintage, on met une plus grande proportion qu'au second, et au second plus qu'au dernier, de manière que celui-ci ne soit, pour ainsi dire, qu'un rinçage.

Le degré de chaleur indiqué ici est le *maximum* au moment de mettre la laine dans les bains, que l'on tiendra, comme je l'ai dit, 48 à 50° pendant le travail; c'est assez.

DISPOSITION DU DÉGRAISSAGE.

J'ai indiqué, dans la première édition, une disposition de bacs superposés qui *déversent l'eau* de l'un dans l'autre, en maintenant, comme bain le plus propre et finissant le dégraissage, le bac le plus élevé. Cette disposition est bonne; mais elle est quelquefois gênante à placer. Il en existe une autre qui consiste à mettre les quatre bacs en carré; *ils déversent la laine* de l'un dans l'autre, par une toile sans fin placée devant chaque cylindre. Il y a toujours un bain au repos : c'est le bain du trempage, qui devient ensuite bain finissant. Dans cette disposition, l'eau ne change pas de bac; ce sont les passages de dégraissage qui changent de place après chaque opération. C'est le contraire de l'autre système : le dernier bain est jeté et devient le premier. Chaque ouvrier dégraisseur avance d'un bac, et ainsi de suite; il tourne constamment dans le carré. Dans ce système, comme dans celui des bacs superposés, la laine ne se refroidit pas : elle tombe immédiatement dans le bain suivant, en sortant des cylindres du dégraissoir. Le tablier qui la porte est mobile ; on le relève lorsque le bain devient finissant; alors la laine tombe dans des paniers pour aller au séchoir ou à la carde; cela dépend de la pression. Il n'y a que deux manipulations en paniers pour apporter et enlever la laine, et comme dans chaque bain, elle tombe dans un bout pour sortir par le bout opposé; elle le traverse dans toute sa longueur. Ceci a donné l'idée de mettre des toiles sans fin, qui conduiraient la laine prise dans le bain sous les rouleaux presseurs, sans l'intervention de l'ouvrier dégraisseur. Ces tabliers traverseraient le bac dans toute sa longueur, comme il y en a dans certaines lisseuses; mais il vaut mieux que l'ouvrier fasse usage de son bâton pour agiter la laine modérément.

On a aussi prétendu que les dégraisseurs devaient se servir de fourches, et non de bâtons, pour remuer la laine, afin d'éviter de la cordonner; la fourche est plus gênante pour l'ouvrier que le bâton, et lorsqu'il se sert de ce dernier avec intelligence, le travail se fait bien.

On compte généralement que le prix de revient du dégrais-sage est de 16ᶜ au kilogramme ; je doute que ceux qui comptent ainsi aient bien calculé la force dépensée pour faire mouvoir les dégraissoirs, surtout la vapeur nécessaire pour chauffer les bains, car il en faut passablement. Il y a aussi un chiffre qu'on néglige assez facilement : c'est l'intérêt et l'entretien du matériel qui sert à dégraisser. Je crois qu'en comptant 20ᶜ au kilogramme, on ne s'éloigne pas de la vérité.

Un dégraisseur peut passer de 6 à 800 kilogrammes par journée de douze heures. J'ai vu ces hommes aux pièces : c'est une mauvaise méthode; le dégraisseur se paie 2 fr. 50 par jour, en moyenne.

On a essayé de tirer profit des vieux bains, en les décomposant à l'aide de l'acide sulfurique, pour faire surnager l'huile et l'extraire. Cette opération est peu pratiquée par les industriels; pour qu'elle soit lucrative, il faut la faire en grand. Il en est ainsi de beaucoup de choses dans l'industrie; c'est pourquoi on voit dans les grands centres, comme à Reims, des maisons spéciales acheter les eaux grasses pour les traiter chimiquement : alors les résultats sont satisfaisants.

La petite tonne d'eau grasse, qui se vendait 20ᶜ il y a quinze ans, se vend aujourd'hui le double, et elle est moins grasse.

LISSAGE.

Dans l'ordre des opérations, la lisseuse devrait venir après le cardage et même après le peignage, pour beaucoup de manufacturiers qui lissent pour terminer le peignage. Cette machine n'étant autre chose qu'un dégraissoir perfectionné, j'ai cru devoir la placer ici.

Il y a des maisons qui peignent bien et qui ne lissent pas ; c'est cependant une bonne opération, car dégraissant après cardage une laine bien ouverte, on l'obtient aussi pure que possible. La maison Frédéric Davin, de Paris, qui a épuisé la série des récompenses qui se donnent aux expositions, n'a jamais lissé ses laines ; cependant, cet industriel distingué reconnaît aussi que c'est une bonne opération. Je viens de lui vendre sa première lisseuse.

Je comprends que pour les genres qui exigent des fils gonflés, comme la bonneterie, la lisseuse ne soit pas employée, parce qu'elle glace les rubans en renfermant les filaments et en maintenant leur parallélisme ; dans ce cas, cette machine peut encore servir comme dégraissoir pour les rubans sortant des cardes, en chauffant peu les cylindres sécheurs. Elle peut aussi être employée pour azurer ou teindre légèrement et régulièrement la laine en ruban ; c'est pourquoi je donne ici le dessin et la description de la meilleure lisseuse inventée et construite par la maison Kœchlin et Cie.

Il y a des lisseuses de plusieurs forces, selon les quantités que l'on veut produire. On a cru faire une amélioration en remplaçant les onze petits cylindres sécheurs de la machine Kœchlin par trois ou quatre gros cylindres : c'était une erreur ; la laine, dans les nouvelles machines, reste trop longtemps sur la même surface, à cause des gros cylindres, et sèche moins facilement qu'avec les petits de 10^c, qui lui permettent d'alterner plus souvent d'une face à l'autre des rubans. La machine Kœchlin est celle qui sèche le mieux et use le moins de vapeur; en voici la description, tirée du *Génie industriel*, d'Armengaud frères, qui ont publié cette machine en 1855 :

« La lisseuse est destinée à dégraisser, à laver, à exprimer, à sécher et à dresser les filaments des rubans de mèches de la laine peignée, cardée, ou préparée de toute autre manière, et destinée à être filée ; il en est de même pour toute autre matière filamenteuse dont les filaments peuvent être dressés et lissés par l'effet de la chaleur et de la tension. »

La laine, ainsi que les autres matières analogues, après avoir été peignée, cardée, ou préparée de toute autre manière, est généralement plus ou moins imprégnée d'huile ou d'autres matières amollissantes, dont il faut la débarrasser; puis, avant d'être apte à pouvoir être filée, on a besoin de dresser et de lisser les filaments, afin de leur enlever la tendance à se crisper et à se feutrer; c'est-à-dire de leur donner, par l'effet de la chaleur, de l'humidité et d'une tension prolongée, l'apparence des filaments des matières textiles, telles que la soie ou le coton, et de leur faire acquérir cette qualité qui forme le caractère distinctif de la laine peignée d'avec la laine cardée.

Toutes ces différentes opérations et manutentions se faisaient les unes après les autres, d'une manière plus ou moins dispendieuse et longue. Pour dresser et lisser la laine, on emploie divers moyens, mais qui tous ne donnent qu'un résultat imparfait; tel est ce qu'on appelle le tortillonnage et le passage à la vapeur libre. Il y a aussi le dressage par une expositiion prolongée des mèches à l'humidité, dans un état serré sur bobines; le passage des rubans de la préparation sur des tuyaux et des cylindres chauffés à la vapeur, qui se trouvent sur diverses machines. (Ces moyens sont supprimés, sauf celui du repos, qui est bon.)

Par toutes ces opérations, la laine est toujours exposée à être détériorée et n'est jamais parfaitement lissée, particulièrement celle qui n'est que cardée et qui est destinée à produire ce que l'on appelle des fils en cardé-peigné ou fils mixtes.

Par la machine imaginée par M. Kœchlin, on réunit en un seul passage continu toutes les différentes opérations, telles que le dégraissage, le lavage, le séchage, le dressage, et l'on obtient par là une économie notable et des produits meilleurs.

La figure 1, planche 20, représente une vue en élévation de la machine ;

La figure 2 en représente un plan ;

La figure 3 indique le passage des rubans de mèche dans les bassins et sur les différents rouleaux et cylindres.

La laine qui doit être dégraissée et lissée est fournie à la machine en rubans continus, provenant soit du peignage à la main, soit des peigneuses, des cardes, ou de telle autre machine de la série des préparations.

Sur notre tracé, nous avons figuré un porte-bobine A, avec douze grandes bobines. Ces douze rubans passent d'abord dans une première bassine contenant un bain de savon, au sortir duquel une paire de rouleaux presseurs les mène dans un second bain, où ils sont dégraissés à fond.

Une autre paire de rouleaux presseurs exprime ce dernier bain ; puis vient un lavage à l'eau fraîche, pour enlever toutes les parties de savon qui pourraient être entraînées.

Cette eau de lavage est de nouveau exprimée par la paire principale de rouleaux presseurs.

Au sortir de cette pression, les rubans passent successivement autour d'une série de onze cylindres creux, chauffés à la vapeur, sur lesquels la laine se sèche, se tend, se dresse et se lisse à fond, de manière qu'au sortir de la machine, les rubans peuvent être livrés immédiatement aux étirages et aux bobinoirs finisseurs, et de là aux métiers à filer.

Le système de porte-bobines A est disposé pour recevoir huit, douze, seize, ou un plus grand nombre de bobines, suivant la largeur de la machine et la grosseur des rubans à passer. Tout auprès est un réservoir en tôle étamée B, dans lequel on fait passer le bain de savon qui a déjà servi dans le réservoir supérieur.

Les rubans sont amenés dans cette bâche par la paire de rouleaux presseurs a, commandée par l'arbre horizontal b.

Dans l'intérieur de la bâche, se trouve une autre paire de rouleaux presseurs c, également commandés par engrenages, comme on le voit sur le dessin, et qui maintiennent les rubans horizontalement à la surface du bain, et en même temps les immergent convenablement, avec l'entremise du rouleau de guide d et des cylindres flotteurs e.

Ces rubans sont ensuite conduits par la paire de rouleaux presseurs f et par le rouleau d'appel g dans la deuxième bâche C. Dans cette bâche, se trouvent également le rouleau de guide h et les flotteurs i.

Ils passent de là entre la première paire de rouleaux exprimeurs du bain de savon D, puis dans la deuxième paire E. L'un de ces cylindres est garni de tresses, comme les cylindres des laveuses, et reçoit une très-forte pression par une disposition de leviers et de contre-poids.

Une bassine F est placée entre et au-dessus des cylindres D et E. Dans cette bassine, on fait arriver de l'eau fraîche qui est conduite au-dessus du rouleau inférieur E, où il s'opère un rinçage à fond.

G désigne les poulies et l'arbre moteur recevant le mouvement par la transmission, et communiquant, par l'intermédiaire de divers engrenages tracés et indiqués sur le plan, le mouvement aux autres agents de la machine. (Cette poulie motrice doit faire de 40 à 50 tours par minute.)

Six cylindres creux H, en cuivre rouge, fermés à leurs extrémités par des têtes en fonte j, formant tourillons, qui portent des boîtes à étoupes k pour l'entrée, et d'autres l pour la sortie de la vapeur, sont surmontés des cinq autres cylindres I de même construction, placés au-dessus et entre les premiers, de manière à maintenir les rubans fortement au point de contact de leurs circonférences.

Une disposition d'engrenages K sert à commander, depuis l'arbre moteur G, toute la série des cylindres H, par l'entremise des intermédiaires k, tel qu'il a été dit. Le nombre des dents des pignons K va en diminuant, pour opérer une tension proportionnelle au degré de lissage et de dressage des filaments, en donnant une vitesse progressive aux cylindres sécheurs.

Des engrenages L commandent les cylindres I par les cylindres inférieurs H.

M désigne une boîte à vapeur en fonte, dans laquelle débouche un tuyau d'amenée de vapeur, et d'où partent des tuyaux coudés m, pour introduire la vapeur dans les cylindres H et I; N une boîte à vapeur pareille à la première, recevant des tuyaux d'évacuation n pour la sortie de la vapeur.

Une disposition de rouleaux d'appel O dirige, dans des pots placés au-dessous, les rubans au sortir des cylindres lisseurs. Cette disposition peut être remplacée par un appareil à faire des bobines, ou bien par une machine à doubler et étirer ; c'est ce qui a lieu aujourd'hui dans presque toutes les usines. On ajoute aussi à la lisseuse un appareil désigné sous le nom d'expulsateur ; ce mécanisme a pour but et pour résultat de ne laisser sortir de la lisseuse que l'eau de condensation de la vapeur, sans laisser sortir cette dernière, ce qui est économique. Il faut croire que cet appareil laisse à désirer et attend des perfectionnements, car, dans plusieurs ateliers, je l'ai vu au repos à côté de la lisseuse; dans d'autres, il fonctionne. A la vitesse de 45 tours à son arbre moteur, une lisseuse de 12 rubans peut faire 300 kilogrammes de laine par jour; à 16 rubans, elle en fera 400 kilogrammes; c'est son *maximum* pour bien faire. Ainsi, une lisseuse suivra facilement six peigneuses, pour alimenter 6000 broches; plus cette machine marche doucement, mieux elle fonctionne. Il y a des contre-maîtres qui mettent des toiles sans fin pour conduire la laine dans les bains; d'autres repoussent ce moyen en disant que la laine ainsi conduite se lave moins bien que lorsque les rubans sont libres dans l'eau. Je serais assez de cet avis. Il faut faire de bons rubans assez forts et réguliers pour éviter le déchet dans les bains, qui se tiennent au même degré de chaleur que dans les bacs à dégraisser.

Ce sont surtout les eaux des bains de lisseuses qui sont bonnes à recueillir, car elles contiennent l'huile qui a été mise dans les laines pour les carder. Il y a des peigneurs qui en mettent de 5 à 6 p. %; d'autres pas du tout. Il en faut au moins 2 p. %. Cette quantité est nécessaire pour conserver les garnitures des cardes, autant que pour la laine, qui en a besoin. Voici comment M. Ch. Leroux traite ce point :

GRAISSAGE DES LAINES.

« Plusieurs établissements qui traitent des laines cardées-peignées ont, à tort, abandonné le graissage des laines, croyant trouver dans le nouveau procédé (dit *moite*), un moyen d'économiser l'huile.

» Le procédé dit *moite* consiste dans la suppression complète de l'huile dans les laines destinées à être cardées. Par ce moyen, on expose à la carde des laines à la sortie du séchoir, contenant encore de 8 à 12 p. % d'humidité, composée d'eau et de savon.

> » Pour les laines fines. . . . 12 p. %.
> » Pour les laines moyennes. . 10 p. %.
> » Pour les laines grasses. . . 8 p. %.

» Or, la laine est d'autant plus flexible, qu'elle est plus humide, et, lorsqu'elle est graissée, elle est plus élastique. »

La laine non graissée se rompt au cardage et produit une grande perte en évaporation.

L'eau est un liquide qui s'évapore à la température ordinaire, tandis que l'huile est d'une évaporation difficile. Elle recouvre la surface de la laine jusqu'au dégraissage des rubans. Les brins de laine graissée passent dans la denture de la carde, sans perdre les petites barbes qui leur donnent l'adhérence entr'eux; ils glissent sans laisser beaucoup de déchet, sauf les jarres et les autres poils lourds qui ne se combinent pas avec la laine.

Si nous comparons deux lots de même nature de chacun 100 kilogrammes, l'un graissé et l'autre non graissé, nous aurons les résultats suivants :

Rendement après cardage de laine demi-fine de Picardie, sur une même carde montée en numéro 24, la température de l'atelier étant de 18 degrés centigrades.

La laine graissée a donné.   80,000 p. %₀ de laine;
Perte et duvets.   0,900
Débourrures.   0,600
Evaparation à la carde. . .   1,200
Evaporation au dégraissage.   17,300
  Total.   100,000

La laine non graissée a donné   78,500 p. %₀ de laine;
Perte et duvets.   1,000
Débourrures.   0,700
Evaporation à la carde. . .   2,500
Evaporation au dégraissage.   17,300
  Total.   100,000

La laine non graissée a perdu à la carde, en évaporation, 1ᵏ300 de plus que la laine graissée, et en débourrures et duvet 200 grammes de plus, soit en tout 1ᵏ500, ce qui représente la valeur de l'huile employée au graissage. Il n'y a donc pas économie à s'abstenir de graisser, même en admettant que le travail soit aussi bon, ce qui n'est pas; car la laine travaillée à l'huile fera plus de numéros que la laine travaillée à l'eau.

Plus les huiles sont fluides et légères, meilleures elles sont pour le graissage des laines. Cette matière est la base d'un bon cardage ; voici le tableau de la densité de ce liquide :

Désignation des huiles.	Densité des huiles.	Degrés de fluidité.
Pavots.	939	Assez fluide.
Lin.	932	Moins fluide.
Colza.	931	Moins fluide, mucilagineuse.
Faîne.	923	Fluide, mucilagineuse.
Olives.	913	Très-fluide à 15 degrés.
Oléine.	910	Plus fluide.

L'huile d'oléine étant la plus légère et la plus fluide, doit être employée de préférence ; malheureusement, elle n'est pas saponifiable au même dégré que les autres, et nécessite, pour l'enlever de la surface de la laine, une plus grande quantité de savon. Lorsqu'elle est mélangée à l'huile d'olives, sa fluidité n'est pas altérée, et, par conséquent, elle pénètre tout aussi bien la surface de la laine.

Les huiles étant d'un prix très-élevé, pour graisser les laines à l'état pur, on les mélange avec une dissolution de savon, et on en fait un liquide appelé *composition*.

Composition pour graisser les laines en général.

On dissout dans un hectolitre d'eau chaude :

  Savon mou de Picardie. 15 kilogrammes ;

On y ajoute, en l'agitant, un hectolitre d'huile, composé comme il suit :

  Huile d'oléine . . . . . 50 litres ;
  Huile d'olives . . . . . 50 litres.

Chaque fois qu'on emploiera de cette composition faite d'avance, on l'agitera, car si l'on négligeait cette précaution, l'eau de savon, étant plus lourde que l'huile, coulerait la première, et le mélange serait quelquefois dépourvu d'huile.

J'ai vu des filatures en gras où ce mélange est constamment agité par le moteur; il doit se faire à chaud. Il sera toujours facile de l'exécuter dans de bonnes conditions, surtout si l'on peut disposer d'un courant de vapeur avec lequel on chauffe le mélange; ainsi chauffée, la combinaison s'opère mieux.

La quantité de composition à employer varie de 5 à 12 p. %, selon la finesse des laines, ce qui représente 2 1/2 à 6 p. % d'huile, puisque dans le mélange il y a moitié eau de savon. Les laines maigres et sèches peuvent, sans inconvénient, absorber la même quantité d'huile ou de composition que les laines fines; elles ne s'en travaillent que mieux au cardage, qui repose essentiellement sur le mode de graissage.

MODE DE GRAISSAGE A LA MAIN.

Pour graisser à la main, on étale sur le pavé une couche de laine d'environ 15 centimètres d'épaisseur; une fois la laine étalée, on se munit d'un arrosoir contenant la proportion de composition que l'on veut employer, soit de 8 à 10 p. % dans les laines pour numéros 90 à 140; on arrose avec la moitié, puis on superpose, sur la couche de laine arrosée, une autre couche nouvelle sur laquelle on distribue le reste de la composition. On prend une fourche en bois pour bien battre la superficie de cette dernière couche; afin de mieux faire pénétrer la composition, on secoue la laine et on la retourne en tous sens : le mélange est ainsi plus complet.

Le repos laisse pénétrer l'huile dans toutes les parties; cependant, il en reste quelquefois qui n'ont pas été atteintes. C'est pour obvier à cet inconvénient que M. Charles Leroux indique une machine à graisser, que l'on verra dans son traité. Il y en a d'analogues qui fonctionnent à Roubaix.

Les laines graissées à la composition se dégraissent mieux avec moins de savon et moins de chaleur que celles graissées à l'huile pure. La laine, avant le graissage, doit encore contenir de 5 à 8 p. %, d'humidité.

La quantité d'huile mise dans la laine, avant cardage, doit être plus forte pour les fabricants qui peignent en gras que pour ceux qui peignent en maigre. La raison que j'en donnais dans la première édition n'a pas cessé d'être vraie, car si l'on graisse seulement à 1 ou 2 p. %, qui sont indispensables pour la carde, on ne fait que rendre le travail plus difficile pour la peigneuse Schlumberger, qui exige une laine pure bien dégraissée, ou assez graissée pour passer facilement dans les aiguilles du peigne circulaire. Ceux qui peignent en gras mettent dans la laine de 5 à 6 p. % d'huile, soit 10 à 12 p. % de composition : l'eau s'évapore. Dans une laine présentée à la peigneuse Schlumberger avec un graissage de 2 p. %, le peigne fixe s'engorge à chaque instant ; il faut une grande surveillance de la part du contre-maître pour que le travail soit constamment bon. C'est pourquoi je conclus au peignage en maigre avec le système Heilmann.

Presque tous les peigneurs à façon peignent en gras, tandis que le peignage en maigre se trouve chez les peigneurs pour leur compte. Que faut-il conclure de là? Que le peignage en gras donne plus de rendement en apparence, et que le peignage en maigre en donne un plus certain. C'est-à-dire que, si l'huile empêche la laine de perdre de son poids pendant qu'elle se travaille et se peigne, elle perdra plus en préparation de filature que la laine peignée en maigre ; car, en définitif, la poussière, le suint, ne sont pas de la laine, et ces corps étrangers, maintenus par l'huile, tomberont après les premiers passages. Si le peigneur trouve son compte au peignage en gras, c'est le filateur qui en paie les frais.

Le peignage en maigre exige moins d'huile dans la laine pour la préparer à la carde, ce qui est une forte économie.

CARDAGE.

La laine dégraissée passe à la carde encore humide, avec 2 à 4 p. % d'huile ou 4 à 8 p. % de composition, même 10 à 12 p. %, lorsqu'on doit peigner en gras ; en tous cas, le *minimum* de 2 p. % d'huile est nécessaire pour ménager les garnitures des cardes ; de plus, l'huile facilite le cardage. Il ne faut donc pas se laisser guider uniquement par la raison d'économie.

Le cardage en gras n'entraîne pas le peignage en gras, puisque l'on peut passer la laine à la lisseuse avant peignage, et lui faire subir son dernier dégraissage, au lieu de le faire après peignage. Les peigneurs en gras sont dans l'obligation de terminer toutes les opérations par la lisseuse ; ils y trouvent même l'avantage de parer leur marchandise par le lustre que donne cette machine ; mais on a reconnu que cela était peu nécessaire pour le vrai fabricant. Il n'en est pas de même pour le marchand ; c'est ce qui explique les différents systèmes.

La carde est définitivement adoptée comme machine préparatoire pour le peignage ; je ne connais que la maison Aug. Seydoux, Sieber et Cie qui ne fasse pas usage de cette machine. C'est un outil dangereux qu'il faut savoir manier, mais c'est une admirable invention qui date de l'origine de la filature mécanique, et qui n'a pas encore été remplacée.

Si la carde a trouvé tant d'opposition pour l'appliquer à la préparation du peignage, c'est que, généralement, on l'employait mal ; on s'en servait comme pour faire le fil cardé, tandis qu'il faut se contenter d'ouvrir la laine pour mettre les filaments en long et en rubans, sans carder à fond. Voici ce qu'a écrit un professeur sur la carde :

« L'action du cardage est aussi quelquefois appliquée à la laine longue, mais alors elle est pratiquée avant le peignage, pour mieux démêler les filaments ; cette application du cardage à la laine peignée est peu en usage, et n'a lieu que dans le midi, pour les laines communes. »

A l'époque où ces lignes étaient écrites (1847), elles pouvaient être vraies; depuis, on a reconnu que toutes les laines, surtout les courtes, avaient besoin de subir un cardage pour être bien peignées. Les grosses laines employées à Roubaix et Tourcoing peuvent seules se passer du cardage : on donne plusieurs passages de gill-box, machine dont il sera parlé plus loin, et du gill-box on passe à la peigneuse anglaise, qui est également décrite à l'article *peigneuses*.

La carde étant un outil nécessaire dans la préparation du peignage, il est utile d'en dire ici quelques mots. C'est pourquoi je reproduis des notes qui m'ont été remises par M. J. Férat, un des plus anciens praticiens que je connaisse : il était contre-maître lorsque se montaient, en France, les premières cardes de John Cockerill, Douglas, et ensuite Lasgossaix. Les cardes datent, chez nous, de 1809 à 1813. M. Férat était contre-maître à Bazancourt en 1818; voici comment il s'exprime :

AIGUISAGE.

« Le bâtis de la carde doit être solidement établi sur le sol ou le plancher, d'un parfait niveau. Tous les cylindres de la carde doivent être bien calibrés et cylindriques; aucune pièce ne doit être gênée dans ses coussinets ou supports.

» Après le placage des cardes et le montage des rubans, on procède à l'aiguisage; on doit apporter une grande attention à cette opération, qui doit être faite lentement et avec soin. On prêtera l'oreille au bruit causé par l'aiguisage, afin de s'assurer que le frottement établi par le cylindre à l'émeri sur la carde ne soit pas forcé; après quoi, et à différentes heures d'intervalle, il sera bien de mettre au repos le tambour ou cylindre, pour juger du progrès fait par l'aiguisage; sans cette précaution, les dents des cardes pourraient s'échauffer, se coucher ou s'incliner plus qu'elles ne le sont à leur état primitif, ce qui détruirait la raideur qu'elles doivent avoir pour bien fonctionner.

» On ne doit donc serrer le cylindre à émeri contre les cardes, et en commençant l'aiguisage, que petit à petit, au fur et à mesure que cela est nécessaire pour atteindre toutes les dents des plaques ou rubans; c'est lorsqu'on voit que la plus grande partie est touchée, que l'on peut faire exercer tant soit peu plus de pression par le cylindre à émeri. Si l'on voulait se hâter dans cette besogne, on ferait sauter quantité de dents ou on les ébranlerait dans la partie emboutie au cuir.

» Le cylindre à émeri doit être réglé parallèlement à l'axe du tambour, sans relever plus d'un côté que de l'autre; sans cette condition de parfait parallélisme entre les deux agents, il arriverait qu'au lieu d'avoir une ligne droite parallèle à l'axe du tambour, elle serait courbe et creuse, ce qui amènerait l'impossibilité de régler tous les cylindres près du gros tambour.

» Après l'aiguisage au cylindre à émeri, on passe sur la carde une toile ou planche garnie également d'émeri, pour adoucir et régulariser l'affûtage; cette opération est terminée lorsque les pointes des cardes brillent également comme blanc d'argent, et qu'au toucher, du bout des doigts, au revers de l'inclinaison des dents, on éprouve le tranchant ou le morfil que l'aiguisage a produit. On peut comparer le mordant fait aux dents des cardes par l'aiguisage à celui d'une lime de taille neuve; on dit aussi d'une carde bien aiguisée qu'elle a du feu, qu'elle mord bien, etc., etc. »

Tel est le dire d'un vieux praticien. Je mets à la suite ce qui a été écrit sur le même sujet par un auteur plus moderne, M. Ch. Leroux.

« Le feu ou le morfil, dans une garniture, est d'autant plus apparent qu'elle est plus fine. Plus les cylindres sont cylindriques, plus le boutage des rubans ou plaques est égal, mieux se fait l'aiguisement, surtout si le cylindre à émeri est bien rond.

» On fait développer au cylindre aiguiseur, par la combinaison des poulies, quatre fois et cinq fois autant de surface qu'au tambour ou peigneur que l'on aiguise; on approche ce cylindre très-lentement, car si l'on veut aller trop vite en besogne, on perd plus qu'on ne gagne, parce qu'on fait sauter et ébranle la denture à aiguiser; le cylindre aiguiseur marche dans le même sens que celui à aiguiser.

» La meule de M. Moriceau, de Mouy, qui aiguise par un mouvement de va-et-vient, est un très-bon appareil à aiguiser qui donne beaucoup de morfil; mais ce système est trop long, parce que la meule, qui est étroite, ne travaille que dans sa largeur, tandis que le cylindre à aiguiser opère sur toute la largeur de la carde à la fois.

» On aiguise même plusieurs travailleurs et déchargeurs en même temps, en les réglant autour d'un cylindre à aiguiser, que l'on met en mouvement comme un tambour de carde; le volant ne s'aiguise pas.

» Pour préparer la toile recouverte d'émeri fin, qui doit terminer l'aiguisage, on met dissoudre, dans un bain-marie et dans un litre d'eau, 200 grammes de colle de poisson avec 100 grammes de bonne colle forte; on étale sur une table la toile de coton croisé, on l'enduit de cette colle au moyen d'un pinceau, on tamise de l'émeri fin sur la toile étendue, puis on régularise avec un rouleau bien cylindrique. Cette toile se monte sur deux quarts de cercle reliés parallèlement par deux traverses.

» Un cuir monté comme la toile, et enduit d'huile et de poussière de meule, adoucit la garniture. »

BOURRAGE DES CARDES.

On prend une bourre blanche provenant de tonte de drap, exempte d'ordures et de corps étrangers, on l'arrose d'huile, 1/3 de graine delin, 2/3 d'olive; on pétrit à la main ce mélange, pour imprégner également la bourre du mélange d'huile qui l'a arrosée ; après l'avoir frotté à plusieurs reprises entre les paumes des mains, on en prend à poignées pour l'étendre sur toute la surface d'une plaque, qu'on frictionne, pour faire entrer la bourre dans les dents. On l'enfonce au moyen d'une brosse longue et demi-douce, avec laquelle on frappe à coups modérés ; on a le soin de diriger les coups de brosse dans le sens de l'inclinaison des dents. On recommence plusieurs fois la même manipulation, jusqu'à ce que la bourre soit serrée et toute la garniture uniformément bourrée. Il faut ne laisser à découvert que l'extrémité des dents des aiguilles ; alors le bourrage est terminé. On fait sécher la bourre en mettant le tambour en mouvement, à vide, pendant vingt-quatre heures.

Après un travail non interrompu de douze ou quinze heures, le premier débourrage a lieu ; il faut le faire avec précaution. On se sert d'un petit peigne fin, à dents flexibles, pour débarrasser la laine des pointes des dents.

Si la bourre remonte après un premier nettoyage, on la refoule avec la brosse jusqu'à parfaite consistance ; cette opération, répétée pendant deux ou trois nettoyages, fixe la bourre, et tout est fini. On débourre alors avec la carde à main.

Une carde trop bourrée doit être débourrée jusqu'au crochet de la dent ; une carde trop grasse doit être dégraissée au moyen d'un réchaud placé sous le tambour, pendant qu'il tourne à l'envers.

Le bourrage se fait après l'engraissage ; moins une bourre est élastique, moins le cardage se fait bien. MM. Scrives frères, de Lille, vendent des garnitures toutes bourrées ; je ne vois pas ce moyen se propager.

Voici la composition d'une bourre qui ne durcit pas le cuir :

Huile de navette. . .   1 kilogramme.
Huile d'œillettes. . .   1 kilogramme.
Bonne tontisse . . .   3 kilogrammes.

Le caoutchouc, employé à la place de cuir, est trop sensible à la variation de la température ; on en fait entre deux toiles; mais tout cela ne vaut pas un bon cuir préparé par les anciennes méthodes. Il faut du temps pour obtenir de la bonne marchandise.

RÉGLAGE DES CARDES.

1° Avec de bonnes cardes de Mercier, Grün, Kœchlin, Pierrard, Carimez, Bruneaux, Schlumberger, etc. ;

2° Des vitesses bien raisonnées;

3° Des numéros de garnitures proportionnés aux laines à travailler;

4° Une bonne tenue et un bon entretien des cardes, on travaillera bien.

Pour les laines de Champagne et celles analogues, on mettra, sur les déchargeurs ou balayeurs, des rubans numéros 18 à 22; ceci a peu d'importance. On met généralement sur les balayeurs ce qui reste de bon dans les garnitures démontées.

Sur les travailleurs et le tambour des numéros 22 à 24, et sur le volant 24 à 26, certains peigneurs qui ne travaillent que les laines fines n'emploient que des rubans numéros 26 et 28 au peigneur de la carde.

Le volant, qui a une vitesse quadruple de celle du tambour, est la seule pièce qui tourne en sens inverse de ce dernier.

Tous les cylindres garnissant la carde doivent conserver un parfait parallélisme entr'eux; il va de soi que le gros tambour sert de base : c'est sur lui que se règlent toutes les autres pièces.

La distance, écartement ou intervalle (que l'on nomme réglement) à donner aux divers cylindres, soit entr'eux ou par rapport au gros tambour, n'est déterminée que par la qualité du lainage à travailler. Plus la laine est fine, plus il faut serrer les organes de la machine. La pratique seule indique les écartements les plus convenables; voici ceux indiqués par M. Ch. Leroux (voir la description que je donne de la carde de Grün, à la fin du chapitre VII) :

	Écartements pour laines fines.	Écartements pour laines grosses.
Alimentaire,	$2^{m/m}3$	$3^{m/m}6$
Cylindre à échardonner,	2 2	3 4
Roule-sa-bosse,	1 8	3 1
Tambour (il sert de base pour les cylindres qui l'entourent);		
Déchargeurs,	1 2	2 1
Travailleurs,	1 1	2 0
Volant (il effleure légèrement le tambour);		
Peigneur,	1 0	2 0

Ces données sont pour les qualités extrêmes. On sait que, pour les travailleurs, les écartements sont gradués, bien que la différence ne puisse pas être très-sensible : le premier près du cylindre alimentaire est plus écarté que le dernier auprès du volant ; l'un commence à travailler la laine, l'autre la termine.

Dans aucun cas, les cylindres ne doivent se toucher, excepté le volant ; le cylindre peigneur sera approché du gros tambour autant que possible : on règle cette distance à la vue ; elle est généralement de 1 millimètre. Un rapprochement excessif des autres organes nuirait au cardage ; on prête l'oreille pour s'assurer si les cylindres ne se touchent pas. Le réglage de la carde est une affaire de tact et de pratique.

L'idée des grandes cardes est venue d'Amérique. Alors que nous les faisions de 85ᶜ de large sur autant de diamètre, les constructeurs américains du nord faisaient des tambours de 1ᵐ50, et les peigneurs de 80ᶜ de diamètre, ce qui donne des contacts plus larges ; nous les faisons généralement de 1ᵐ20 de large.

L'auteur anglais ne dit rien d'intéressant sur la carde, sinon que le procédé du cardage est simplement une préparation pour la machine à peigner, et que l'on commença en 1819 le système de carder la laine avant de la peigner. Parmi les inventeurs anglais, nous voyons William, Lister, Georges

Anderston, qui inventèrent la manière de tirer la laine des peignes, au moyen de courroies sans fin et de rouleaux cannelés, idée qui est reproduite dans le gill-box.

Le volant de la carde, par sa marche accélérée, fait l'effet d'une brosse dont on se servirait en brossant du drap à contre-sens des poils; il redresse la laine que prend le peigneur.

Les vitesses sont indiquées par les diamètres des organes de la carde, dont je donne un plan exact. Le tambour des petites cardes marchait à 100 tours par minute; on a gardé cette vitesse, en augmentant les diamètres. Cependant, M. Alcan n'indique que 90 tours pour un tambour de 1^{m}20 de diamètre, et M. Leroux 80 tours pour un tambour de 1^{m}50; ce dernier tambour parcourt plus de chemin à sa circonférence.

La vitesse ou battement du peigne contre le cylindre peigneur doit dépasser, par les coups de peigne, celle du cylindre peigneur, mais à une différence légère, afin d'enlever en entier la laine de ce cylindre.

Aujourd'hui, l'emploi de la carde ne fait plus question : toutes les machines à pointes, démêloirs, débrutisseuses, qu'on a voulu lui substituer, ont été mises de côté; aussi je ne les cite que pour mémoire. La preuve que la carde doit être préférée, c'est qu'elle est indispensable pour le peignage anglais, qui échoue avec toutes les autres préparations; donc la carde prépare mieux la laine pour le peignage que toute autre machine.

J'ai cité, dans la première édition, la maison Seydoux, du Cateau, qui n'a que des machines à pointes pour préparer sa laine, et qui peigne bien. Elle continue toujours ce système, et ses produits n'en souffrent pas, à la condition de produire peu par peigneuse; car j'ai dit plus haut que cette maison avait 60 peigneuses et 42000 broches. On sait qu'une peigneuse suit aisément 1000 broches; c'est donc 18 peigneuses de plus que le nombre nécessaire pour alimenter les broches. Je compte qu'une peigneuse suit 1000 broches, faisant 4 échées 1/4 par jour; ceci est prouvé par l'expérience dans des maisons qui travaillent parfaitement, mais qui n'ont pas une clientèle assurée comme celle de la maison que je cite; elles sont obligées d'y regarder de plus près dans les prix de revient.

La carde demande à être bien comprise; ceux qui l'ont rejetée pour la préparation l'ont essayée timidement, ou ils ont manqué des connaissances pratiques qui en assurent le succès. On fait des calibres pour régler les cardes; ils peuvent servir de guide, mais jamais ils ne remplacent l'œil nu du praticien.

Lorsqu'un déchargeur conserve la laine prise au détriment du travailleur voisin, cela atteste un écartement trop éloigné du tambour. Quelquefois il arrive que c'est un travailleur qui conserve sa laine; il suffit, dans ce cas, d'approcher le travailleur du déchargeur qui le dépouille. On remarque aussi, dans les rubans sortant de la carde, des coupures ou irrégularités; elles proviennent en partie de la mauvaise disposition de la chaîne. Cette dernière doit toujours être bien tendue; dans le cas contraire, les travailleurs tournent par secousses.

Les battements du peigne doivent être très-réguliers.

Les boutons ont pour cause, à la carde, une laine trop humide, une garniture ayant des cavaliers (aiguilles relevées), une garniture trop grosse ou sans morfil, une mauvaise répartition des écartements, et principalement un écartement trop éloigné du volant. Quand ce cas se présente, on fait effleurer plus fortement le volant sur la garniture du tambour, sans trop l'approcher, car il enlèverait, par sa rapidité, la laine engagée à la surface du tambour.

Le volant a pour but de lisser la laine, de la rendre parallèle et de la disposer à s'accrocher au peigneur.

Plus les laines à cardes sont fortes, nerveuses et dures, plus le volant doit les frictionner; il le faut en proportion des laines. Certains volants ont l'inconvénient très-grave d'enlever la laine du tambour et de la projeter en l'air; en terme d'atelier, on dit que ces volants *crachent*.

Un volant crache, soit parce que les aiguilles sont trop basses ou trop raides, soit parce que leur boutage est trop serré, soit enfin parce que le tambour a perdu son morfil.

On obvie à ces inconvénients en couchant un peu la denture du volant, quand elle est trop raide, et en aiguisant le tambour qui a perdu son morfil. En résumé, pour bien carder, il faut être très-soigneux et praticien, graisser convenablement les laines, entretenir la garniture de la carde en bon état, ainsi que la carde elle-même.

Une carde bien disposée, avec une ouvrière soigneuse qui étale bien la laine sur le tablier, peut marcher six jours sans s'arrêter. A Roubaix, les cardes produisent des quantités énormes; mais en laines fines, une carde ordinaire de 1^m 20 de large, ne suit qu'une peigneuse Schlumberger, qui produit de 35 à 40 kilogrammes de cœur par jour; c'est la bonne marche, encore ne faut-il pas faire des laines d'Australie. Dans ce genre, la peigneuse bien menée ne fait que 30 kilogrammes; elle suit de même ses 1000 broches en filature, car les laines d'Australie sont fines, et 30 kilogrammes peuvent donner plus d'échées que 40 de laines de France.

NUMÉROS DES GARNITURES.

J'indiquais, dans la première édition, qu'une garniture des petites cardes Pierrard, de 90e de large, coûtait 777 fr. 80; aujourd'hui on fait toutes les cardes pour peignage à 1^m 20, et et on les garnit en rubans au moins aussi fins que ceux que j'indiquais. Ainsi je disais :

« Gros tambour et travailleurs garnis en numéro 22;

» Peigneur en numéro 24;

» Volant en numéro 26. »

M. Ch. Leroux a donné, depuis, un tableau des garnitures pour tous les numéros de laine de 10 à 200 ; celle que j'avais donnée forme la moyenne. Il faut qu'il en soit ainsi : on ne peut garnir les cardes que pour l'ensemble d'un genre, soit fin, moyen ou gros. Voici ce tableau :

TABLEAU INDIQUANT LES NUMÉROS DES GARNITURES DE CARDES, CORRESPONDANT AUX DIVERSES QUALITÉS DE LAINES.

NUMÉROS DES FILS.

	200.	160.	125.	80.	40.	20.	10.
Alimentaires, pointes,	18	16	16	16	16	14	14
Roule-sa-bosse,	20	18	18	18	18	16	16
Déchargeurs,	26	24	22	20	18	16	14
Travailleurs,	28	26	24	22	20	18	16
Gros tambour,	26	24	22	20	18	16	14
Volant,	30	28	26	24	22	20	18
Peigneur,	30	28	26	24	22	20	18

Les rubans coûtent toujours à peu près le même prix : ceux de $45^{m/m}$ de large, de 30 à 60 dents au centimètre carré, ce qui forme les numéros 18 à 28, coûtent de 3 fr. 15 à 3 fr. 90 le mètre. On vend des garnitures embourrées qui coûtent un peu plus ; ce système n'est pas encore adopté d'une manière générale.

Les garnitures les plus adoptées pour laines fines sont : le numéro 24 au gros tambour et au travailleur, le numéro 26 au peigneur, et le numéro 28 au volant ; les autres agents ont peu d'importance.

Il faut une grande discipline dans l'atelier des cardes pour conserver les garnitures intactes ; le moindre objet dur qui se trouve dans la laine fait un trou dans la garniture de la carde.

(N'ayant pas encore reçu les plans de la carde simple, de la carde avec avant-train et de la carde double, ainsi que ceux des dégraissoirs que j'attends, je renvoie la description de ces machines à la fin du chapitre suivant, puisqu'elles font partie du matériel indiqué dans la composition de l'assortiment des machines pour le peignage.)

CHAPITRE VII.

PEIGNAGE DES LAINES.

Avant de donner l'assortiment actuel pour les machines à peigner, jetons un coup d'œil sur l'origine de cette industrie. D'après la traduction de l'ouvrage anglais que m'a remis M. Fergusson, d'Amiens, on attribue à saint Blaise, évêque de Sébaste, en Cappadoce, l'invention du peigne à la main. Ce saint vivait au deuxième siècle, et mourut martyr. On lui déchira les chairs avec des peignes de fer.

Au quatrième siècle, le peignage se faisant encore avec une seule rangée de dents, plus tard on en ajouta une seconde, enfin une troisième, qui fut en usage jusqu'au commencement de ce siècle.

Quand on commença à employer des brins plus courts, quatre, cinq, et même six rangées de dents furent mises en œuvre, afin de mieux enlever les nœuds et de mieux étendre les fibres. Aujourd'hui, pour le peignage de l'alpaca, on se sert de sept ou huit rangées de dents.

Je n'ai trouvé qu'en Allemagne un ouvrage sur le peigné; il est de M. Hulsse, directeur de l'Ecole Royale Polytechnique de Saxe. Les dessins sont d'une pureté remarquable; ce sont les huit premières planches de mon atlas. J'ai fait traduire le texte par M. Offermann, ingénieur chez M. Mercier, de Louviers; j'en donne une analyse, que je fonds avec la traduction de l'ouvrage anglais, pour ne pas faire double emploi : les deux auteurs traitent souvent le même sujet. Je passe vite sur ce qui a rapport au peignage à la main; ce mode de travailler la laine tend à disparaître totalement à mesure que les moyens mécaniques se développent.

Les peignes à la main sont représentés par les figures 1 à 3, planche 1.

La figure 1 représente le profil d'un peigne avec deux rangées de dents.

La figure 2, celle d'un peigne à trois rangées de dents, et la figure 3 est la vue en plan d'un peigne avec son manche couché sur un plan horizontal.

La simple inspection des figures indique la construction des peignes. On voit que si les aiguilles étaient prolongées, elles se rencontreraient toutes en un même point, vers lequel elles convergent. Elles forment, avec le manche, un angle de 50° environ. On voit aussi que les dents vont en diminuant de longueur du premier au dernier rang.

Les dents d'une rangée sont placées en face des intervalles de la rangée précédente, c'est-à-dire en quinconce; elles sont en acier, et ont à leur base de 3 à $5^{m/m}$; leur nombre varie de 24 à 30 et 32, selon la finesse des laines à travailler.

Les peignes allemands ont deux rangées de dents; ceux de l'Angleterre en ont trois, quatre et plus; leur largeur à la base est de $138^{m/m}$ pour les peignes à deux rangs, et $163^{m/m}$ pour ceux à quatre rangs.

La longueur des dents est de :
210 à $300^{m/m}$ du 4me au 1er rang du peigne à 4 rangs ;
254 à $330^{m/m}$ du 3me au 1er rang du peigne à 3 rangs ;
100 à $248^{m/m}$ du 2me au 1er rang du peigne à 2 rangs.

Pour se servir des peignes, on les chauffe jusqu'à ce qu'on ne puisse plus les toucher sans se brûler, ce qui facilite le glissement des filaments et tend à les redresser.

Dans la petite industrie, le peigneur a un pot ou four à peigne; mais lorsque les ouvriers sont en atelier, comme dans les maisons de correction, on chauffe avec un four artificiel, à vapeur ou à air chaud.

Les figures 4 et 5, planche 1, représentent un four : $a\,a$ est la maçonnerie qui l'entoure; b est également de la maçonnerie, mais en briques réfractaires, à cause de son contact direct avec le feu; c la grille; $d\,d$ une plaque en fonte, qui possède à sa partie inférieure des nervures en forme de spirale, de sorte qu'elles forment des carnaux pour la sortie de la fumée, qui va dans une cheminée.

Sur cette plaque en fonte est posée une autre plaque $f\,f$, de manière à laisser entr'elles un espace assez grand pour y introduire les peignes. La partie supérieure de cette plaque est garantie des pertes de chaleur par une couche de sable; au milieu elle porte un couvercle g qui correspond avec un autre h dans la plaque inférieure. Tous deux sont pour l'introduction du combustible dans le foyer.

Les peignes sont introduits près i; ils reposent avec leurs dents sur une saillie d. Des fours de ce genre sont construits pour 4, 6, 8, et même un plus grand nombre de peignes. Les ouvertures, dans les plaques, ne sont que juste assez grandes pour introduire les peignes. Suit la description de l'opération du peignage à la main; c'est une opération toute manuelle que la pratique seule enseigne bien. On met $1/40^{me}$ à $1/16^{me}$ d'huile, selon la finesse des laines; c'est ce qui représente nos 2 à 6 p. % que nous mettons pour le cardage. Généralement, dans le peignage allemand, on ne graisse pas.

L'allemand travaille assis, l'anglais debout, sans doute parce que la laine anglaise est beaucoup plus longue que la laine d'Allemagne; on travaille alternativement avec les deux peignes la barbe de laine qui pend après eux, en ayant soin de réchauffer de temps en temps les dents des peignes.

Lorsque la laine est assez peignée, il s'agit de séparer les brins longs qui forment le trait de cœur (en anglais *sliver*, en allemand *zug, kammzug*), et les brins courts forment ce qu'on appelle la blousse, peignons, entre-dents ou blozelle (anglais *noils*, allemand *kämmling*).

La laine longue forme un ruban de 1^{m}50 à 2^m, et du poids de 50 grammes; la blousse est destinée au cardage.

On retire la laine des peignes avec les mains et aussi avec une pince représentée au quart de la grandeur d'exécution par les figures 6 et 7 de la planche 1.

La gueule *a à* est pourvue de saillies et de creux qui peuvent saisir les brins, le ressort *c* ouvre la pince jusqu'à ce qu'elle vienne battre contre le petit crochet *d*; on introduit une partie de la barbe dans la pince, on ferme *b b*, on retire la laine du peigne, puis on fait la même opération avec une seconde partie, et ainsi de suite.

Il y a des laines qui se peignent deux fois, pour avoir des produits parfaitement purs; pour le second peignage, on procède avec le cœur du premier, et on se sert de peignes plus fins, avec plus de dents.

Le trait du premier et du second peignage est soumis au nactage; cette opération se fait en tenant la laine vers la lumière et en ôtant les boutons et malpropretés avec les lèvres; il y en a de 3 à 4 p. %.

Pour le trait, on reçoit, si la laine est longue et grosse, 72 à 85 p. %; si elle est fine, 50 à 60 p. %; le reste est du peignon ou des blousses.

Dans tous les établissements de peignage indépendants des filatures, le contrôle devient difficile, à cause de la grande différence qui existe entre le poids de la laine primitive et la laine peignée, surtout si la matière brute a été donnée non lavée.

La plus grande partie des laines employées actuellement sont peignées à la machine; avant de les soumettre au peignage, il est nécessaire de les préparer avec un instrument qui, sous une forme ou sous une autre, est utilisé depuis le commencement de ce siècle. (Ces instruments doivent être la carde double inventée à Lyon, en 1797, et le gill-box des frères Giraud, inventé pour le lin.)

Il faudrait un volume pour décrire en détail les inventions nombreuses et compliquées qui ont été brevetées depuis soixante ans; les unes n'ont jamais été mises en pratique, d'autres ont échoué après de courts essais. De ces dernières, je dirai peu de mots, uniquement pour enregistrer les noms des inventeurs : tous les efforts sont louables, car c'est de leur persévérance et de la somme des idées émises que sont nées les machines actuelles. Jusqu'à une époque récente, on a douté de la possibilité de faire une machine assez parfaite pour remplacer le peignage à la main.

La première machine à peigner dont nous ayons connaissance fut inventée par le docteur Edward Cartwright, de Duncaster; il prit trois brevets : un le 27 avril 1790, un autre le 11 décembre de la même année, et le troisième le 17 mai 1792, après avoir complété son invention. Son but paraît avoir été de construire une machine pour imiter le procédé du peignage à la main.

La figure 4, planche 3, donne une vue des pièces essentielles de cette machine, sauf le mécanisme qui la fait mouvoir.

M. Cartwright fait passer la laine du cadre oscillant B sur les dents du peigne circulaire C, la manœuvre avec le peigne D, et enlève la laine peignée par les rouleaux à étirer E

Voici une description des parties principales de la machine Cartwright :

A est une table tournante supportant un certain nombre de pots de fer blanc d'où sort la laine préparée, qui a été précédemment lavée et étirée en rubans continus par une machine à préparer. La laine passe dans le cadre oscillant B, qui est armé de deux paires de rouleaux qui conduisent le ruban; ce cadre est mû par un mouvement de manivelle qui le fait osciller et fait passer la laine à travers les dents du peigne circulaire à rotation horizontale C; ce peigne est garni sur toute sa circonférence intérieure de rangées de dents dont les pointes sont dirigées horizontalement vers le centre. A mesure que ce peigne tourne doucement, il s'emplit graduellement de flocons de laine fournis par le cadre B; la frange des flocons est ainsi portée jusqu'à ce qu'elle passe sous le peigne D, qui traverse aussi, par un mouvement, la surface du peigne C, entrant les pointes de ses dents dans les franges ou barbes, et enlevant ainsi la blousse à mesure que le peigne C passe. Le peigne D est suspendu à un bâtis faiblement indiqué dans le dessin. La barbe de laine, ou le cœur, est ensuite enlevée par les rouleaux à étirer E, qui laissent la blousse dans les interstices des dents du peigne ; les rouleaux F conduisent le ruban peigné dans un pot en fer blanc, au rang inférieur.

Le mécanisme n'est pas décrit, parce que cette machine n'existe plus, et j'ai seulement voulu indiquer son principe et sa manière d'opérer, pour faire voir que la machine actuelle de Lister est l'idée primitive perfectionnée.

On a mis à cette machine, sur le disque horizontal, des aiguilles à peu près verticales; puis d'autres changements par Hawskly, à Nottingham, en 1793, en firent une machine encore imparfaite sans doute; mais ces dispositions naissantes caractérisent le système Lister, qui a le grand cercle circulaire armé d'aiguilles.

La machine, à son origine, fut reçue avec une grande indignation de la part des peigneurs, au nombre de cinquante mille. Les pétitions contre les peigneuses abondèrent au parlement; un *bill* fut présenté pour en demander la suppression : il fut rejeté à une grande majorité.

Si l'on en croit la chronique, le vieux Robert Ramsbotham, qui avait monté la peigneuse dans ses ateliers, à Bradfort, en 1794, la salua lorsqu'elle sortit de sa cour, en exprimant la charitable espérance qu'elle serait un meilleur serviteur pour son nouveau maître.

Cette machine fut en effet sans succès; il en a été de même

de celle de Demaurey, d'Incarville, qui eut une médaille de 400 fr. de la Société d'Encouragement, en 1810, et un autre prix de 3000 fr., en 1815. On ne trouve même pas la description de cette machine dans les bulletins de la société.

La première machine à peigner, après celle de Cartwright, parmi celles qui ont survécu, est la peigneuse de Platt et Collier, brevetée en 1827. Elle eut un moment de succès de 1830 à 1846 ; cependant elle n'a jamais été adoptée franchement, malgré les nombreux perfectionnements qu'elle a reçus. Le peignage à la main était préféré au peignage Collier, qui a toujours été boutonneux et qui l'est encore. On voit de ces machines à Wignehies et quelques-unes dans le midi ; mais elles s'éteignent tous les jours. J'en ai à vendre à 25 fr. le cent de kilogrammes.

La planche 5, figure 4, donne la vue de devant de la machine Collier, dans une échelle de 1/60me environ.

La figure 5 représente une coupe par un des anneaux qui sont les parties principales de la machine Collier ; ces anneaux sont creux et chauffés à la vapeur. Cette peigneuse venait de Godart, d'Amiens, qui, breveté en 1826, vendit son brevet à Collier.

L'inspection des figures donne une description suffisante de cette machine, qui rend le dernier soupir ; elle a eu son mérite, surtout après avoir été perfectionnée par le peigne nacteur, la chargeuse mécanique de M. Dauphinot, le peigne à enlever la blousse de MM. Risler et Schwart, de Mulhouse. MM. Sellière et Cie, de Schirmeck, se sont aussi beaucoup occupés de la peigneuse Collier, qui a un défaut fondamental : son travail est périodique, il faut cesser de peigner pour retirer le cœur ou le trait. On était arrivé à produire 70 kilogrammes par jour, et à obtenir 67 p. % de cœur et 33 p. % de peignons en laines ordinaires ; les grosses laines, pour lesquelles cette machine convenait mieux, rendaient 86 p. % de trait et 14 p. % de blousses.

La machine à pointes de nos jours a pris naissance dans une invention de Laurent, qui date de 1821 ; sa peigneuse était une carde, moins les chapeaux. Il y eut une foule d'essais dans ce genre ; la machine Poupillier part de la même idée. Les machines à pointes, qui remplacent les cardes dans la maison Seydoux et la filature du *Palais*, au Cateau, sont des machines Poupillier, avec de plus grosses dents et plus d'écartement entr'elles. Elles déchirent moins la laine que la machine Poupillier ; mais elles ne valent pas la carde. Elles servent à ménager cette dernière dans les laines communes ; c'est leur emploi dans la maison Truffot et Cie, de la même ville.

Citons, pour mémoire, la peigneuse de sir James Nobles d'Halifat, brevetée en 1834 ; celle de Romagny jeune, en 1840 ; celle de Griolet, représentée dans ses dispositions principales par la figure 5, planche 3 ; elle est aussi de 1840. J'ai vu cette machine à la vente de l'établissement. Le nouvel acquéreur, M. Davin, l'a remplacée par les peigneuses Heilmann, dont il sera question plus loin. Inutile de nous étendre sur des moyens qui ne sont plus en usage. Lossus prend un brevet, à Londres, en 1842, pour une peigneuse où l'on voit poindre le système Crabtrée. La peigneuse Lister, brevetée en 1843, a l'anneau horizontal avec des dents verticales ; cet anneau, ou disque, se meut autour d'un axe vertical. Cette disposition est conservée dans la machine actuelle.

La laine est chargée dans les aiguilles verticales de manière à faire passer les barbes en dehors du cercle ; ces barbes sont peignées par des peignes qui se trouvent sur un arbre horizontal semblable aux crosillons d'un dévidoir ; les peignons sont ôtés des peignes travailleurs par une brosse cylindrique. (Heilmann fait usage de la même brosse pour son peigne travailleur, qui est cylindrique.) Le premier brevet d'Heilmann date du 14 décembre 1845, la même année que le brevet Paturle-Lupin, Seydoux, Sieber et Cie, pour une peigneuse qui a eu le sort de celle de Saulnier, brevetée en 1844, et celles de Legros et Hubner, brevetées en 1851. Tous ces systèmes durent s'effacer devant les excellents résultats des peigneuses Lister et Denisthorpe, brevetées en 1850, 51 et 52, et surtout devant l'immense succès de la peigneuse Heilmann, qui a paru pour la première fois à l'exposition de 1849. Ce succès, sur lequel des hommes compétents avaient émis des doutes, fut tel qu'en peu d'années le peignage à la main a été supprimé. Tourcoing est le pays qui l'a conservé le plus longtemps, avec le midi de la France. Dans le département de la Lozère, on peigne encore à la main.

La peigneuse Heilmann et celle de Lister et Donisthorpe sont les seules qui se disputent la palme; toutes les autres sont inférieures pour les laines fines. Pour les grosses laines, il y a la peigneuse Rawson, construite par MM. Skène et Devallée, de Roubaix; MM. Amédée Prouvost et Cie ont un superbe peignage monté avec ces machines. Il y a aussi, entre Roubaix et Tourcoing, le vaste peignage de MM. Moréel et Cie, monté pour grosses laines. On parle d'une production de 10000 kilogrammes par jour.

Le but des brevets répétés de Lister et Donisthorpe, jusqu'en 1852, consiste à modifier le grand principe d'Heilmann; mais comme le brevet décrit en 1851 est le seul aujourd'hui en usage dans les établissements des inventeurs, on doit supposer cette machine la meilleure. Comme celle d'Heilmann, elle possède une paire de tirettes qui serre un bout de la laine et détache la peignée; l'autre bout de la peignée est nettoyé par son passage à travers les aiguilles très-fines qui garnissent la machine.

L'attention des propriétaires du brevet Heilmann fut bientôt attirée par cette similitude; ils intentèrent une action en contrefaçon qui fut jugée au mois de février 1852; ils obtinrent gain de cause. Lister, qui était alors devenu seul propriétaire du brevet Lister et Donisthorpe, ne crut pas devoir continuer la contestation; il aplanit toutes les difficultés en achetant le brevet de Heilmann, moyennant la somme énorme de sept cent cinquante mille francs, dont l'inventeur n'a pas profité.

Aujourd'hui (1864), MM. Nicolas Schlumberger et Cie ne sont que les constructeurs de Lister et Holden, pour le compte desquels ils vendent les peigneuses. Les prix, maintenus à 5000 fr. par machine jusqu'en 1861, sont descendus à 2500 fr.; ils peuvent encore descendre de 1000 fr. au moins.

On croit que les brevets pris par Lister, depuis 1852, n'ont eu pour but que d'éviter les contrefaçons; mais les peigneuses que l'on vend actuellement ne sont autre chose que la peigneuse Heilmann perfectionnée. Cette peigneuse a été brevetée en 1845 (mettons, si l'on veut, 1849 pour la France); le brevet expire donc en 1864, et toutes les additions tombent dans le domaine public avec l'invention principale : c'est la loi.

Avant de nous arrêter aux détails de la peigneuse Heilmann, disons deux mots des peigneuses Preller et Crabtrée, que Lister a jugées dignes de ses attaques.

La première fut brevetée en 1842; puis, en 1852, un second brevet fut pris sous les noms Preller, Earwoor et Gambe, ou Cambe, pour la peigneuse Preller perfectionnée. Cette peigneuse est connue sous le nom de système Opell, qui est celui de l'auteur primitif.

La figure 12, planche 2, représente un croquis qui contient les parties principales de cette machine. La figure 13 représente le peigne retireur : a est l'appareil d'alimentation; un peigne qui se trouve après le bras b c en prend une barbe. En descendant avec le bras de peigne, ils conduisent les barbes le long des peignes cylindriques n o p, où elles sont peignées; n se trouve le plus loin, et p le moins loin de l'axe du levier b c.

Le bras b c a un mouvement oscillant indiqué par sa seconde position b' c', pointillée dans le dessin. Cette machine n'étant plus en usage, nous ne nous y arrêterons pas davantage. La barbe ou mèche est transmise au peigne étireur g par la brosse h; ce peigne étireur a la forme d'une chaîne sans fin qui marche sur deux poulies *i i*. On trouve la même disposition dans la peigneuse Crabtrée : la transmission de la barbe de la laine peignée se fait dans K; on ôte le trait dans I, et le peignon dans M.

Lister, qui avait pris un brevet en 1850-1852, porta plainte contre cette peigneuse qui trouvait de nombreux partisans; mais il n'obtint pas un jugement favorable. M. James dit, au contraire, que Preller perdit; ce doit être une erreur, puisque ces machines existent dans le commerce.

La peigneuse Crabtrée, brevetée le 18 mai 1854, est une amélioration de celle qui vient d'être mentionnée. Le croquis figure 10, planche 2, donne une idée du système de travail.

Il y a quatre peignes après le tambour K; dans la position *b*, chaque peigne prend une barbe de laine dans l'appareil *a*; puis il la peigne contre les peignes cylindriques *h*, jusqu'à ce qu'il arrive dans la position *c*. Entre *c* et *e*, le peigne fait une évolution de 180°, de sorte qu'on le voit au milieu de *c e*, avec sa largeur dans la direction de l'axe du tambour K. L'enfoncement dans le peigne retireur *g* se fait dans *e*, avec l'aide de la brosse *i*; entre *e* et *f*, le peignon est poussé dehors; dans *f*, on retourne le peigne à sa place; il se trouve alors en position de recommencer l'opération.

Lister, qui attaquait alors toutes les machines, ne fit pas grâce à celle du mécanicien Crabtrée, de Bradford; cette fois, il succomba à Roubaix dans un procès qu'il intenta à la maison Durier fils, pour l'usage qu'elle faisait des machines Crabtrée. Le jugement a été rendu public. Il y eut encore d'autres brevets qui ne furent plus attaqués, tels que ceux de Ramsbotham et Brown, en 1854; c'est un perfectionnement à leurs brevets de 1846 et 1850. Les principales dispositions sont indiquées dans la figure 9, planche 2. Dans le plan du dessin, on voit d'abord une coupe des gills. Dans toutes les autres peigneuses antérieures, qui recevaient la laine par des gills, la laine était prise dans la direction du mouvement de ces gills, et les dents du peigne receveur étaient alors parallèles aux dents des gills.

Ici, au contraire, les dents de l'anneau du peigne E, sur lesquelles doit être transmise la laine du peigne D, sont rectangulaires aux dents du dernier peigne. La transmission se fait de manière que, pendant que E reste fixe, le mécanisme C, avec ses gills, marche de gauche à droite, de A à B. La laine qui dépasse, après qu'un gill est tombé, se couche régulièrement dans les dents du peigne E, parce que les gills sont un peu inclinés dans la position A.

Le trait et le peignon de E sont poussés dehors de la manière ordinaire.

Cette machine s'emploie avec avantage pour le peignage des laines anglaises et de Botany ; elle donne, dit-on, un aussi bon résultat que n'importe quelle autre machine. Cependant je vois à Roubaix la machine Rawson, et non la machine Ramsbotham et Brown.

Il y a, chez M. Durier fils, une de ces machines doubles qui produit 400 kilogrammes de cœur par jour, en grosses laines ; elle a, comme toutes les machines brevetées, le défaut de coûter fort cher : 20000 fr. environ.

En 1858, nous voyons encore Lister prenant un brevet de perfectionnement sur la machine de Nobles, de 1853. Ce système fut monté près de Dresde, et d'après la description qui en est donnée sans figures, je vois que cette machine est à peu près la même que celles qui fonctionnaient à Chaillot à cette époque. Deux anneaux, comme des engrenages intérieurs, ont des dents verticales parallèles à l'axe et très-rapprochées au point de contact des deux anneaux ; c'est à cet endroit que se fait l'alimentation. Les anneaux, en tournant sur leurs axes, font séparer la laine, et produisent des barbes à l'extérieur du petit anneau et à l'intérieur du grand ; on les étire par des cylindres cannelés, ce qui produit le cœur ; le peignon est enlevé par les moyens ordinaires.

Lister met deux petits anneaux dans un grand, ce qui double les points de contact des aiguilles, et aussi le produit de la machine.

Dans les nombreux démêlés que la maison Lister et Cie a eus devant les tribunaux, tout en la condamnant, on lui a rendu pleine justice pour les améliorations qu'elle a apportées à la construction des peigneuses. On apprit cependant que le chef de cette maison s'était associé avec dix ou douze des plus grands filateurs, ce qui a eu pour conséquence qu'en 1860 aucune peigneuse Lister ne se vendait au-dessous de 1000 livres sterling; plus les frais de montage, de 150 à 160 livres sterling; soit 28750 fr. la peigneuse : c'est un joli prix.

Lister avait l'intention d'acheter tous les brevets qu'il ne pourrait pas faire supprimer par des procès; il serait ainsi devenu l'unique constructeur de peigneuses. Heureusement que les priviléges ont une fin. Aujourd'hui, tout le monde a le droit de construire la peigneuse Heilmann, achetée par Lister. Je doute qu'on la fasse mieux que la maison Schlumberger; mais la concurrence amènera cette dernière à baisser ses prix. On aura la peigneuse à 1500 fr.; alors on la trouvera excellente.

Ce système étant celui que j'ai adopté dans la première édition, et n'ayant eu depuis aucun motif pour changer d'avis, je l'adopte encore pour les laines fines; j'en donne plus loin la description détaillée. Il est difficile de bien comprendre une machine aussi compliquée sans l'avoir sous les yeux, malgré les dessins tirés de l'album de M. Hulsse, qui sont d'une pureté remarquable.

Voici comment MM. Schlumberger et Cie composent l'assortiment du peignage pour une production de 250 kilogrammes de cœur en douze heures.

ASSORTIMENT DES MACHINES A PEIGNER, POUR 250 KILOGRAMMES
DE CŒUR PAR JOUR.

Deux machines à laver, à 800 fr.	1600 fr.
Cinq grandes cardes à avant-train, à 2500 fr. .	12500
Deux bobinoirs à 5 grandes bobines, à 3100 fr.	6200
Sept peigneuses, système Heilmann, à 2800 fr.	19600
Deux bobinoirs à 4 têtes, à 2600 fr.	5200
Un bobinoir à 6 têtes.	3600
Une lisseuse à 16 rubans	4800
Un bobinoir à 5 têtes.	3100
Total.	56600 fr.

En ajoutant les ports, les emballages, la mise en place, c'est
un matériel de 60000 fr. C'est exactement le chiffre que je
donnais, en 1859, pour une production de 250 kilogrammes
par jour. Je mettais des cardes simples à 2000 fr., au lieu de
cardes à avant-train à 2500 fr.; et je comptais les peigneuses
5000 fr., au lieu de 2800 fr. qu'elles valaient lorsque cette
note m'a été remise par MM. Schlumberger.

On comptait le matériel du peignage à 10000 fr. par peigneuse,
lorsque ces machines coûtaient 5000 fr.; aujourd'hui, on doit
compter 8000 fr. par peigneuse.

Dans les peignages pour laines moyennes ou communes, on
se sert d'une machine connue, en Angleterre, sous le nom de
gill-box; il y a même des peignages, à Roubaix, où le gill-box
est la seule machine à préparer avant peignage. D'autres s'en
servent après cardage, pour des laines assez rondes; mais, pour
les laines courtes et fines, la meilleure machine après cardage,
c'est l'étirage Schlumberger, que ce constructeur a converti en
bobinoir à grandes bobines.

On avait mis, sur les larges peignes de ces étirages, un cylindre engageur; ce cylindre avait des cannelures qui s'accordaient
avec la division des aiguilles. Depuis, on a supprimé la canne-

lure, qui, souvent, touchait aux aiguilles ; le cylindre engageur est maintenant un cylindre uni qui porte sur les deux rondelles du peigne, et effleure l'extrémité des aiguilles, ce qui oblige la laine à entrer dans ces mêmes aiguilles. Ce système est bon, surtout pour les rubans sortant des peigneuses ; je l'ai vu appliqué chez MM. Villeminot-Huart et Victor Rogelet, de Reims, où il y a un peignage très-bien monté.

Les rubans sortant des cardes, qui ont des avant-trains de 80ᶜ de diamètre, passent à un étirage Schlumberger ; les bobines, à cet étirage, sont pesées et classées. Ainsi l'on débute avec un ruban régulier pour arriver aux peigneuses, derrière lesquelles on met des rubans fins le plus possible, pour obtenir une nappe égale dans le peigne alimentaire de la peigneuse.

On voit que ces peigneurs sont filateurs, car ils ne négligent pas, comme ceux qui ne sont que peigneurs, le côté important : la régularité du ruban. C'est à cette condition qu'à la filature on peut donner des passages en moins, et supprimer les grosses machines des premiers passages, qui n'ont pour but que de régulariser le ruban qu'elles fatiguent ; après le peignage mécanique, la laine est assez défeutrée.

J'ai mis un gill-box dans mon assortiment, ainsi qu'un défeutreur, parce que cet assortiment est indiqué d'une manière générale ; mais il arrivera souvent qu'on ne fera pas usage de ces machines : cela dépend des laines. Ce sujet sera traité au chapitre de la préparation pour le filage. Revenons à la peigneuse.

Celle d'Heilmann est excessivement ingénieuse. On a élevé des statues à des hommes qui l'ont moins mérité que son auteur : Heilmann est aussi l'inventeur de la machine à broder.

La peigneuse anglaise est plus majestueuse ; ses mouvements se développent mieux. C'est de la belle mécanique, et si l'on a un reproche à faire à la peigneuse française, c'est d'avoir des mouvements raccourcis et bridés ; elle est plus difficile à bien conduire que la peigneuse anglaise. Cette dernière exige une préparation parfaite et sans boutons, tandis que la peigneuse Heilmann est peu exigeante sous ce rapport, et rend du peigné pur, même avec une préparation imparfaite qui donnerait des boutons au peignage anglais. Ce peignage, pour réussir, exige des grandes cardes doubles qu'il faut bien conduire : tout le mérite est là.

Ceci est d'une importance majeure, car s'il y a des boutons dans le peigné, il y en aura dans le fil. Le filage ne fait pas et n'efface pas le bouton; ceux qu'on trouve sur le fil existaient dans le peigné. On trouvera peut-être cette assertion hardie, mais je vais la prouver. (Il s'agit toujours d'ateliers bien conduits; les autres ne comptent pas.)

Lorsqu'on met en filature des laines teintes, soit en noir pour les mélanger avec des laines blanches et obtenir des fils gris, on ne trouve pas sur ce fil un seul bouton gris : ils sont tous noirs ou blancs; donc ils existaient avant le mélange qui a eu lieu au premier passage; autrement ils seraient de la couleur du fil, c'est-à-dire gris. J'ai fait vingt fois cette remarque sur des fils de toutes couleurs; chacun peut s'en rendre compte et conclure, comme je l'ai fait, que la première condition d'un bon peigné, c'est qu'il soit exempt de boutons; quant à sa qualité, elle est conforme à celle de la laine employée lorsqu'elle a été ménagée dans les préparations préliminaires, comme le dégraissage et le cardage. J'en ai indiqué les conditions dans le chapitre précédent.

DESCRIPTION DÉTAILLÉE DE LA PEIGNEUSE HEILMANN
DANS SON ÉTAT ACTUEL.

La peigneuse Heilmann, brevetée, comme je l'ai dit plus haut, le 14 décembre 1845, se base sur une idée tout-à-fait nouvelle, qui mérite d'être regardée comme un des plus importants progrès dans l'industrie lainière.

L'idée fondamentale consiste à peigner une barbe de laine qui dépasse l'appareil d'alimentation ; elle se peigne pendant qu'elle est tenue dans une pince qui s'ouvre ensuite pour retirer la partie de la barbe peignée. Ces portions de laine peignée se mettent les unes à la suite des autres, en les croisant un peu, pour former un ruban qui acquiert de la solidité par la compression. Toute l'opération complète du peignage est renfermée dans cette petite machine, qui ne se prête pas aussi bien au peignage des laines longues et grosses, malgré les diverses dimensions qui lui ont été données. Pour ces genres, on a la machine Tavernier, qui est la peigneuse anglaise ; la peigneuse Rawson, celle de Moréel, et beaucoup d'autres plus ou moins goûtées.

Toutes les idées nouvelles, même les meilleures, rencontrent de l'opposition. Je me souviens qu'à l'exposition de 1849, en face de cette petite peigneuse Heilmann qui devait avoir une si grande influence sur l'industrie lainière, deux hommes s'entretenaient de l'avenir de cette machine ; l'un était un constructeur de Mulhouse, l'autre un constructeur de Reims. Le premier, avec ce ton d'assurance que donne la foi dans une idée, prédisait l'avenir de la peigneuse ; l'autre, au contraire, n'en attendait rien, et, avec cet esprit d'investigation que donne le doute, il ne signalait que des défauts. Les améliorations sont venues, les défauts ont disparu, et la peigneuse Heilmann est restée une excellente machine.

La figure 8, planche 1, montre une coupe verticale de la machine, au moment où la barbe peignée se retire.

La figure 9 est un profil de la même machine retournée ; les pièces sont dans la position qu'elles occupent au moment de l'alimentation. L'échelle, pour ces deux croquis, est à $1/10^{me}$, ce qui les a rendus d'une exécution très-difficile, à cause de la multiplicité des organes.

La figure 10 est le dessin du nouveau système d'alimentation dans lequel les peignes plats $c\,c$ sont remplacés par le peigne rond qui porte la même lettre *c;* et les figures 1 à 8, planche 2, représentent huit positions différentes des organes peigneurs, pendant le travail. Le tout sur une plus grande échelle, pour les faire mieux comprendre.

On met derrière la machine 10 à 12 rubans; plus on peut en mettre, mieux cela vaut, parce que la nappe à peigner est plus égale. Ces rubans ont été cardés, étirés et doublés dans la préparation du peignage, qui emploie toutes sortes de machines; généralement, les bons contre-maîtres repoussent les rubans frottés comme étant plus durs à peigner.

Les bobines se placent verticalement, ou comme sur le bâti de Lister, planche 3, figure 1. Elles ne sont pas indiquées dans la planche 1; leur place est à gauche de la figure 8 et à droite de la figure 9.

Le travail de la peigneuse consiste en quatre opérations principales :

1° L'alimentation par les rubans (elle est intermittente);

2° Le peignage proprement dit ;

3° La séparation de la barbe peignée et sa mise en ruban ;

4° Le nettoyage des peignes et de toutes les parties qui servent à peigner.

On a, pour l'exécution de ces quatre opérations, sept organes principaux, qui sont :

La pince, le peigne circulaire, l'appareil alimentaire, l'appareil de rupture, le peigne fixe, l'appareil pour retirer le ruban, l'appareil pour nettoyer. Commençons par la description de ces organes :

La pince. — Elle se compose de deux becs, dont celui du bas *a* est garni de drap et de cuir, pour recevoir celui du haut *b*, qui a trois cannelures à sa partie inférieure; le premier bec se trouve en contact avec le levier A, le dernier avec le levier B; il est fixé sur l'arbre *e*, figure 8 et 9, qui lui donne son mouvement au moyen de la manivelle *f* et de la traverse *h* que l'on voit à droite de la figure 9, lequel mouvement fait ouvrir et fermer la pince. Il est impossible que les personnes qui ne connaissent pas les peigneuses suivent facilement la description autrement que sur une machine. La Société Industrielle de Mulhouse a demandé des dessins : j'en donne; mais cela ne dispense pas d'un maître pour les expliquer.

Le levier *a* est monté sur l'arbre *e* de manière à pouvoir tourner; un fort ressort G le tient dans sa position fixe; il vient s'arrêter contre un buttoir attaché au bâti; il ne peut changer de position que par le bec supérieur *b* qui se serre sur le bec inférieur *a* pour fermer la pince; le ressort obéit au mouvement.

Le peigne circulaire se compose de quatre segments, dont deux *h h*, figure 8, sont disposés face à face et armés d'aiguilles; les deux autres *i i* sont des secteurs en cuir; la figure 8 indique clairement leur montage. Les deux premiers segments ont chacun huit gills (des traverses garnies d'aiguilles) qui peuvent se retirer les uns après les autres pour les remplacer; les premiers ont des aiguilles plus écartées que les derniers.

Voici la division que j'ai indiquée pour les laines fines :

2 rangs à   6 aiguilles au centimètre; — N° 16 du fabricant;
2 rangs à 13 aiguilles au centimètre; — N° 22 du fabricant;
2 rangs à 18 aiguilles au centimètre; — N° 25 du fabricant;
2 rangs à 22 aiguilles au centimètre; — N° 26 du fabricant.

Pour les laines communes, on ne met que 4 à 5 rangs en gros numéros. Le numéro 22 ne s'emploie que pour les laines très-fines; ordinairement, c'est le numéro 20 qui termine la série. Quand on peigne avec des gills trop fins, ils exigent beaucoup de frais pour les entretenir en bon état.

Le peigne circulaire fait un demi-tour pour les quatre opérations nécessaires pour peigner une barbe; la machine fait deux tours entiers contre un du cylindre à peignes.

Appareil alimentaire. — Il se compose des gills *c* qui se trouvent entre les entretoises *o*, figure 8, planche 1, et figures 1 à 8, planche 2; la partie supérieure est amenée par des leviers *c* et *o,* figure 9, planche 1, contre le levier *a* qui porte le bec du bas et suit ses mouvements ; il y en a deux qui sont périodiques : l'un pour pousser et retirer les gills entre les entretoises, l'autre pour pouvoir approcher et écarter l'appareil alimentaire du bec supérieur. Le premier mouvement se fait par les crochets J qui sont liés avec la partie supérieure du bâti, l'autre par un excentrique et les leviers et bielles *l m n p,* figure 9. Les gills sont gradués comme dans le peigne circulaire ; les aiguilles sont plus serrées dans les deux premiers rangs et plus écartées dans les rangs supérieurs.

Appareil de rupture. — Le premier des cylindres D et E, figure 8, est cannelé ; le second est garni de drap ou de cuir ; on met un troisième cylindre en cuivre qui guide la laine sur le tablier qui conduit le ruban. Sur le premier palier arrive une bielle 4, laquelle, par le levier 5, la bielle 6, le levier à équerre 7, et le poids E suspendu à la barre 8, produit le serrage de D contre E. (Voir figure 8, planche 1.)

Les cylindres reposent dans les leviers H qui reçoivent par le poids E une tendance à monter jusqu'à ce qu'ils buttent contre la portée 10, figure 9 (au milieu, à gauche).

Sur l'arbre J sont fixés les bouts des ressorts G ; ce même arbre est lié aux deux leviers K qui sont mis en mouvement par les excentriques à galets L ; les leviers K sont en communication avec les leviers H de l'appareil de rupture, par les tirants à ressort M, figure 8 ; et les leviers N se serrant de manière que les premiers ne fonctionnent sur les derniers que quand ils reçoivent par L un mouvement descendant.

Le mouvement montant des leviers H est produit par les poids F, et quand ils arrivent contre la portée 10, les barres à ressort M continuent leur mouvement ; ils tournent les leviers N sur leur axe, ce qui serre le cylindre cannelé D contre le secteur en cuir *i,* et met en marche l'appareil de sortie.

Nous dirons plus loin comment cet appareil se règle. Continuons la description des organes, car il est indispensable de les comprendre pour suivre les raisonnements sur la peigneuse Heilmann.

Peigne fixe (ou peigne piqueur). — La barre r, dans la partie la plus compliquée de la figure 8, représente ce peigne vu en bout. Il a des aiguilles très-rapprochées, comme le gill le plus fin du peigne circulaire; il glisse dans des coulisses, et se trouve en contact avec les fourches 14 des leviers P, qui sont sur l'arbre q (à gauche, figure 8). Ces fourches sont arrêtées à l'extrémité de la course du peigne par des buttoirs 15 (en haut, figure 8); par l'excentrique R et le levier s, elles sont forcées de retirer le peigne. Le trait se retire par les rouleaux X Y, marchant à une vitesse constante, et par l'entonnoir V, figure 8, planche 1.

Appareil de nettoyage. — Il se compose d'une brosse à cylindre U qui ôte les blousses d'entre les aiguilles du peigne circulaire, et de l'enleveur W garni d'aiguilles de carde; un peigne Z dégage les blousses de l'enleveur et les fait tomber dans une boîte.

Les organes principaux reçoivent leur mouvement de la poulie T et des engrenages montés sur son axe; on les voit parfaitement dans la figure 9.

Le jeu des organes, surtout de la pince, du peigne circulaire, de l'appareil alimentaire, de l'arrachage et du peigne fixe, s'explique par les huit croquis de la planche 2. Chaque dessin représente l'appareil dans sa position, après $1/16^{me}$ de tour, contre la position précédente; le changement de marche du cylindre peigneur est indiqué par un rayon s tourné constamment vers un segment d'aiguilles.

Comme dans ce qui précède, les mêmes lettres représentent les mêmes objets, mais sur une plus grande échelle :

a est le bec inférieur de la pince;

b le bec supérieur de la pince;

c les barres d'aiguilles de l'appareil alimentaire;

o les barres couchées entre les aiguilles de celui-ci ;

h les segments garnis d'aiguilles } du peigne circulaire ;
i les segments garnis de cuir }

r le peigne fixe (ou peigne piqueur) ;

D et **E** les deux cylindres de l'appareil de rupture dont le premier est dessiné sans cannelure, par simplification.

Par x nous exprimons le commencement de la barbe, par B la fin, et par v le ruban que donnent les barbes mises l'une sur l'autre, à mesure qu'elles se produisent.

Première position (figure 1, planche 2). — Les rubans sont couchés les uns à côté des autres, et forment une nappe entre les deux rangées de barres o; les aiguilles des barres du peigne c saisissent cette nappe, qui est tenue en avant entre les becs a et b de la pince, de manière qu'une barbe pend après pour être délivrée de sa blouse par le cylindre peigneur. On voit le secteur h commencer l'opération.

Deuxième position (figure 2). — Par le mouvement circulaire du cylindre peigneur et le mouvement de recul de la pince $a\,b$, selon une direction tangentielle à gauche, on a retiré, d'entre les barres o, les aiguilles c; ce qui permet à la laine de se déplacer un peu par le fait de son élasticité.

Troisième position (figure 3). — Le mouvement qui vient d'être indiqué se continue. On voit tous les rangs d'aiguilles ayant passé dans la laine, qui se trouve peignée; le peigne alimentaire est complètement ouvert, et la pince toujours fermée.

Quatrième position (figure 4). — L'appareil retourne à droite dans la position parallèle à la figure 1; les barres d'aiguilles c piquent de nouveau dans la nappe de laine entre les barres $o\,o$; les cylindres de rupture s'approchent un peu du cylindre peigneur, et mettent le bout B dans la portée du secteur h, qui commence à le nettoyer.

Cinquième position (figure 5). — Le peignage de B continue; les cylindres D et E se sont un peu élevés en s'approchant de la pince; cette dernière s'ouvre par le mouvement du bec b en dehors; les barres d'aiguilles c restent entre o; l'appareil alimentaire commence à reculer un peu; et le bout α se couche sur le secteur en cuir i du cylindre peigneur.

Sixième position (figure 6). — Le peignage de β est terminé; l'appareil alimentaire a également fini son reculement; le peigne fixe est descendu sur la barbe, que ses dents traversent juste à l'endroit où cesse la partie peignée; l'appareil de rupture est à sa plus grande hauteur; le cylindre D est pressé contre le secteur i qui le fait tourner, et, par suite, E tourne de même, ce qui amène le bout peigné β et le bout peigné α entre D et E. Ces cylindres tirent la laine qui traverse le peigne fixe r.

Septième position (figure 7). — La même action continue. On comprend toute l'importance de la propreté du peigne fixe; si ce peigne était bourré de blousse ou d'ordures, il ne fonctionnerait plus, et le peigné aurait des boutons.

Huitième position (figure 8). — Dès que α est saisi par les cylindres de rupture D et E, ces derniers s'éloignent du peigne fixe r; le peigne circulaire tourne pour recommencer son opération; D, n'étant plus commandé par le secteur en cuir, n'entraîne plus la nouvelle barbe, qui va se présenter au travail du peigne cylindrique. Pendant le mouvement descendant de D et E, on fait avancer une partie de la nappe qui se trouve entre a et c; elle est saisie par la pince $a\,b$, pour être travaillée au prochain demi-tour du cylindre peigneur. Nous voyons que les huit positions que nous venons d'indiquer, et qui sont nécessaires pour le peignage d'une barbe de laine, ne forment qu'une demi-évolution de ce cylindre.

La figure 10, planche 1, représente le peigne alimentaire du nouveau système. Les praticiens sont divisés sur la valeur de ce changement : les uns le trouvent bon; d'autres n'en veulent pas, et préfèrent les peignes plats. Je pense que le peigne cylindrique se fera accepter; il l'est déjà par de bonnes maisons.

Il faut y faire des perfectionnements : mettre plus de distance entre les premiers rangs d'aiguilles du cylindre peigneur et les segments de cuir de ce même cylindre, qu'avec le système primitif.

Dans la nouvelle alimentation, a et b sont un peu changés; le peigne alimentaire à aiguilles a un mouvement intermittent, afin de pouvoir amener la nappe d au cylindre peigneur e. Le mouvement du peigne c est donné par un galet à encoches qui ne figure pas sur le plan.

Si je m'étends un peu sur la peigneuse Heilmann, c'est parce que je l'ai adoptée dans mon assortiment. Si je faisais un cours de peignage, je développerais tous les systèmes; mais ici le peignage est le sujet secondaire, puisque le traité a pour but la filature. Je crois les données qui précèdent suffisantes pour faire comprendre la peigneuse Heilmann. Terminons par quelques notes sur son montage et son réglage.

Après le montage préalable des pièces aux places qui viennent d'être indiquées dans la description, on engrène aussi profondément que possible les roues I et II (figure 9) dans la roue du cylindre peigneur; puis on les retire de leur axe pour que le peigne circulaire (cylindre peigneur) soit libre, ainsi que la manivelle f; on voit cette manivelle à droite de la figure 9. On décroche les ressorts G pour régler la position des pièces de la manière suivante :

1° Le bord du bec supérieur b est mis, au moyen des vis qui le gouvernent, contre la périphérie du cylindre peigneur, à une distance de 2 à 3 millimètres; et le bec a tombe dans la direction tangentielle δ δ (figure 7, planche 2) contre le peigne circulaire. Cette position se règle par les vis sur lesquelles repose la mâchoire inférieure.

2° La manivelle f est mise au milieu de sa coulisse, de sorte qu'elle a sa longueur moyenne.

3° On remet la roue d'engrenage II à sa place, et la barre x' (en haut, à droite de la figure 9) se place dans la coulisse x, de manière que le bec b se pose sur le bec a au moment où le secteur d'aiguilles h se trouve sous la pince ; elle doit fermer au-dessus du premier rang d'aiguilles.

4° Les barres à crochets j sont attachées dans les entailles d'aiguilles c, de manière qu'au moment où la pince s'arrête, les aiguilles c sont entrées dans la laine ; il suffit que ces barres à crochets aient un peu de jeu dans leurs points de suspension.

5° L'avancement de l'appareil alimentaire se fait au moment où la pince est ouverte (figures 5 et 6, planche 2).

6° Quand la pince est à sa plus grande ouverture, on attache le peigne fixe r dans la fourche 14 du levier P, de manière que ses aiguilles soient à $2^{m}/^{m}$ de la circonférence du cylindre peigneur. Cette position se règle par les vis qui reposent sur le support de la pince.

7° L'excentrique R, les leviers s et t (figure 8, planche 1), se règlent pour que le peigne fixe soit dans sa position la plus basse, immédiatement après la marche en arrière de l'alimentation.

8° Par des leviers et des bielles 4, 5, 6, 7, 8 et 9, on règle la pression de D à E, pour qu'un brin de laine se trouvant entr'eux ne puisse s'arracher sans se rompre.

9° On approche, par des vis, le cylindre D à $3^{m}/^{m}$ du peigne fixe.

10° Au moment où les cylindres arracheurs D et E sont à leur plus haute position, ce dernier est à $1^{m}/^{m}$ 1/2 du cylindre peigneur.

11° Dans cette plus haute position des deux cylindres arracheurs, il faut, avant que les leviers N quittent leur position de repos sur les leviers 4, que le cylindre D soit à $6^{m}/^{m}$ du secteur en cuir, ce qui se régularise par les vis.

12° Quand tout le réglage est terminé et que le peigne circulaire a la position conforme aux données, on remet la roue I à sa place, le cylindre D étant au milieu du secteur i.

13° Avec les vis 16, on met les chapeaux y, pour qu'ils

touchent le cylindre D au moment où celui-ci est appuyé sur le secteur *i*.

14° La brosse cylindrique U doit toucher jusqu'au fond des aiguilles du peigne circulaire, et légèrement le hérisson W; elle se règle par ses supports mobiles. Pour que sa marche soit légère, il faut mettre son arbre horizontal et parallèle à l'axe du peigne circulaire, sans raideur dans les portées; cela fait, on raccroche le ressort G, et l'on met en marche.

15° Pour faciliter les opérations qui précèdent, MM. Nicolas Schlumberger et Cie conseillent de diviser le diamètre du cylindre peigneur en seize parties, de faire sur le bâti un point de repère, ce qui indique exactement la grandeur de chaque mouvement.

16° Plus les laines sont longues, plus l'alimentation peut délivrer de rubans à peigner; la coulisse 17 du levier *p* (figure 9, planche 1) sert à régler cette alimentation.

17° La pureté du trait dépend de la fermeture de la pince juste au moment indiqué plus haut, de la finesse des aiguilles, de leur division, de leur propreté.

18° Quand on doit changer une pièce de la peigneuse, il arrive souvent qu'il faut en changer plusieurs, pour que les huit positions indiquées plus haut conservent leur rapport.

La peigneuse Heilmann a été bien améliorée par MM. Nicolas Schlumberger et Cie, et ceux qui en ont fait usage. Les poids F ont été remplacés par des ressorts, ce qui rend le choc plus doux, et permet une plus grande vitesse ; il est inutile de la pousser au-delà de 100 coups d'arrachage par minute ; si la production manque, il vaut mieux grossir un peu la nappe. La manière de gouverner la machine a beaucoup d'influence sur les réparations. A l'origine, les roues de commande cassaient souvent : on les a mises plus fortes ; les bâtis aussi ont été construits plus forts, ce qui évite les vibrations.

Parmi les nombreux changements faits à la peigneuse, il y en a beaucoup qui ne sont employés que par les inventeurs.

L'entonnoir de côté de M. Bélanger, et l'excentrique de M. Robert, de Buironfosse, sont de ceux qui ont eu le plus de succès. L'entonnoir Bélanger donne un ruban plus solide que l'entonnoir droit; on élargit ou on resserre le ruban au moyen de l'ouverture de la sortie, que l'on tient plus ou moins petite.

Les cylindres d'arrachage D et E doivent conserver, entre le plus élevé et la mâchoire inférieure de la pince, une distance de 30 à 38$^{m/m}$, selon les laines; elle se règle par les buttoirs. Ces cylindres arracheurs doivent être bien parallèles avec le secteur i qui les fait tourner. On règle la pression du cylindre D sur ce secteur en cuir i, au moyen des ressorts à boudin qui sont sur les tirants M. Avant de mettre en marche, il faut s'assurer de la liberté des mouvements; la pression du cylindre D sur E doit être telle qu'ils puissent se tourner à la main; la course doit se faire au milieu du segment de cuir.

Le produit de la peigneuse peut doubler de la première à la dernière qualité de laine : il va de 25 à 50 kilogrammes. Il est ordinairement de 40 kilogrammes en bonne laine de France; 30 kilogrammes en laines d'Australie. On compte sur une moyenne de 36 kilogrammes ; c'est assez pour bien peigner.

Le rendement en cœur et blousse est aussi variable selon la finesse des laines. Le numéro 1 en laine de Champagne rendra 80 p. %, de cœur; et le numéro 6, 88 à 90 p. %. Ce rendement est sur la laine présentée à la peigneuse, car il y a des suints qui tombent de 65 p. %, et plus, dans toutes les opérations avant d'arriver au peignage.

Le ruban sortant du peignage doit indiquer les numéros 5 à 6 à la romaine de Piat, avec cinq tours de dévidoir. Trois passages après la peigneuse donnent ce numéro à peu près régulier, pour des produits qui reviennent à 70^c au kilogramme pour tous frais de peignage.

La force motrice absorbée par une peigneuse Schlumberger, avec toutes les machines accessoires en plus, est de 1 cheval vapeur, compris les cardes, la lisseuse et les dégraissoirs. Il faut au moins cinq à six peigneuses pour que cette appréciation soit juste.

Dans les peigneuses Heilmann, pour longues laines, le peigne circulaire n'a qu'un segment de cuir et un d'aiguilles, de sorte qu'il fait un tour entier pour le peignage d'une barbe. Ce système ne donne pas d'excellents résultats.

La peigneuse Heilmann doit être exclusivement appliquée à la laine fine; pour les autres genres, on a la peigneuse Lister dont il va être question.

DESCRIPTION DE LA PEIGNEUSE LISTER.

La figure 1, planche 3, donne le croquis de la machine Lister au douzième de sa grandeur réelle; c'est un profil avec coupe partielle, surtout pour les cylindres alimentaires, les barres d'aiguilles, la pince, le peigne transporteur, l'anneau peigneur et l'appareil de sortie.

Les figures 2 et 3 expliquent la disposition du peigne transporteur.

Les figures 1, 2, 3 et 4, planche 4, représentent la position des organes principaux dans quatre mouvements caractéristiques et successifs.

La figure 1, planche 5, est un plan de l'anneau de peigne avec l'appareil de sortie, et la disposition pour pousser la blousse dehors. Ce croquis montre en même temps comment on peut ajouter à l'anneau peigneur deux appareils enfonceurs rectangulaires l'un sur l'autre. Je les ai vus dans les ateliers de MM. Skène et Devallée, à Roubaix, l'un en face de l'autre, aux extrémités d'un même diamètre; la machine était double, avec deux chargeurs, deux enfonceurs et deux sorties.

On voit à la figure 1, planche 3, le ratelier qui reçoit les

bobines venant de la préparation; dans les machines doubles,
il y en a deux.

B est le guide des rubans;

C le cylindre alimentaire;

D les barres d'aiguilles pour la disposition des gills à vis;

E la brosse pour enfoncer les filaments entre les aiguilles;

F la pince pour saisir et tirer la barbe;

G le peigne transmetteur;

C' un tuyau souffleur;

H l'anneau peigneur;

I la brosse pour enfoncer la barbe entre les aiguilles de
l'anneau peigneur;

P (figure 1, planche 5) la disposition pour lisser la partie
de la barbe dépassant *H*;

K les cylindres retireurs;

L l'entonnoir tournant;

M les cylindres de sortie qui laissent tomber le trait en
forme de ruban dans un pot *Q* (figure 1, planche 3);

N la surface oblique pour élever la blousse (le peignon);

O O' les cylindres de sortie pour la blousse.

On trouvera, dans le chapitre suivant, au premier passage,
la description des gills. Ils ont la même disposition dans la
peigneuse Lister : il y a neuf barres dessus et quatre dessous;
on les voit figure 1, planche 3, entre les cylindres alimentaires
C et la pince *F*.

Toutes les parties indiquées reçoivent leur mouvement par
l'arbre *R*.

Je ne donne qu'une description en bloc; on trouvera tous
les détails dans l'ouvrage de M. Hulsse, qui est écrit en allemand, et dont j'ai la traduction. Mais je dois me limiter, et
me borner à faire comprendre l'ensemble de cette peigneuse;
c'est le but des planches 3, 4 et 5.

On voit ici un élément nouveau dans la peigneuse : c'est le
vent qui vient mettre les filaments dans la position exigée pour

la transmission; un tube C' (figure 1, planche 3) vient d'un ventilateur, et aboutit dans une gueule, d'où il sort un vent léger qui fait coucher les filaments dans la position voulue.

La brosse de transmission est à l'extrémité d'un levier variable dans la direction de sa longueur, et qui a son axe sur un bâti, dans l'intérieur de l'anneau peigneur; par la tringle x, il est en rapport avec le levier y, de manière que la hauteur de la brosse et la profondeur des attaques sont à régler par des coulisses. Le levier y reçoit, par l'excentrique z, un mouvement oscillant. Les rapports mécaniques se montrent figure 1, planche 3.

L'anneau du peigne est couché sur un support creux, lequel est chauffé par la vapeur. On voit le tuyau a', figure 1, planche 3, sous l'anneau coupé. Cet anneau a six rangées de dents : la troisième est un peu plus haute que les deux autres, et les trois rangs intermédiaires que les deux extérieurs; c'est sans doute pour faire entrer la laine et la brosser plus facilement.

Entre lë deuxième et le troisième rang, comme entre le quatrième et le cinquième, il y a les plaques N pour repousser le peignon.

L'anneau est denté dans l'intérieur; il engrène avec un pignon qui lui imprime un mouvement lent. On voit ce pignon U figure 1, planche 5, et les roues qui le commandent. Au moyen de ces roues, qui ont des rechanges, on obtient la vitesse que l'on veut.

Les quatre positions de la machine que donne la planche 4, figures 1, 2, 3 et 4, développent les organes de cette peigneuse.

Première position (figure 1, planche 4). — La brosse E est enlevée des barres D; la pince F a fini son mouvement, et veut s'ouvrir; le peigne transporteur G a commencé à s'enfoncer dans l'extrémité de la barbe de la pince, et se trouve au *maximum* de sa distance à gauche; la brosse I se trouve au-dessus des dents de l'anneau H.

Deuxième position (figure 2, planche 4). — La brosse E est

encore en haut ; les barres *D* ont avancé un peu ; la première
va tomber ; la pince *F* s'est ouverte, et a fait à peu près moitié
de son chemin de retour ; le peigne transporteur est au *maximum* de sa hauteur, et marche à droite ; la brosse *I* est encore
dans sa position levée.

Troisième position (figure 3, planche 4). — La brosse *E* s'est
baissée sur les barres de peigne *D* ; la pince *F* est à l'extrémité
de son chemin, et vient de se fermer en saisissant la barbe
de laine ; le peigne transporteur est arrivé à l'extrémité de sa
course à droite, et s'est déjà un peu baissé ; il a porté la barbe
qu'il a enlevée à l'alimentation entre les dents de *H* et la
brosse *I*, en se courbant.

Quatrième position (figure 4, planche 4). — La brosse *E* et
les barres *D* n'ont pas changé ; la pince fermée a déjà marché
un peu à droite, en tirant le bout de derrière de la barbe à
travers les gills (les aiguilles des barres) ; le peigne transporteur
a posé sa laine sur les dents de *H*, et se retire à gauche ; la
brosse *I* s'est baissée, en enfonçant la laine entre les aiguilles
de l'anneau.

Pour le montage de cette peigneuse, on aurait à répéter les
mêmes soins et précautions que pour celle de Schlumberger.

La transmission de mouvement sur les arbres *R S T U* et *V*,
par lesquels les organes principaux sont mis en mouvement,
se fait par l'arbre de la machine *W* (Voyez figure 1, planche 3
et planche 5).

La disposition *P*, pour lisser la barbe (figure 1, planche 5),
consiste dans un ruban sans fin, avec des saillies qui obligent
les filaments à se tourner vers les cylindres de sortie *K*.

Ces cylindres, qui sont cannelés, sont disposés de manière
qu'une des extrémités touche presque l'anneau de peigne, ce
qui force la barbe lissée d'entrer dans ces cylindres. Je les
ai vus fonctionner, et j'ai remarqué que le prolongement de
leur axe qui est tangent au cercle du peigneur, comme il est
indiqué sur le plan, figure 1, planche 5, était trop fermé.

On fait maintenant sur ces machines un triage des grands et des petits filaments : une première paire de cylindres enlève la laine longue pour chaîne ; une seconde, qui prend plus près du cercle peigneur, enlève le reste pour trame. Ces cylindres sont montés comme ceux des gills : un ressort les presse ; un cuir sans fin sépare les deux cannelures, pour rendre le mouvement doux, et empêcher que la laine ne soit détériorée. (Cette disposition est une invention de Anderston, 1829.)

La machine fait par minute 60 à 80 jeux de pince ; l'arbre W, tourne neuf fois plus vite que R.

La largeur du peigne transmetteur est de 24 $^{m}/^{m}$; il couche les unes sur les autres trois barbes de peigne chargeur sur l'anneau peigneur, qui doit avancer de 8$^{m}/^{m}$ à chaque jeu. La circonférence a 2939$^{m}/^{m}$; elle fera un tour dans 5 minutes 1/2. C'est pour utiliser ce temps perdu par le cercle garni d'aiguilles, que l'on a imaginé les machines doubles, qui ont deux appareils de transmission de la laine à l'anneau, et deux appareils pour retirer la laine de l'anneau. L'anneau des machines doubles est un peu plus grand, et le peigne transmetteur plus large.

Cette machine double fait le travail de cent à cent vingt peigneurs à la main. On admet que les machines Lister rendent 2 à 3 p. % plus de cœur que les machines Heilmann, c'est-à-dire qu'elles laissent de 2 à 3 p. % plus de laine courte dans le trait.

La force pour conduire une machine Lister, avec laveuses, cardes et gills, enfin tous les accessoires, est de 2 chevaux à 2 chevaux 1/2, selon que cette machine est simple ou double. Il faut cinq à six personnes pour son service, toutes les machines comprises, car une seule soigneuse suffit pour la peigneuse ; cette même soigneuse surveille facilement trois peigneuses Heilmann mises en ligne.

DÉMÊLOIR.

Toutes les nappeuses sont mises de côté. La figure 2, planche 5, représente un démêloir qui est une des parties principales de l'invention de Heilmann. On le voit en profil, une portion du bâti enlevée; la figure 3 en est le plan au dixième.

A est le bâti;

A' des entretoises;

B une tôle qui conduit la laine. Dans la figure 3, cette tôle est enlevée, pour laisser voir les autres pièces.

La laine passe dans le peigne circulaire C, puis au cylindre D, qui est revêtu de rubans de carde; ensuite elle passe au cylindre de peigne L.

L'appareil alimentaire est mobile; il s'éloigne et s'approche alternativement de L. Ce mouvement se règle par le déplacement des manivelles sur les plateaux F; les leviers E portent les axes des cylindres C et D; ces leviers ont leur point d'articulation dans V, et supportent des paliers articulant dans W. En même temps que s'opère le mouvement périodique de l'appareil alimentaire, les cylindres C et D ont un mouvement de rotation commandé par la vis sans fin de l'arbre I. Le dessin indique la commande de l'arbre $I\,H$.

Le peigne L est un peigne à barrette comme il y en avait dans les anciens défeutreurs, mais plus large; cette idée vient encore de Laurent.

$O\,O'$ sont les cylindres retireurs; celui de dessus repose librement sur l'autre. La sortie est clairement indiquée dans les dessins figure 2 et 3, planche 5, ainsi que la commande qui part de l'arbre R pour se transmettre à tous les organes.

Pour un tour de l'arbre principal, nous avons :

T qui fait aussi 1 tour;		
C	—	0'008;
L	—	0'009;
O'	—	0'330;
P'	—	0'235;

Pendant que le cylindre C donne $3^m026^{m}/^{m}$ de longueur de nappe, cette longueur est étirée sur les cylindres L et O' à 53^m, et par le cylindre P' qui a une longueur de 57^m7 de ruban délivré dans le pot, ce qui fait un étirage total de 1 à 17^m7.

C'est à cause de ce grand étirage, qui est environ le tiers de celui de la carde, que les démêloirs sont encore employés pour passer les déchets. Cette machine, qui marche de 170 à 180 tours par minute à son arbre principal, produit environ 75 kilogrammes par jour. Lorsque cette machine sert pour le peignage, on donne plusieurs passages de démêloirs, au moins deux successifs; on met derrière la seconde machine 10 à 12 rubans fournis par la première; dans celles de construction récente, la vis G' et la roue H sont remplacées par des engrenages coniques.

Beaucoup d'autres machines ont la même fonction que les démêloirs de Schlumberger; de ce nombre sont le démêloir Pierrard-Parpaite, de Reims, la machine de Fray, de Belleville, le démêloir Revenel, la débrutisseuse d'Hubner et le gill-box; cette dernière machine a seule été conservée. Sa description est au premier passage, dans le chapitre suivant.

Le mécanisme principal, les barres d'aiguilles guidées par des vis, est une invention de Fairbairn, de 1834; elle eut une grande influence sur l'industrie de la filature de laine en Angleterre.

DESCRIPTION DES DÉGRAISSOIRS.

J'ai renvoyé à la fin de ce chapitre pour la description des dégraissoirs, dont je viens de recevoir les planches; cette machine est excessivement simple. Les figures 1 et 2, planche 9, donnent les profils à droite et à gauche; la figure 3 la coupe d'un dégraissoir de Grün; la figure 4 en est le plan. Dans chaque figure, la même lettre représente la même pièce.

A est le bâti en fonte;

B le support du tablier;

C le tablier à étaler;

D intermédiaire qui commande le tablier;

E engrène avec la roue F, pour commander le cylindre supérieur;

I (figure 3) coupe des cylindres presseurs;

L et M leviers pour la pression;

G tirant qui les réunit pour multiplier la puissance;

T poids de pression qui glisse sur les leviers L;

P poulies de commande;

R grande roue qui reçoit son mouvement d'un pignon sur l'arbre de commande;

O rouleaux qui conduisent le tablier sous les presseurs;

V ventilateur qui enlève et ouvre la laine.

Les autres organes de détails, comme coussinets, vis, supports, sont suffisamment indiqués dans les dessins, pour qu'il soit inutile de les couvrir de lettres.

Les figures 1, 2, 3, 4 et 5, planche 10, donnent cinq vues d'un autre système de dégraissoir construit par la même maison; je reproduis encore, dans chaque figure, les mêmes lettres que dans les précédentes, pour dispenser d'une nouvelle description. Il y a ici un double tablier pour l'entrée et la sortie de la laine; le tablier K remplace le ventilateur V. Je mets, dans tous les dégraissoirs, ces tabliers totalement en fer, par un système breveté. Les cylindres presseurs sont aussi de 50 p. % plus gros que dans le premier modèle, et les tabliers d'entrée et de sortie sont commandés par une chaîne sans fin, au lieu des engrenages qui sont dans la planche 9.

Ces machines sont dessinées au dixième d'exécution; cette échelle donne toutes les mesures. On voit aussi que la forme du second bâti est pyramidale. La machine semble faite pour marcher aussi bien à droite qu'à gauche, en croisant ou en décroisant la courroie de commande, ce qui pourrait être d'une certaine ressource dans une maison qui n'aurait qu'un dégraissoir et deux bacs, un de chaque côté; la laine passerait et repasserait de l'un dans l'autre. C'est une idée qui me vient. Mais je pense que la garniture de laine du cylindre de dessus aurait à en souffrir; c'est pour ménager ces garnitures que la commande E F a été ajoutée. Dans l'origine, le rouleau de dessus n'était entraîné que par son contact avec celui de dessous; tout l'effort de traction était dans la garniture, qui s'usait plus vite. Ce changement est une amélioration; il en reste encore à faire sur ce point.

***

DESCRIPTION DES CARDES.

Il y a plusieurs sortes de cardes, qui diffèrent entr'elles par les dispositions; mais, en résumé, elles représentent toutes le même système.

La figure 5, planche 9, donne la coupe en élévation d'une carde simple, dite carde Douglas, avec roule-sa-bosse.

La figure 6, planche 10, représente la coupe en élévation d'une carde avec avant-train; c'est le système de Nicolas Schlumberger et Cie.

Les figures 1 et 2, planche 11, donnent la carde double de Grün. On voit cette carde du côté de la commande des balayeurs, qui est celui de la poulie motrice; la figure 2 donne la coupe par le milieu.

La figure 1, planche 12, donne la même carde retournée du côté de la commande des travailleurs. On voit les poulies Q' et R qui se communiquent le mouvement qu'elles reçoivent de l'arbre du premier tambour, qui porte la poulie motrice P.

Dans toutes ces cardes, la même lettre désigne la même pièce. Ainsi nous dirons pour les six dessins, planches 9, 10, 11 et 12 :

A bâtis en fonte;

B tables à étaler, ou toiles sans fin ;

C cylindres alimentaires ;

D roule-sa-bosse ;

E cylindres échardonneurs ;

G gros tambours ;

H travailleurs ;

I balayeurs ;

J volants ;

K peigneurs ;

L appareils à bobines ;

M et N double roule-sa-bosse.

A la carde double de Grün, ce constructeur a fait un véritable tour de force en coulant d'une seule pièce, avec leurs croisillons, les gros tambours de la carde. La difficulté consistait surtout à ne pas les faire trop épais, pour qu'ils ne soient pas beaucoup plus lourds que ceux en marqueterie ; ces derniers forment toujours un excellent système.

Les cylindres alimentaires reposent sur des paliers à coulisse qui servent à les régler par des vis de rappel.

A la suite des alimentaires vient le cylindre D, recouvert d'une garniture à pointes diamant ; il est surmonté par un cylindre E dont la cannelure est angulaire ; c'est l'échardonneur qui enlève les plus grosses ordures et ménage la carde.

Les travailleurs marchent très-lentement ; ils reçoivent leur mouvement par une chaîne à la Vaucanson, qui est ordinairement commandée par le peigneur.

Les balayeurs, comme les travailleurs, reposent sur des supports mobiles, dits poupées, qui se règlent au moyen d'écrous et vis de rappel ; une poulie, sur l'arbre du tambour, commande les balayeurs.

Le peigneur et l'entrée reçoivent leur mouvement de l'arbre du gros tambour, par les roues indiquées figure 1, planche 12, échelle au dixième ; elles sont du côté opposé à celui de la commande de la carde et des balayeurs. Ces derniers vont très-vite, et tournent de manière que les dents de leur garniture attaquent à revers celles des travailleurs, pour débarrasser la laine qui s'y trouve engagée; les travailleurs présentent leurs dents au gros tambour, pointe contre pointe. Tout le jeu de la machine a été expliqué à l'article carde (page 143). Les six figures que je donne dans l'atlas, pour les trois systèmes de cardes en usage, sont la meilleure description qui puisse en être faite; elles indiquent tous les détails. On voit, dans la figure 6, planche 10, la commande du va-et-vient pour la bobine; et dans la figure 2, planche 12, celle du mouvement circulaire de cette même bobine.

Je termine ici le chapitre du peignage. On trouvera, dans celui de la préparation pour métiers à filer, beaucoup de choses applicables à la préparation du peignage.

CHAPITRE VIII.

PRÉPARATION POUR LES MÉTIERS A FILER.

Des philosophes remarquables ont dit :

« Toute connaissance doit venir de l'expérience. »

Je ne sortirai pas de cet axiome; ce que je vais écrire sur la préparation est sanctionné par une longue pratique. C'est au nom de cette expérience acquise que j'engage à ne pas condamner légèrement les idées nouvelles, toutes les fois qu'elles annoncent un progrès industriel.

Le bobinoir double était une de ces idées; il a fallu douze ou quinze ans pour le faire adopter. Ce bobinoir n'est appliqué qu'à la laine fine. Mais n'anticipons pas, le bobinoir viendra à sa place avec tout ce qui s'y rattache.

Commençons par prendre la laine à son entrée dans la filature, et suivons-la jusqu'à sa sortie, pour aller au tissage.

La première condition, pour un filateur, c'est de savoir se rendre compte; pour cela, il faut vérifier avec une grande attention les lots de laine à leur arrivée, tant sous le rapport du conditionnement que sous celui de la régularité de la qualité annoncée.

CONDITIONNEMENT DES LAINES.

On sait que la laine dégraissée, et livrée au commerce avec la sèche marchande, peut encore tomber de 30 p. % de son poids; des expériences chimiques l'ont prouvé : c'est le suint qui est à l'intérieur du tube de laine qui se dessèche. C'est

14

pourquoi les bureaux d'épreuves de sèches admettent une reprise de 18 1/4 p. %₀ après séchage, dans des appareils qui enlèvent toute l'humidité; c'est-à-dire que 100 kilogrammes soumis à cette épreuve, rendant 81 kilogrammes 3/4, sont reconnus d'un bon conditionnement.

Si l'on remet ces 81 kilogrammes 3/4 dans les magasins ordinaires du commerce, ils reviendront au poids de 100 kilogrammes, lorsque leur température sera arrivée au même degré que celle du milieu dans lequel on les place.

Tous les magasins ne sont pas dans les mêmes conditions hygrométriques, et tous les peigneurs ne rendent pas leurs produits au même degré de sèche ; c'est pour se rendre compte de ces différences, que les bureaux de conditionnement ont été institués. Il n'y en a que dans les grands centres industriels, ce qui est un inconvénient pour les établissements isolés ou éloignés de ces centres.

Les filateurs, dans ces conditions, doivent combiner des moyens pratiques pour se rendre compte, par eux-mêmes, du degré de sèche des laines qu'ils reçoivent. Ainsi une laine en rubans libres, soumise à la température des ateliers, qui est de 20 à 22°, tombera de 4 p. %₀ en vingt-quatre heures, si elle est dans des conditions marchandes; ce qui tombe en plus est de l'humidité en trop, qu'il faut faire déduire par l'expéditeur.

On soumet plusieurs épreuves ainsi faites au bureau central de conditionnement; lorsqu'on se trouve bien d'accord avec ce bureau pour les résultats, on a une base certaine qui permet de se passer de ses services, à moins d'une contestation avec le vendeur.

Voici, d'après M. Chevreul, les quantités d'humidité que peuvent absorber différentes substances (*Mémoire à l'Académie des Sciences*) :

Substances.	Poids des matières séchées dans le vide.	POIDS	
		dans l'air à 23°.	dans l'air saturé d'humid., 18°.
Filasse de chanvre,	100	113,68	141,06
Fil de chanvre écru,	—	113,73	141,74
Toile de chanvre blanchie,	—	110,74	129,46
Filasse de lin écrue,	—	109,86	130,77
Filasse de lin blanchie,	—	111,82	143,01
Fil de lin non blanchi,	—	109,36	128,55
Coton en poil,	—	109,28	130,92
Fil de coton,	—	115,38	125,93
Toile de coton blanchie,	—	107,70	125,12
Bourre de soie ou filoselle,	—	110,49	132,72
Soie grenade creuse,	—	108,88	134,46
Etoffe de soie teinte et apprêtée,	—	110,00	128,10
Laine de mérinos en suint,	—	107,00	182,40
Laine de mérinos désuintée,	—	111,05	139,71
Laine de mérinos pure,	—	111,85	138,14
Fil de laine,	—	109,04	134,57
Drap de laine feutré blanc,	—	117,90	132,75
Cachemire en duvet,	—	113,96	144,21

L'expérience usuelle démontre que les tissus de laines absorbent plus promptement et plus complètement l'humidité que les tissus de coton.

Les épreuves de sèche ne se font que sur des petites portions de 10 à 20 kilogrammes pris sur l'ensemble d'un lot ; mais on se rend compte du conditionnement général en pesant après le deuxième ou le troisième passage. Tous les lots de même nature doivent perdre autant les uns que les autres, soit 2 p. %; il est ici question des laines mises en bobines et non de rubans étendus pour sécher. Ces 2 p. % sont représentés par la poussière, le suint ou le savon qui tombent sous les premières machines, surtout dans les laines du Soissonnais. Cette différence de 2 p. °/₀ est aussi due à la température plus élevée des ateliers.

Sur le livre d'entrée des lots en filature, il y aura, en regard du poids net des laines mises au premier passage, le poids net de la préparation remise aux métiers à filer, ainsi que celui des fils rendus. C'est de la comparaison de ces divers poids, entre lots de laines de même nature, que le filateur se rend compte du plus ou moins bon conditionnement. C'est là un compte général qui n'a aucune valeur vis-à-vis des tiers; c'est pourquoi les bureaux de conditionnement ont été institués. Leur origine date de loin : en 1750, il y avait déjà à Turin un séchoir pour les soies. Ce ne fut qu'en 1815 qu'un décret institua un établissement unique pour Lyon et Saint-Etienne. Par ordonnance de 1843, et après les recherches de M. Talabot, le bureau central de Lyon a été institué établissement d'utilité publique.

Lors même que le filateur peigne ses laines, il est nécessaire qu'il les conditionne convenablement au peignage pour l'humidité, ou tout au moins qu'il se rende compte de leur degré de sèche au moment de la mise en filature. J'ai connu un établissement qui, sur des lots qui faisaient 3 à 4 p. °/₀ de déchet aux métiers à filer, avait 10 p. °/₀ à rembourser, parce que le peignage livrait des laines humides; ce qui s'explique facilement lorsque la lisseuse termine les opérations du peignage, comme dans le peignage en gras, tandis que dans le peignage en maigre, l'humidité se perd dans les divers passages et principalement à la peigneuse.

A l'origine des bureaux de conditionnement pour la laine, j'ai fait constater et déduire jusqu'à 10 p. °/₀ d'eau sur un seul lot. On sent facilement l'humidité à la main, sur une laine qui en contient de 3 à 4 p. °/₀. Depuis que les bureaux existent, les peigneurs conditionnent mieux les laines : c'est un grand service rendu à la fabrication.

Première opération.

Tout en indiquant un gill-box à ce premier passage, parce que c'est sa place lorsqu'il y en a un dans l'assortiment, j'ai fait observer que cette machine, très-bonne à Roubaix, Tourcoing, et dans les laines moyennes, est peu adoptée par les filateurs qui travaillent exclusivement des laines fines.

GILL-BOX.

La planche 6, figure 1, donne l'élévation d'un gill-box vu du côté du rouleau d'appel, c'est-à-dire du devant de la machine.

La figure 2, même planche, donne la machine vue en plan, et la figure 3 une coupe transversale de l'entrée à la sortie de la laine.

Nous avons déjà dit plus haut que le mécanisme principal, les barres d'aiguilles guidées par des vis $E\ D$, était de Fairbairn ; cependant cette machine a été précédemment inventée pour le lin par Philippe de Girard.

Le gill-box (que nous prononçons *guilse*) est le défeutreur anglais; il se fait à une et deux tables. Celui que j'indique est à deux tables. Je donne aussi, sur une planche spéciale dans l'atlas, le gill-box français construit par Skène et Devallée, de Roubaix. C'est celui que l'on rencontre dans les ateliers neufs de Fourmies et d'Amiens, ainsi que dans tous ceux du Nord, qui emploient cette machine. La légende est sur le dessin.

La laine mise dans les entrées A, figures 2 et 3, planche 6, passe par le conducteur B et arrive au premier cylindre C; le cylindre supérieur peut être pressé sur celui du dessous par une vis c; les rubans sont conduits par les cylindres dans les rangées des barres d'aiguilles (figure 2) entre C et H, puis étirés par une seconde paire de cylindres $F\ F$ (figure 3).

Les rangées de barres d'aiguilles inférieures D ont les pointes en haut; le pas de vis de l'arbre les fait avancer en agissant sur leurs extrémités; chacune de ces barres tombe quand elle est arrivée près des cylindres étireurs F; elle est alors commandée en sens inverse par une autre vis d', qui a un pas deux fois plus grand, ce qui double la vitesse du retour; alors des cames les enlèvent et les remettent à leur première place, où immédiatement les barres sont saisies de nouveau par la vis pour recommencer la même opération. Les barres d'aiguilles sont commandées aux deux extrémités; pour plus de solidité, les constructeurs Skène et Devallée mettent quatre paires de vis pour une machine à deux têtes, ce qui permet des barres moitié moins longues; elles s'enfoncent verticalement dans la laine et se retirent de même.

Les aiguilles de la barre supérieure E (figure 3, planche 6) ont les pointes en bas, et reçoivent leur mouvement par la vis e; la vis e' rapporte les barres; on tourne les pas des vis e d, de manière que les aiguilles supérieures se trouvent au milieu de celles de dessous. Pour rendre claire l'action des parties expliquées, il y a, figure 6, une vis inférieure avec sa came, pour remonter les barres; les figures 4 et 5 sont les croquis d'une barre avec la partie β qui entre dans le pas de vis; cette barre est la même que dans la peigneuse Lister, sauf que celle-ci avait des aiguilles dans toute sa longueur, tandis que pour les gills-box, il suffit qu'il y ait des aiguilles dans une largeur égale à celle des tables des cylindres étireurs. En France, nous avons supprimé les barres supérieures qui ont les pointes en bas; tous les gills-box que je vois n'ont que les barres inférieures D.

La pression des cylindres F F, l'un sur l'autre, est exercée par des ressorts et des leviers qui sont indiqués en f, f^1 et f^2, figure 3, planche 6.

Dans le gill-box de Skène et Devallée, cette pression est exercée par les vis marquées V; elle est au-dessus des cylindres étireurs et le tablier de cuir indiqué par deux lignes pointées en dessous. C'est le contraire dans le gill de la planche 6 : on voit tout en haut le rouleau H qui sert à tendre le tablier par des vis de rappel. Ce tablier sans fin passe entre les deux cylindres étireurs.

La vitesse des barres d'aiguilles est à peu près la même que celle des cylindres alimentaires, de manière qu'il n'y a que les brins de laine saisis par les cylindres étireurs qui glissent entre les aiguilles. Le ruban délivré par ces cylindres passe par l'entonnoir I et va sur la bobine L, commandée par le double rouleau d'appel $K\,K$.

R est le levier de débrayage qui est dessous la machine, comme dans celles de Roubaix.

L'inspection de la figure 2 indique la transmission qui part de l'arbre T. Pour produire les différences de vitesse, on peut changer à plusieurs places : V peut recevoir de 46 à 68 dents, ce qui change la vitesse absolue de la machine, sans influencer les vitesses relatives.

v' a pour rechange de 20 à 24 dents, ce qui change la vitesse du cylindre C, sans changer celle des cylindres $F\,F$.

F^4 se change de 20 à 80 dents, ce qui change l'étirage et oblige à changer N.

L'arbre principal fait 100 tours; on gouverne les autres organes pour arriver à produire une grosseur de ruban de 300 à 400 grammes pour 20 mètres.

Au premier passage, le numéro se règle au toucher, à la vue. La longueur des gros échantillons est ordinairement de 5 tours d'un dévidoir de 1^m40, soit 7 mètres, qui doivent peser 100 à 125 grammes, lesquels indiqueront les numéros 4 à 5 à la romaine à échantillonner. A cette romaine, 100 grammes indiquent le numéro 5, comme 5 grammes indiquent le numéro 100, comme 10 grammes indiquent le numéro 50; c'est-à-dire que la romaine aux échantillons indique combien il faut de fois l'objet qu'on pèse pour former 500 grammes. (Voir, pour plus de détails sur ce sujet, l'article numéros de préparation et l'article mull-jenny.)

Il y a encore des pays qui peignent à la main : du côté de Mende, Marvéjols. Pour les peignés ainsi faits, le premier passage s'opère comme pour le chanvre et le lin ; deux femmes sont occupées à rattacher les traits sans tordre les filaments et sans faire de grosseur, de manière à ce qu'il sorte de la première machine un ruban continu régulier à l'œil. Souvent, pour mélanger deux lots, une ouvrière passe les traits du premier, et une autre les traits du second ; ils se réunissent en avant. Dans le peignage à la main, les rubans de la première machine ne sortent pas assez réguliers pour les recevoir en bobines ; ils tombent dans des pots. Mais avec le peigné mécanique, on fait des bobines à tous les passages ; et lorsqu'il y a des mélanges, ils se font avant peignage : c'est la meilleure méthode. Cependant il peut arriver que l'on veuille mélanger des lots peignés isolément ; c'est facile, si les rubans sont de même grosseur ; s'ils sont de grosseurs différentes, on tient compte de ces différences dans le nombre de bobines à mettre derrière la première machine. Ce nombre varie de quatre à huit, pour en avoir deux en avant ; c'est surtout avec les rubans du peignage des Anglais qu'on est obligé d'en mettre peu. Ces peigneurs ont le tort de faire de gros rubans très-irréguliers ; avec un peu d'habitude, on voit de suite, même avant de les monter, combien il faut de rubans derrière pour arriver en avant aux numéros 4 à 5 pour le ruban doublé : c'est le numéro nécessaire pour alimenter 6500 broches, sans forcer la vitesse.

Si les bobines du peignage ont été faites au compteur, on les pèse pour mettre les plus lourdes avec les plus légères, et avoir au premier passage un numéro moyen régulier. Jadis, ils étaient tellement irréguliers, que la soigneuse du premier passage les montait en les mariant : elle mettait un gros ruban avec un fin. Il y avait des différences du double ; sur ce point, il y a progrès.

Un inconvénient qui se présente aussi lorsque les bobines n'ont pas été bien faites, c'est l'arrachage du ruban qui tient à la bobine derrière et finit par former des bagues qui le font casser. On évitera ce défaut par des entonnoirs serrés et placés le plus près possible du rouleau d'appel, à la dernière machine du peignage.

Il arrive encore que des rubans se dégagent trop facilement et tombent de la bobine pour se prendre dans le pied de la broche qui la supporte; on évite ce défaut par une légère tension du ruban, que l'on obtient en mettant un frein quelconque à l'axe de la bobine. On a souvent le tort de mettre au premier passage, qui est le plus ennuyeux, une ouvrière peu intelligente et des moins payée : c'est une erreur. Le point de départ est essentiel; il se fait aussi là un contrôle des bobines du peignage. Il faut donc une femme assez capable pour reconnaître si les bobines sont bien toutes les mêmes, s'il y a des nuances ou des bobines humides et d'autres mal faites. On trouve quelquefois des centaines de mètres de rubans simples ou beaucoup trop fins; une ouvrière intelligente les met de côté pour les passer à part, en les ramenant au numéro ou avec le déchet, que ces bobines rendent meilleur.

Lorsqu'une bobine se dévide mal en dessus, on retire la cannelle, on pose la bobine sur le plancher, et on prend le bout opposé qui est à l'intérieur. Il ne faut pas abuser de ce moyen, qui tord le ruban et rend l'étirage plus dur; avec les rubans tendres sortant des cardes, il n'y a pas d'inconvénient.

Voici ce que dit l'auteur anglais de la première opération :

« On place sur une table une quantité de rubans, soit 16 ; on les passe en deux parties dans deux paires de rouleaux, afin de ne former que deux rubans; chaque ruban passe dans une paire de peignes à vis, puis entre une paire de grands rouleaux (lisez cylindres cannelés), d'où ils tombent dans un pot à rotation; là, les deux rubans sont légèrement tordus en un seul. Ce pot est une addition nouvelle à la machine à étirer. »

Je donne ces quelques lignes pour faire voir quelle masse on réunit ; 16 rubans, en un qui est légèrement tordu, donnent l'idée des pressions énormes qu'exige le système anglais ; ce système de torsion ne vaut rien pour la laine, qu'on fait adhérer facilement par d'autres moyens. Je vois cette torsion appliquée dans le coton, dans le lin, dans le chanvre ; mais dans la laine, partout on la supprime.

Deuxième opération.

Pour les filateurs qui peignent eux-mêmes leurs laines, cette deuxième opération devient la première, parce qu'ils obtiennent un ruban déjà régulier au peignage, ce qui les dispense de chercher cette régularité par les gros passages du début. Cependant, je mets ici deux défeutreurs, parce que ces machines existent dans toutes les filatures ; mais j'ai la conviction qu'avec un peignage bien fait et des rubans convenables, on peut s'en passer. Je donne dans la planche 7, figures 5, 6 et 7, ceux qu'on rencontre le plus souvent ; ils sont remplacés actuellement par les premières machines de Grün, que je donne sur les planches 13 et 14. Ces machines remplacent aussi les réunisseuses et réduits, qui venaient après les défeutreurs, et que l'on voit sur la planche 7, figures 1, 2 et 3, à 1/16me de grandeur naturelle.

La figure 1 est une coupe en travers et par le milieu de la machine ; la figure 2 une vue en plan ; et la figure 3 une autre coupe à l'endroit où les rubans quittent le cylindre étireur et arrivent aux frottoirs. On voit, dans ces trois figures, les commandes clairement indiquées ; je ne donne pas la description plus détaillée, parce que cette machine, construite par MM. A. Kœchlin et Cⁱᵒ, n'entre pas dans la composition de mon assortiment.

DÉFEUTREURS.

Le défeutreur simple, dont on voit le plan figure 5 et la coupe figure 4, planche 7, ne fait pas non plus partie de l'assortiment. Cette machine date de l'origine de la filature de la laine peignée ; elle fut d'abord construite sans peigne, ainsi que les autres machines. Elle sert aujourd'hui à passer les déchets ; les filateurs qui ont de ces défeutreurs les utilisent, mais on n'en construit plus.

D'après M. Alcan, le défeutreur double aurait été inventé en 1837, par M. Villeminot-Huart. Il y a là une erreur, au moins de date, car j'ai connu les défeutreurs doubles avant cette époque. Tous les anciens défeutreurs sont généralement des constructeurs Pihet, Bruneaux et Villeminot. Les figures 6 et 7 représentent celui de ce dernier constructeur ; seulement, au lieu de le mettre à cinq peignes, comme dans le plan, j'en ai indiqué huit, ce qui fait six derrière et deux devant, faisant deux bobines, comme au gill-box.

La figure 8, planche 7, indique un autre système de défeutreur (échelle à 1/10me). Les rubans arrivent par $A\,A'$ jusqu'au cylindre B, qui les conduit au cylindre de tension C, puis au peigne D ; de là au cylindre étireur, à l'entonnoir G et à la sortie H. Des rouleaux I conduisent le ruban dans des pots.

On voit, dans ce défeutreur, deux cylindres derrière le peigne, pour conduire la laine, et l'on voit aussi sur ce peigne un cylindre engageur E qui est une invention de MM. Schlumberger appliquée à leur étirage. J'en ai déjà parlé au sujet de la préparation du peignage (page 168).

Les anciens défeutreurs doubles, construits pour le peigné à la main, doivent être modifiés pour le peigné mécanique ; il faut les construire dans le style de l'étirage Grün, que l'on voit à la planche 13, sauf qu'on les fera à double étirage. Le peigné mécanique, beaucoup plus tendre, demande plus de précautions que le peigné à la main pour être étiré sans coupure.

On mettra, sur les peignes de ces défeutreurs, le cylindre engageur dont il vient d'être question et qui existe dans la figure 8 de la planche 7; on mettra ce cylindre uni, comme il est dit page 169.

Les peignes auront $60^{m}/^{m}$ de diamètre au fond des aiguilles; la saillie des aiguilles sera de $8^{m}/^{m}$; la largeur du peigne $135^{m}/^{m}$. Nombre d'aiguilles : 80 par rang, 36 rangs; total : 2880 aiguilles sur la surface du peigne.

Les cylindres auront 5^{c} de diamètre et 13^{c} de large à la table avec 52 cannelures et un rouleau de pression de même largeur que la table.

Certainement il peut y avoir, et il y a, en effet, des machines qui n'ont pas ces dimensions aux premiers passages, et qui fonctionnent bien; mais une machine sur les données qui précèdent donnera un excellent laminage aux numéros de 8 à 10 pour le dixième de l'échantillon. Je l'indique pour les filateurs qui ont les premiers passages mauvais; ceux qui les ont bons n'ont rien à changer.

Je sais qu'il est dangereux de donner des chiffres, et combien ce système donne de prise à une critique malveillante ; il serait facile d'écrire un volume sur chacun des chapitres qui précèdent, en se bornant aux phrases des théoriciens ; mais un tel ouvrage aurait peu de valeur pour les praticiens auxquels je m'adresse.

Dans les premiers passages, le numéro de préparation varie peu. Il faut, pour que les grosses machines fonctionnent bien, un volume de laine à peu près toujours le même à chacun des passages; au deuxième, qui donne quatre rubans, on aura un volume moitié plus fin qu'au premier, qui en donne deux. Les cinq longueurs de règle de 140^{c}, ou les cinq tours de dévidoirs du ruban du deuxième passage, indiqueront le numéro 10 à la romaine, et produiront la même quantité que les deux rubans du premier passage, indiquant le numéro 5 pour une même longueur de ruban. L'explication théorique sera donnée au chapitre IX, après le bobinoir finissant. Une filature de 6500 broches produit, par jour, de 26000 à 30000 échées, soit 250 à 280 kilogrammes; le numéro de préparation à chaque passage est indiqué pour donner ces quantités.

On étire peu aux premiers passages, soit de 1 à 3, ce qui donne l'étirage de 1 à 6 pour l'étirage total du défeutreur double, et non pas 1 à 9, comme comptent certains filateurs.

Quand on met deux rubans derrière, dans chaque peigne du défeutreur double, ce qui fait 6 et 1 devant, on a le même numéro à l'entrée qu'à la sortie de cette machine, en étirant de 1 à 3 à chaque tête.

Dans les machines doubles, le travail se fait presque toujours bien au premier étirage de derrière qui va doucement; mais à celui du devant, qui va trois fois plus vite, il faut un très-bon laminage pour ne pas couper; j'en ai indiqué les conditions plus haut : c'est là l'écueil des machines doubles, et ce qui les a fait en partie supprimer. A cette machine, comme à toutes les autres, la laine doit rester le plus droit possible à son entrée dans les peignes, et cette entrée doit se faire sans effort; c'est pourquoi les premiers peignes ne doivent pas être trop serrés d'aiguilles. Beaucoup d'établissements ne pèsent plus les bobines; cependant j'engage à ne pas abandonner ce moyen de contrôle; c'est pourquoi les défeutreurs auront des compteurs et des cannelles tarées pour faire un pesage au passage suivant. On invoque contre cette opération le simple et les barbes qui diminuent le poids des bobines et faussent l'opération du compteur. Sans doute ces observations ont leur valeur; mais le pesage aura toujours pour résultat de ne pas mettre ensemble les bobines qui ont le plus de simple; c'est une chance de plus de régularité.

Il faut éviter le simple par le casse-mèche, ainsi que les barbes; elles ne sont plus aussi fréquentes depuis que les laines sont mieux dégraissées. M. Ch. Leroux énumère ainsi les causes qui les engendrent :

1° Un dégraissage imparfait ;

2° Une laine galeuse ;

3° Des cylindres non nettoyés ;

4° Rouleaux de pression usés ;

5° Cylindre dont la cannelure est altérée par un instrument en acier ;

6° Parchemin déchiré ;

7° Ecorchure des rouleaux en cuir ;

8° Corps durs enfoncés dans le rouleau ;

9° Peigne dont la denture est retournée ;

10° Peigne dont la marche n'est pas proportionnée à la laine.

Aujourd'hui, les ateliers bien conduits ne font plus de barbes ou manchons d'une manière permanente, comme cela arrivait jadis. Je reprendrai toutes ces causes dans la suite des passages, en tâchant d'intéresser le lecteur à chacun d'eux. Ce que j'écrirai pour les pressions, les rattaches, la marche des peignes, les rouleaux d'appel, les écartements, les frottoirs, les coupures, les tensions, les parchemins, etc., peut s'appliquer à presque tous les passages.

Le défeutreur le plus moderne de la planche 7, figure 8, reçoit sa commande principale par l'arbre Z, qui porte une roue de 60 dents, marquée a.

Le cylindre étireur i a 50 millimètres de diamètre et 90 dents à sa roue b, qui reçoit le mouvement de a.

Un pignon c de 40 dents commande une roue d de 80 dents, laquelle roue porte les pignons de rechange de 32 à 44 dents ; un de ces pignons commande la roue f de 60 dents, placée sur l'avant-dernier cylindre d'entrée.

Une roue g de 30 dents, à l'autre extrémité de ce cylindre, commande, par l'intermédiaire l, une roue h de 31 dents, sur le dernier cylindre de 38 millimètres.

L'arbre principal, qui porte une roue de 60, fait 180 tours

par minute; le cylindre étireur, qui porte une roue de 90, fera en tours, par minute, le quatrième terme de la proportion suivante : $90 : 60 :: 180 : x$ $x = 120$ tours.

Ce cylindre, qui porte 50 millimètres de diamètre, a 157 millimètres de développement. Sa production théorique sera : $157^{m/m} \times 120 = 18^{m}840$ pour un seul ruban, ce qui fait, par jour de 12 heures, pour ce même ruban :

$$18^{m}840 \times 60 \times 12 = 13564^{m}80^{c} \text{ par table.}$$

Il reste à ajouter l'étirage supplémentaire produit par les rouleaux d'appel I, et l'on trouve une longueur totale de 14609 mètres, pour la production théorique. La production effective est beaucoup moins grande; il est facile de calculer ce qu'elle doit être. Dans les métiers à filer, le travail effectif est de 46 p. °/₀ de moins que le travail théorique, à cause du temps perdu au renvidage, etc.

J'ai dit que la moyenne du numéro de préparation à ce deuxième passage était 10 pour le centième de l'échantillon; le numéro entier sera donc $\frac{10}{100} = 0,10$; c'est-à-dire qu'il faut le dixième d'un échantillon complet pour peser 500 grammes, puisque 700 mètres de préparation du défeutreur indiqueraient le numéro 0,10 à la romaine; donc 70 mètres seraient du numéro 1 à la livre, 140 mètres pèseraient un kilogramme.

Nous avons estimé plus haut que 6500 broches devaient produire de 26 à 30000 échées par jour, soit en moyenne 265 kilogrammes. La longueur totale développée au deuxième passage sera $265 \times 140^{m} = 37100$ mètres. Comme il y a quatre bobines à ce passage, c'est le quart par bobine, ou 9275 mètres, pour le travail effectif de chaque mèche, ce qui donne la longueur effective, développée par le cylindre étireur du deuxième passage. Il suffira d'établir son produit théorique sur 11 à 12000 mètres. Le cylindre étireur du gill-box du premier passage n'aura pas besoin de développer plus, attendu que s'il ne fait que deux bobines, son ruban est le double plus gros qu'un second passage qui en fait quatre.

Troisième passage.

Ici, je mets six bobines; la mèche sera 1/3 plus fine qu'au passage précédent, et donnera le numéro 15 pour le centième de l'échantillon, ou 5 tours de dévidoir. Cette mèche pourrait déjà être frottée; on supplée au frottoir par les entonnoirs très-coniques marqués *a* dans la planche 13, figures 3, 5 et 6.

Lorsque j'ai fait imprimer le tableau des assortiments (page 65), je n'avais pas encore reçu les dessins des machines de M. Grün ; maintenant je les ai sous les yeux, et je vois quelques modifications qui ne changeront rien à mes combinaisons.

Au lieu de l'étirage double que ce constructeur délaisse, j'ai, planche 13, figures 1 à 6, l'étirage ordinaire à 3 bobines. J'en mets 6 à ce passage, ce qui ne change que la dimension de la machine, qui sera le double plus longue, tout en conservant les mêmes dispositions.

Dans les derniers assortiments livrés par la maison que je viens de citer, cette machine est la seconde; elle vient après le gill-box. J'ai admis précédemment que pour un filateur qui produit son peigné, elle peut être la première de l'assortiment, qui aurait alors deux passages de moins.

La figure 1, planche 13, est le profil de l'étirage vu du côté de la commande; la figure 2 donne la machine en long et vue du devant; la figure 3 le profil du côté opposé à la commande; la figure 4 le porte-bobine; la figure 5 une vue en plan; et la figure 6 une coupe transversale dans laquelle on voit le peigne D avec son rouleau engageur C.

Les autres pièces sont, pour toutes les figures de la planche 13 :

E cylindre étireur devant la machine ;

B cylindre d'entrée derrière la machine ;

F porte-système du rouleau d'appel ;

G supports des collets ;

G' supports de commande ;

H leviers de pression ;

T tirants ;

I supports de détente ;

M rouleaux de pression ;

N arbre de commande qui reçoit son mouvement de l'arbre O par une paire de roues d'angle à 45° ;

O arbre de commande qui porte les poulies motrices ;

P pignon qui commande le cylindre étireur par l'intermédiaire R et la roue Z placée sur ce cylindre, figure 1, 2 et 5 ;

X roue commandée par l'arbre N et une roue de même grandeur derrière P, au moyen de l'intermédiaire U ;

Y roue d'angle dans le rapport de 1 à 2 pour la commande du chariot F dans son mouvement rectiligne.

Le mouvement circulaire du rouleau d'appel K est commandé par les roues 1, 2, 3, figure 1, et l'étirage de la machine par les roues 4, 5, 6 et 7. On voit la roue 6, figure 2 et 5 ; c'est le pignon de rechange pour régler le numéro selon le tableau donné plus loin.

A droite des figures 2 et 5, on voit le compteur V ; des ressorts et des mentonnets font dégrener le métier seul.

J indique les poids de pression ; Q les bâtis de la machine ;

L un rouleau qui conduit le ruban sous la bobine ;

S les poulies motrices ; les autres détails sont suffisamment indiqués par les dessins faits au douzième d'exécution. Cette échelle donne la mesure de toutes les pièces et les diamètres de toutes les roues.

Les peignes sont commandés par le cylindre de derrière ; cette commande se voit figures 3 et 5, sous les numéros 8, 9 et 10.

La figure 4 donne une coupe des bobines montées sur le ratelier ; elle n'exige aucune explication. On voit que toutes les pièces sont mobiles sur les montants en fer ; il n'y a que deux rangs de grosses bobines dont la coupe laisse voir l'axe et la cannelle en bois. C'est à ce passage que se fait le pesage des bobines qui ont été faites au compteur au passage précédent. Voici comment se fait l'opération :

PESAGE DES BOBINES.

Si les bobines qu'on doit peser ont reçu de la vapeur, il faut les laisser refroidir (c'était encore un inconvénient); dans le cas contraire, on prend le travail d'une journée ou d'une demi-journée.

Toutes les bobines sont classées par séries de même poids. Supposons :

$$
\begin{array}{llll}
6 \text{ bobines,} & \text{pesant } 4^{k}800, & \text{soit : } 28^{k}800 \\
2 \quad — & — \quad 5\ 000, & — \quad 10\ 000 \\
2 \quad — & — \quad 5\ 300, & — \quad 10\ 600 \\
1 \quad — & — \quad 4\ 700, & — \quad 4\ 700 \\
2 \quad — & — \quad 5\ 200, & — \quad 10\ 400 \\
1 \quad — & — \quad 4\ 500, & — \quad 4\ 500 \\
3 \quad — & — \quad 5\ 100, & — \quad 15\ 300 \\
4 \quad — & — \quad 4\ 900, & — \quad 19\ 600 \\
1 \quad — & — \quad 5\ 400, & — \quad 5\ 400 \\
1 \quad — & — \quad 5\ 000, & — \quad 5\ 000 \\
1 \quad — & — \quad 4\ 800, & — \quad 4\ 800 \\
\end{array}
$$

$\Big\}\ 119^{k}100$

Total 24 bobines, qui forment une garniture de l'étirage, en mettant 4 bobines dans chaque peigne derrière, pour faire 6 bobines en avant.

Les 4 bobines de derrière, qui concourent à donner chaque bobine du devant, doivent peser ensemble le sixième du poids total des 24 bobines, qui est de $119^{k}100$; le sixième donne $19^{k}850$. Voici comment on forme chaque série :

Première série.

$$
\begin{array}{ll}
1 \text{ bobine de } 4^{k}800 \\
1 \quad — \quad 5\ 000 \\
1 \quad — \quad 5\ 300 \\
1 \quad — \quad 4\ 700 \\
\end{array}
$$

$\Big\}$ pour la 1re bobine : $19^{k}800$

À REPORTER . . . . . $19^{k}800$

Deuxième série.

REPORT. . . . . 19^{k}800

1 bobine de 4^{k}800		
1 — 4 800	pour la 2me bobine :	19^{k}900
1 · — 5 300		
1 — 5 000		

Troisième série.

1 bobine de 4^{k}800		
1 — 5 000	pour la 3me bobine :	19^{k}800
1 — 5 100		
1 — 4 900		

Quatrième série.

1 bobine de 4^{k}900		
1 — 4 800	pour la 4mo bobine :	19^{k}900
1 — 5 400		
1 — 4 800		

Cinquième série.

1 bobine de 4^{k}900		
1 — 4 800	pour la 5me bobine :	19^{k}800
1 — 5 200		
1 — 4 900		

Sixième série.

1 bobine de 5^{k}100		
1 — 5 100	pour la 6mo bobine :	19^{k}900
1 — 5 200		
1 — 4 500		

Total 24 bobines; les mêmes que d'autre part . . 119^{k}100

Toutes les séries pèsent le même poids, quoique les bobines varient de l'une à l'autre ; celles du devant, qui résultent de ce mélange, doivent être égales; ce que l'on vérifie par un second pesage pour la machine de chute; on ne fait là que deux séries, les bobines lourdes et les légères, qu'on mélange au passage suivant. La soigneuse fait elle-même ce triage après chaque levée; c'est un moyen de vérifier si le numéro change.

Quand rien ne s'y oppose, il est bien de peser tout un lot à la fois à la première opération; on a plus de facilité pour le classement, et le mélange est mieux fait.

Beaucoup de bons contre-maîtres suivent une autre méthode, qui n'est pas mauvaise, mais qui est très-assujettissante. Elle consiste à passer la laine par garnitures de bobines prises au hasard à l'une des premières machines; on échantillonne chaque garniture, que l'on met au numéro en changeant l'étirage de la machine, selon la grosseur du ruban provenant de la garniture. On peut, avec cette méthode, faire usage du pesage, ce qui dispensera de changer les pignons d'étirage, car les garnitures seront toutes les mêmes; ou bien encore, on pourrait passer toutes les bobines d'un même poids, en commençant par les plus lourdes et finissant par la garniture des plus légères, qu'on ramène au numéro des premières, en grossissant l'étirage. Par cette méthode, on pourrait avoir un ruban très-régulier; mais toujours à la condition de ne pas perdre de vue la machine à échantillonner; le pesage général et le classement par série dispensent de cette attention. Dès qu'un lot est engagé dans les machines, il se termine sans changer aucun pignon.

Ces mêmes contre-maîtres, dont il vient d'être question, ont aussi une méthode, pour le numéro de préparation, qui les dispense de tableaux et de calculs. Ils sauront, par expérience, que cinq tours de dévidoir donnent, au troisième passage, le dixième du numéro du fil; pour du 100, ils feront du 10; pour le 120 du 12, et ainsi de suite; ils arriveront juste au numéro voulu au bobinoir finissant, sans rien changer dans les machines intermédiaires. Pour obtenir de tels résultats, il faut travailler toujours les mêmes matières, car une laine plus commune perdra constamment de son numéro dans les étirages; cela ne devrait pas être, mais cela est; il n'y a pas à passer outre, il faut absolument en tenir compte, ce que l'on fait en rectifiant le numéro à différents passages. C'est pourquoi je donne une table des numéros de préparation à tous les passages, en expliquant la théorie dans le chapitre IX.

Quatrième passage.

Dans la composition des divers assortiments (page 65), j'ai indiqué un bobinoir de chute à 16 bobines pour ce passage. Depuis, je suis allé à Fourmies voir comment étaient composés les derniers assortiments livrés dans ce pays par la maison Grün. Voici ce que j'ai vu :

1° Un gill-box à 2 bobines;

2° Un étirage à 8 bobines à compteur;

3° Un bobinoir de chute à 16 bobines;

Et cinq bobinoirs à 50, le dernier faisant triple mèche sous un même buffle, ce qui fait 150 mèches au bobinoir finissant. Si, comme dans le système ordinaire, chaque mèche peut suivre 40 broches, ce bobinoir alimenterait 6000 broches. Ceci est le dernier mot pour le moment actuel. Je reviendrai sur cette triple mèche dans l'article qui traite du bobinoir en général. Occupons-nous ici de celui spécial au quatrième passage, dit bobinoir de chute.

Dans l'assortiment que je viens d'indiquer, et qui n'est pas complet pour le nombre de broches, le bobinoir de chute donne deux passages, si bien que l'un des bouts du côté de la commande remplace l'étirage à frottoirs que nous voyons planche 14, figures 1 à 6. Je mets, sur cet étirage, les mêmes lettres que sur le précédent, à la description duquel on peut se reporter pour la désignation des pièces.

Nous avons en plus, dans l'étirage de la planche 14, les

frottoirs et leur mouvement. On voit ces frottoirs en profil dans les figures 3 et 6, et en plan dans la figure 5. Ils sont commandés par l'arbre des poulies motrices qui porte un excentrique qui fait mouvoir la bielle b, laquelle, par un mouvement de charnière n, pousse et retire les frottoirs au moyen des tirants m; leur mouvement circulaire est commandé par les engrenages 1, 2, 3; d'autres roues h h, de même grandeur, communiquent le mouvement du frottoir de dessus à celui de dessous; ces roues sont assez larges pour que le va-et-vient du frottoir ne les fasse pas dégrener, ce qui dispense des anciens ajustements très-coûteux à entretenir. Les bobines que l'on voit figure 4 viennent du premier étirage; elles sont plus petites que celles mises derrière les premiers passages, figure 4, planche 13, et plus grandes que celles du bobinoir ordinaire, figure 4, planche 15.

Jusqu'à ces derniers temps, le mouvement des frottoirs avait manqué de solidité; les dispositions qui lui ont été données dans les planches 14 et 15 l'établissent dans des conditions inébranlables. On trouve quelque chose de ces dispositions dans le bobinoir de chute de la planche 8, tirée de M. Hulsse; je le désigne ainsi à cause de l'écartement des tables et de la longueur des bobines sur le rouleau d'appel. Le bobinoir de chute actuel a ce rouleau d'appel beaucoup plus près des frottoirs. Donnons une description sommaire du bobinoir de la planche 8, qui ne doit pas être de construction française.

Les figures 1 à 6, planche 8, donnent différentes vues d'un bobinoir à longues bobines simples; c'est ce qui caractérise les bobinoirs de chute. Les dessins sont exécutés à $1/12^{me}$ de la grandeur réelle.

La figure 1 est une vue en plan qui fait voir 6 bobines; le bobinoir est coupé entre la cinquième et la sixième, pour indiquer que le nombre n'est pas limité. J'en mets 16 pour alimenter mes 6500 broches; je serai parfaitement à l'aise.

La figure 2 est une partie de l'élévation, avec le mouvement de crémaillère pour le va-et-vient du rouleau d'appel. Pour simplifier le dessin, on ne l'a pas mis sous la figure 1.

La figure 3 est une coupe transversale du bobinoir entier; on voit les principaux organes, avec indication des engrenages qui les font mouvoir.

La figure 4 est l'elévation du bout à droite, du côté de la commande.

B est le cylindre d'entrée de la mèche ou du ruban;

B' rouleau de pression sur ce même cylindre;

C deuxième cylindre;

C' son rouleau de pression;

D peigne cylindrique;

E cylindre étireur, cylindre de devant;

F entonnoir qui guide la laine pour aller aux frottoirs;

M les frottoirs avec leurs buffles;

Q le bâti du va-et-vient;

G les supports des cylindres;

H sellettes de pression;

H' tirants de pression;

H^2 leviers de pression avec leurs poids H^3.

Les cylindres supérieurs B' reçoivent une pression directe par J.

On voit dans le plan, figure 1, les tables des frottoirs $K\,N\,L$ dégarnies de leurs buffles, ou cuir sans fin représenté par M. Le rouleau N est le tendeur qui fait porter par son poids les cuirs de dessus sur ceux de dessous.

P est le rouleau d'appel;

P' les supports des bobines et du rouleau d'appel.

La figure 5, planche 8, donne l'ancienne disposition pour guider le cannellier. Q' est le galet mobile qui adoucit le mouvement; maintenant on fait porter le cannellier sur des galets dont les axes sont fixes (figure 6, planche 15).

Le mouvement se communique par des poulies S qui sont sur l'arbre T.

S' est la tringle de débrayage avec sa fourche S^2.

La roue a, figure 4, a 54 dents; elle commande l'intermédiaire b, qui commande la roue c, figure 1, à l'extrémité du cylindre étireur; elle a aussi 54 dents. L'arbre moteur T et le cylindre étireur E, dans la planche 8, font donc le même nombre de tours.

La pièce dite tête de cheval est à droite du plan, figure 1. Le pignon d, sur le cylindre étireur, a 48 dents; il engrène avec la roue e, qui a 110 dents. Le pignon de rechange f a de 24 à 40 dents; et la grande roue g, sur le second cylindre, 47. C'est avec ces roues et la différence de diamètre des cylindres que se calcule l'étirage. Cette opération est faite, chapitre IX, sur le bobinoir actuel de Grün, qui a d'autres engrenages.

La roue g du deuxième cylindre, qui a 47 dents, commande par une roue double h le cylindre d'entrée, qui porte la roue i, de 48 dents. On voit qu'il n'y a qu'une dent de tension sur 48; c'est insignifiant. On voit aussi que ce bobinoir a les mêmes roues aux deux extrémités; le laminage ayant une solution de continuité, on peut avoir deux étirages différents sur la même machine.

Les peignes sont commandés au milieu par le cylindre C, qui porte les roues k, de 32 dents; celles sur l'arbre de peigne marqué m en ont 48.

Le pignon n, avec 24 dents, commande la roue p, de 32, par l'intermédiaire o.

La roue p est sur la tringle du dessus du frottoir, qui, par des roues égales g, fait marcher celle du dessous.

Le mouvement rectiligne du frottoir est commandé par des roues d'angles s et r à 45°; elles ont chacune 30 dents. On voit les leviers et bielles qui transmettent le mouvement figure 4.

Le mouvement rotatif du rouleau d'appel part du transmetteur b, pour arriver à d', qui a 66 dents. Sur l'arbre de cette roue, on voit le pignon e', avec 31 dents; et la roue f', qui a

60 dents, est sur l'axe du rouleau d'appel. Ce mouvement est appliqué dans les étirages Pierrard-Parpaite. Le pignon e' voyage avec le rouleau qu'il fait tourner ; il est commandé par l'arbre à rainure n'. Tout cela est dans la figure 1, planche 8, à droite.

Le mouvement rectiligne du rouleau d'appel P est indiqué par la figure 2. Sur l'arbre T est une roue conique g', de 36 dents, qui engrène avec h', qui en a 84. L'arbre qui porte cette dernière roue a un pignon de 11 dents à son autre extrémité ; ce pignon s'engrène dans le cadre k', qui a 86 dents. Ce cadre, qui obéit au pignon de 11 dents, est fixé au bâti Q et le fait marcher alternativement à droite et à gauche, selon que le bout de l'arbre U passe d'un côté à l'autre de la règle qui divise la crémaillère. (Nous mettons au pignon qui commande la crémaillère de 22 à 24 dents.)

Voici quels sont les rapports de mouvement de ce bobinoir, l'arbre principal T faisant 140 tours, et le pignon de rechange f étant de 32 dents :

		Diamètre en millimètres.	Tours par minute.	Chemin de travail en mètres.
Cylindre de derrière	B	34	40,73	4,35
Cylindre de derrière	C	34	41,57	4,44
Cylindre de devant	E	37	140,00	16,28
Buffles des frottoirs	M et L 50		105,00	16,50

Son mouvement rectiligne est de 140 coups de $27^m/_m$ p. minute.

Rouleau d'appel	P	100	52,61	16,53
Arbre du va-et-vient	U	60^t qui font enrouler 17,00		

Ce sont les calculs sur le bobinoir de la planche 8 qui donnent ainsi l'étirage total de 1 à 4 environ. On voit entre chaque organe une petite tension indiquée par la longueur en plus que développe cet organe par minute. Le cylindre étireur E a seul une grande différence, parce que c'est là que se fait l'étirage dans le peigne D. La marche de ce peigne n'est pas proportionnelle ; elle sera indiquée pour toutes les machines.

Dans les machines de Grün, planches 13 et 14, l'étirage est indiqué par les engrenages 4, 5, 6 et 7, figure 5.

Le pignon 4, sur le cylindre étireur, a de 40 à 50 dents;
La roue 5, sur la tête de cheval, a 115 dents;
Le pignon 6, sur le même axe, a de 50 à 60 dents;
La roue 7, sur le cylindre d'entrée, a 90 dents. Les cylindres étant de même diamètre, on a, pour les étirages :

$$Maximum : \frac{115 \times 90}{40 \times 50} = \text{étirage de 1 à 5,17};$$

$$Minimum : \frac{115 \times 90}{52 \times 60} = \text{étirage de 1 à 3,3}.$$

(Voir la théorie des étirages au chapitre suivant).

Les engrenages indiqués ici permettent tous les étirages entre 3,3 et 5,17; si on les veut plus grands, il y a des roues de rechange de 100 et 110, pour mettre à la place du 90, sur le dernier cylindre.

Je répète, en terminant cet article sur le quatrième passage, que l'adoption ou le rejet des machines doubles que j'ai mises dans la composition de l'assortiment sont subordonnés à la régularité des rubans livrés à la filature. Ces machines, qui permettent de grands doublages, obtiennent facilement une mèche d'une grosseur uniforme, ce qui est indispensable avant d'arriver aux bobinoirs. Dans l'ancien système, le tortillon était un moyen infaillible pour obtenir cette régularité; il se plaçait entre le troisième et le quatrième passage, et servait en même temps à glacer les rubans. Ce glaçage s'obtient aujourd'hui par le passage à la lisseuse. Il y a encore un moyen qui est très-bon pour fixer les filaments : c'est le repos, dans un endroit humide, de bobines très-serrées faites aux premiers passages. Ce moyen est pratiqué par les grandes maisons qui ont des lots d'avance préparés en magasin, et qui n'ont plus que les passages de bobinoir à recevoir.

Cinquième passage. — BOBINOIR.

On voit, figure 6, planche 8, le profil d'un bobinoir qui n'a qu'un cylindre derrière. Ce bobinoir a un cylindre engageur sur les peignes; la commande de ce cylindre est indiquée par D et D'.

La figure 9, planche 7, montre la disposition des organes travailleurs du bobinoir de Carbon, de Reims, publié par Armengaud à $1/10^{me}$ de grandeur naturelle.

La figure 10, même planche, explique le mécanisme du mouvement transversal des frottoirs, par support à arc et crémaillères. Ce système ne se construit plus; c'est pourquoi je n'entre pas dans des détails qui ne seraient que la répétition de ce qui vient d'être dit pour le bobinoir d'Allemagne.

Je place au cinquième passage un bobinoir ordinaire de Grün à 32 bobines. Sa mèche, produite en avant, sera le double plus fine que celle du bobinoir de chute, ce qui s'obtiendra en mettant dans chaque peigne deux mèches de ce dernier qui seront étirées de 1 à 4. Les deux bobinoirs, marchant à même vitesse, produiront le même nombre de kilogrammes; il faut qu'il en soit ainsi à tous les passages pour avoir une bonne marche.

Les figures 1 à 6, planche 15, donnent la dernière forme du bobinoir de Grün. C'est le même qui va servir à tous les passages; il n'y a que les proportions dans les organes du laminage qui vont en diminuant à mesure que le travail approche de la fin. Les cylindres étireurs de ce premier bobinoir ont $44^{m/m}$ de diamètre; ceux du dernier en ont 32. Les peignes ont $45^{m/m}$; ceux du dernier en ont 25. Toutes les mesures, à tous les passages, sont indiquées au tableau qui termine ce chapitre.

On remarquera peut-être que l'assortiment donné à la page 56 n'est pas le même que celui du tableau page 65; cela tient à ce qu'ayant supprimé, dans le tableau, la réunion double à frottoir, la longueur du premier bobinoir ordinaire se trouve modifiée, parce qu'il est au cinquième au lieu d'être au sixième passage. Dans les deux combinaisons, le sixième passage est un bobinoir à 40. L'assortiment de la page 56, qui se bifurque sur deux séries de petites machines, est plus commode pour le filateur à façon qui a des lots très-variés et qui est pressé de satisfaire ses clients. Dans le tableau des assortiments, page 65, je ne m'arrête pas à ces considérations ; je suis un ordre plus rationnel, qui suppose un établissement travaillant pour son compte, et par conséquent libre dans sa marche. Je prends la plus économique.

La figure 1, planche 15, donne l'élévation du bobinoir de Grün vu en bout, du côté de la commande T.

La figure 2, l'élévation en face, du côté du rouleau d'appel P, la commande à droite.

La figure 3, l'élévation du côté opposé à la commande. On ne voit, en fait d'engrenages, que les roues 8, 9 et 10, qui commandent le peigne ; on voit aussi le compteur V.

La figure 4 donne le porte-bobine avec deux rangs de bobines, et le premier cylindre d'entrée B avec son rouleau de pression B' qui est en fonte polie ; il presse par son propre poids, ainsi que C', que l'on voit figure 5. Cette figure donne la vue en plan du bobinoir. Les rouleaux de pression sont enlevés sur un système, ainsi que les bobines sur un côté du rouleau d'appel, pour laisser voir ce rouleau et les cylindres B, C et E, qui sont tous trois du même diamètre.

La figure 6 est une coupe du bobinoir qui laisse voir la section des organes travailleurs.

M indique le frottoir qui a cinq colonnes, dont deux sont plus petites de diamètre que les autres. Les frottoirs auront un article spécial.

D les peignes, qui seront également traités à part ;

H une bride de pression ;

H¹ un tirant de pression ;

H² un levier de pression ;

H^3 poids de pression ;

Q porte-système du rouleau d'appel ;

Q' bâti du bobinoir ;

A les guide-mèches sur les rouleaux d'appel ;

A' les galets qui portent ces mêmes rouleaux ;

G les supports à larges portées, qui reçoivent les cylindres, l'arbre des peignes et les frottoirs ; le tout monté sur cavaliers à coulisses, pour faire varier les écartements à volonté.

Le dessin ne représente que trois supports, parce que le bobinoir n'a que quatre bobines ; mais on comprend que c'est toujours la même répétition pour 32, 40, comme pour 50 bobines : il n'y a que la longueur qui change ; les extrémités restent les mêmes.

L'écartement ordinaire du centre au centre d'un support à l'autre est de $425^{m/m}$ dans les bobinoirs de Bruneaux ; ceux de Villeminot sont à peu près semblables. Le dessin, qui a $33^{m/m}\,1/2$ du centre au centre d'un support, est sur l'échelle de $1/12^{me}$ pour $402^{m/m}$ d'écartement du centre au centre.

P' cavalier qui reçoit les bobines ;

S poulies motrices ;

S^1 tringle de détente ;

S^2 fourche de détente.

N arbre qui reçoit la commande de l'arbre T par une paire de roues d'angle à 45° ; sur le bout de cet arbre N, il y a un pignon A, avec rechanges de 37 à 50 dents, qui engrène avec l'intermédiaire F, pour commander K, roue de 60 dents placée sur le cylindre étireur.

I est une roue de 76 dents d'une division plus fine placée sur la tringle des frottoirs ; elle reçoit son mouvement du cylindre étireur par un pignon de 33 à 36 dents, selon le diamètre du cylindre ou la tension que l'on veut donner à la mèche (il en faut le moins possible). Ce pignon est placé derrière K.

1, 2, 3 sont les roues qui transmettent le mouvement circulaire au rouleau d'appel.

4, 5, 6 et 7, que l'on voit bien dans le plan, figure 5, sont les engrenages pour l'étirage ;

4 est un pignon de 40 à 50 dents sur le cylindre étireur ;

5 une roue de 115 dents sur la tête de cheval ;

6 le pignon de rechange de 50 à 60 dents ;

7 la grande roue de 90 dents sur le cylindre derrière les peignes.

Je ferai voir, au chapitre suivant, que les pignons de 52 dents, placés sur le cylindre étireur et sur la pièce dite tête de cheval, donnent l'étirage de 1 à 4 au bobinoir de Grün.

X est la roue droite qui commande le va-et-vient du rouleau d'appel par les roues d'angle Y et la crémaillère Z ; cette crémaillère est horizontale et mobile.

W volant sur l'extrémité de l'arbre T pour régulariser le mouvement des frottoirs. Il y a encore cinq roues dont il n'a pas été question ; la roue *b* de 48 dents sur le cylindre B, et la roue *e* de 46 dents sur le cylindre C, qui transmet, par l'intermédiaire *d*, le mouvement au cylindre d'entrée. Ces deux roues entrent aussi dans le calcul des étirages.

Les roues *o o'* communiquent le mouvement du frottoir de dessous à celui de dessus ; elles sont toutes deux d'un diamètre égal à celui des plus grosses tables des frottoirs.

g figure 4, est le pied en fonte du porte-bobine ;

h montant en fer rond ajusté dans le pied ;

m cavaliers mobiles sur les montants ;

n traverses en fer qui reçoivent les bobines par des axes que le dessin indique, ainsi que tous les autres détails que je néglige ici. Cette description serait la même pour tous les bobinoirs des passages qui vont suivre ; on comprend que je ne la produise qu'une fois. C'est aussi pour ne pas me répéter, que je vais réunir en un seul article les derniers passages, dont le nombre peut augmenter ou diminuer, selon les fils à produire et la fantaisie des filateurs; ce qui ne change rien aux observations générales sur la marche des peignes, des frottoirs, etc.

Du sixième au douzième passage.

Nous trouvons, dans le tableau des assortiments, page 65 :

Au 6me passage, un bobinoir ordinaire à 40 bobines;
Au 7me id. un bobinoir ordinaire à 50 bobines;
Au 8me et au 9me, un bobinoir double à 50 bob. : 100 mèches;
Au 10me passage, deux bobinoirs à 30 doubles : 120 id.
Au 11me id. deux bobinoirs à 40 doubles : 160 id.
Au 12me id. deux bobinoirs à 50 doubles : 200 id.

Pour alimenter les 6500 broches, j'ai expliqué plus haut pourquoi je mettais des 50, tandis que des bobinoirs plus petits suffiraient. Des 50, avec un nombre de levées déterminé, donnent des garnitures de fileurs complètes, sans fraction : deux levées de bobines du bobinoir finissant garnissent un métier de 200 broches; cinq levées garnissent deux métiers de 250; les garnitures sont plus régulières. Le bobinoir à 40 du sixième passage, alimentant le 50 du septième, se trouve dans les conditions des bobinoirs à 20 qui, dans les anciens établissements, alimentent des 24.

Le bobinoir du huitième passage ne double que par deux, ce qui fait quatre rubans dans chaque peigne. Il en est toujours ainsi du premier bobinoir double, qui fait une mèche moitié plus fine que celle du bobinoir qui le précède.

Le neuvième passage peut doubler par quatre bouts en un; tous les autres par trois. Dans ces derniers passages, la mèche va très-bien, surtout lorsque le finissant ne double que par trois; le doublage par quatre, dans les bobinoirs intermédiaires, est peu pratiqué pour la mèche double, parce que cela fait huit mèches dans un seul peigne. On rend la surveillance facile par deux tringles d'entrée : une qui est divisée dans toute sa longueur en autant de parties égales qu'il y a de mèches derrière le bobinoir, et l'autre à 7 ou 8 centimètres en avant de la première, réunissant trois ou quatre de ces mèches. Dès qu'une mèche casse, elle laisse un vide dans la nappe des divisions égales; l'ouvrière le voit de suite.

On a voulu parer au manque d'attention de la soigneuse par un mécanisme connu sous le nom de garde-mèche, ou casse-mèche. Cette idée, importée d'Angleterre et tirée des machines au coton, a été brevetée en France au nom de M. Lemoine-Brabant, manufacturier à Reims; elle fut ensuite perfectionnée par M. Poulain, de la maison Benoist et A. Walbum, de la même ville.

C'est un mécanisme aussi simple qu'ingénieux; pour bien le comprendre, il faut le voir :

Chaque mèche passe dans une comète libre, dans le sens vertical; si la mèche casse, cette comète tombe; sa queue est rencontrée par l'encoche d'une règle, qu'un mouvement de va-et-vient fait jouer dans toute la longueur du bobinoir. Tant qu'il n'y a pas de mèche cassée, ce mouvement est sans effet; mais aussitôt qu'une mèche vient à manquer, la comète correspondante est rencontrée par la règle qui fait dégrener la machine, parce que la comète n'est pas libre dans le sens horizontal. Chaque comète qui tombe produit le même effet. Il y a un appareil en avant comme en arrière du bobinoir, pour le cas où il se ferait une barbe aux cylindres ou aux peignes; dès qu'une mèche manque en avant, le bobinoir arrête.

Dans l'origine, il arrivait que deux mèches étant cassées à la fois, l'ouvrière, n'en voyant qu'une, poussait la détente sans avoir remis la seconde, ce qui dérangeait le mécanisme, et même le faisait casser. Le perfectionnement apporté par M. Poulain fils consiste à empêcher le métier d'engrener, tant que toutes les mèches ne sont pas remises en place : c'est une addition dont on comprend aisément toute l'utilité.

Je crois le casse-mèche une bonne chose, surtout à certains gros passages et dans les très-grandes machines. Il supplée à la prévoyance et à l'activité des ouvrières; il évite le déchet, tout en sauvegardant la régularité de la préparation; il permet de faire conduire plusieurs machines par une même ouvrière, sans inconvénient : c'est surtout dans ce dernier cas qu'il est économique et nécessaire. Les auteurs de ce mécanisme en ont peut-être arrêté l'application par des prétentions trop élevées dans les prix de vente; je les engage à faire des concessions, s'ils veulent profiter d'une bonne idée qui ne sera pas perdue. Le casse-mèche est le complément des machines à compteur, comme le casse-duite, dans le métier à tisser, est l'auxiliaire du régulateur; c'est ce qui permet à un tisseur de conduire deux métiers.

Je vais, dans ce chapitre, épuiser, autant que possible, tout ce qu'il est nécessaire de dire sur les machines à préparer, afin que dans le chapitre suivant, où je ne m'occuperai que des calculs, des numéros de préparation, l'attention du lecteur ne soit pas détournée par d'autres sujets.

MARCHE DES PEIGNES.

J'ai donné le diamètre du premier peigne cylindrique : 0^m06^c. Celui du dernier se fait de plus en plus petit; beaucoup n'ont que $0^m025^{m}/^m$, et tous les autres en proportion entre ces deux données. La largeur des peignes est proportionnée à celle des tables des cylindres cannelés; elle doit être de 0^m06^c pour les peignes à mèche double aux bobinoirs finissants. Les dimensions pour tous les passages sont réunies dans le tableau qui termine ce chapitre.

La commande des peignes ne doit pas être en rapport avec le diamètre, parce que cette commande ne fait pas tourner le peigne, elle le retient; c'est la laine qui, par l'étirage, le fait marcher, et s'il n'était pas retenu, il entraînerait la laine dans son mouvement circulaire et ferait des *barbes*.

C'est ce qui explique pourquoi le pignon de commande du peigne est plus petit que celui qu'indique la proportion entre le peigne commandé et le cylindre commandeur. Cette différence est souvent de 1/5me à 1/4.

COMMANDE DES PEIGNES.

Cette commande doit être telle qu'en ajoutant une dent pour accélérer les peignes, ils donnent des barbes; en retirant cette dent, on aura juste l'accélération qui fait entrer la laine dans le peigne et donne un bon travail.

C'est l'expérience qui indique le pignon voulu. Si ce pignon est trop petit, on voit la laine flotter dans les aiguilles du peigne, elle n'y entre que forcée par l'étirage : le travail est mauvais. Il arrive aussi qu'un peigne neuf, qui exigera un pignon de 38 dents pour le commander acceptera un 39 au bout de six mois de marche, sans faire de barbes, parce que les aiguilles se seront polies et usées au bout. Les laines courtes supportent moins de tension dans le peigne que les laines longues, et les peignes à aiguilles courtes et très-inclinées supportent plus de tension que les autres; il n'est donc pas possible de déterminer d'une manière absolue la commande du peigne : c'est pourquoi les constructeurs livrent toujours pour cette commande deux ou trois pignons de rechange. La marche des peignes dépend aussi de leur position.

POSITION DES PEIGNES.

Cette position, par rapport au cylindre étireur, a de l'importance : trop bas, le peigne fonctionne bien en apparence, la laine reste droite et ne serpente pas, elle entre facilement dans les aiguilles, qui ont le désagrément de se salir vite; trop haut, il évite les barbes que donnent les peignes bas, la laine entre avec difficulté, on la voit imiter les touches d'un piano en mouvement, elle cède à l'étirage sans entrer au fond des aiguilles.

La position la plus convenable, c'est que le peigne et le cylindre étireur aient leur partie supérieure dans un même plan horizontal (j'entends le fond des aiguilles et le dessus du cylindre étireur), de manière que la laine s'étire horizontalement. Il faut aussi que le cylindre de derrière soit le plus haut possible; la laine ne doit prendre que six à sept rangées d'aiguilles. Si l'on entoure avec cette laine une grande partie de la circonférence du peigne, il faut la rompre pour l'étirer. On ne se rend généralement pas compte de la résistance que présente la laine dans les peignes : elle est excessivement grande.

Hubner l'a compris ; c'est pourquoi, dans son bobinoir, la laine n'est que tangente à la circonférence du peigne ; elle va en ligne droite du tendeur au cylindre étireur ; sur ce tendeur, elle est maintenue par un rouleau de pression libre, sous lequel elle peut glisser ; elle n'est tenue dans le peigne que par trois ou quatre rangs d'aiguilles. Ce système est-il préférable? Je l'ignore ; mais il n'est que l'exagération de celui que j'indique. Le bobinoir d'Hubner, tout en faisant des bobines serrées, les fait très-petites; elles ne contiennent pas plus de laine que celles des bobinoirs ordinaires.

LONGUEUR DES AIGUILLES.

J'ai vu des aiguilles de $1^{m/m}$ 1/2 qui fonctionnaient bien. Avec celles-là, on peut tendre à volonté ; mais la moindre bourre dans le peigne fait sortir la laine des aiguilles. On met aux bobinoirs finissants des aiguilles de $3^{m/m}$ de hauteur pour les laines mérinos, $4^{m/m}$ aux bobinoirs fins, et 5 aux autres, pour arriver à 8^m/^m, qui est la hauteur des aiguilles du plus grand peigne à hérisson (on désigne ainsi les peignes hérissés d'aiguilles à leur circonférence). Presque tous les peignes se fabriquent à fond de cuivre, ce qui permet de donner aux aiguilles la pente que l'on veut. Celle du modèle B, 42^m/^m, de Vallon-Jolly, est bonne. Pour l'achat des peignes, il faut tenir plus à la perfection qu'au bon marché. Les bons se salissent peu ; l'ouvrière doit les nettoyer deux fois par jour.

———

PRESSIONS.

Les pressions varient de 150 à 25 kilogrammes, de la première à la dernière machine (j'entends la pression exercée sur le cylindre étireur). Elle s'obtient, au moyen des leviers, par des poids beaucoup moindres : de 5 à 25 kilogrammes. Sur ces leviers, on pratique des encoches, pour avancer ou reculer uniformément tous les poids d'une même machine, selon que cette machine travaille des laines plus ou moins fines, et aussi selon le volume de laine à étirer.

Au gill-box, la pression se donne, par des vis, sur des ressorts qui font engrener ensemble les cannelures de deux cylindres séparés par un cuir mobile; la laine ainsi pincée s'étire facilement.

Dans les défeutreurs, la pression est de 120 à 150 kilogrammes. Plus la cannelure est fine, plus la pression a besoin d'être forte pour un même travail. J'ai vu avec étonnement, dans les filatures de chanvre, où la matière se prépare sèche, des cylindres étireurs sans cannelures, ce qui nécessite des pressions énormes.

La pression, dans les bobinoirs, va de 30 à 40, et même 50 kilogrammes, aux passages du milieu. J'indique une moyenne dans le tableau. Cette pression peut monter ou descendre de 6 à 8 kilogrammes, selon qu'elle travaille des laines très-fines et tendres, ou des laines d'un gros diamètre. La pression indiquée est pour les laines de Champagne; elle suffit pour la mèche double dans les numéros fins.

La pression se règle au commencement de chaque partie, et une fois réglée, il ne faut plus y toucher tant que dure la partie de laine engagée, parce qu'un changement de pression change le numéro de la mèche; cela se comprend : le cylindre étant cannelé et le rouleau de pression souple, ce dernier entre plus fort dans la cannelure avec une pression plus forte, ce qui lui fait développer une plus grande longueur à sa circonférence, avec un même nombre de tours.

Les rouleaux de pression sont généralement en bois, traversés par un axe en fer. Les portées des axes doivent être larges de 5 à 6 centimètres, et trempées, ce qui donne des frottements doux.

Les rouleaux de pression se recouvrent en drap très-fort, fabriqué exprès par la maison Mathieu Mieg, de Mulhouse. Il y en a peut-être d'autres qui fabriquent également bien; mais je cite celle que je connais pour avoir fait longtemps usage de ses produits.

Sur ce drap, il y a des filateurs qui mettent une peau de veau glacée. Ce moyen est trop coûteux pour les fortes pressions. Le veau glacé posé sur le drap ne fait un bon usage qu'aux bobinoirs fins; là, il est excellent, parce qu'il entretient en bon état les parchemins qui le recouvrent.

On remplace aussi le drap par des cuirs ou des buffles que l'on rend cylindriques par un coup de tour, après le collage.

J'ai vu des rouleaux de bobinoir recouverts par des rondelles en caoutchouc. Pour que ce moyen réussisse, il faut faire fabriquer le caoutchouc exprès, pour l'avoir d'une densité convenable. M. Demandre-Collet, de Suippes, qui file bien, fait depuis longtemps usage de ce moyen. M. Potier est breveté pour un outil qui sert à tourner le caoutchouc.

La colle pour fixer les draps ou les cuirs sur le bois se fait de plusieurs manières. En voici une très-simple :

2 litres d'eau bouillante ;

300 grammes de colle de poisson ;

50 grammes de colle gélatine.

Pour bien coller les draps, il faut faire cette opération sur le tour, le rouleau placé entre les deux pointes. Le drap est coupé en ruban, comme des rubans de carde ; on fixe un bout au flanc du rouleau, par une pointe ; on enduit ce dernier de colle très-chaude ; puis on tourne en raidissant la bande de drap, jusqu'à ce qu'elle enveloppe complètement la circonférence du rouleau ; on coupe en biais ce qui dépasse. Ce biais, fait à la bande de drap, sert pour recommencer le rouleau suivant, sans perte de marchandise.

Les diamètres des rouleaux vont de 12 à 6 centimètres de la première à la dernière machine. La largeur des tables est la même que celle des cylindres cannelés, et plus large que les peignes, afin que les parchemins qui couvrent les rouleaux retombent sur les rosaces de ces peignes, et non sur les aiguilles, ce qui les déchirerait.

Un rouleau mis en place sur une machine ne doit être retiré que lorsque le drap est usé et qu'il ne peut plus marcher. Le retirer d'une place pour le remettre ensuite à une autre est une opération inutile ; on ne le change que lorsqu'il coupe, et que la cause reste ignorée. Un rouleau neuf sur un vieux cylindre va souvent plus mal que le vieux, qui avait pris la forme du cylindre.

Tous les leviers de pression doivent être horizontaux et libres. Un trou est pratiqué dans le milieu de la tête du tirant, pour faciliter le graissage sous le collet de la pression. Il en est de même pour les coussinets des tourillons ; mais ces derniers, qui ne supportent aucune pression, ont besoin d'être graissés beaucoup moins souvent.

GRAISSAGE.

L'ouvrière doit commencer, en arrivant le matin, par graisser tous les mouvements de son métier : l'excentrique, les tringles des frottoirs, les collets des cylindres et pressions, la crémaillère, le tourillon de l'arbre qui la commande, les canons des roues intermédiaires, la douille de la poulie folle, tous les cavaliers du premier et du dernier support du bobinoir. Ceux des deuxième et troisième rangs de cylindre, ainsi que les collets de l'arbre des peignes, les tourillons des rouleaux de pression, se graissent deux fois par semaine. Les collets qui supportent les pressions se graissent deux fois par jour, ainsi que la tête et la queue de la machine.

Le contre-maître doit bien surveiller le graissage, pour lequel il faut de la bonne huile et de bons outils ; on doit employer des burettes à longs becs qui versent peu d'huile à la fois. La distribution de l'huile, aux soigneuses, se fait deux fois par semaine à toutes les ouvrières en même temps.

L'huile est l'article qui a été le plus essayé dans les filatures, et sur lequel on est le moins fixé. Il y a les huiles dites de pied de bœuf, ou les huiles animales, et les huiles d'olives qui se disputent la clientèle. On mélange les deux sortes, en ayant soin de remuer le tout chaque fois qu'on en tire.

Le moteur se graisse une fois par jour, à moins qu'il n'ait des coussinets graisseurs ou d'autres appareils, qu'il faut surveiller. La surveillance, pour le graissage, a une grande influence sur la consommation, qui peut varier de 40 p. %, dans un même atelier. Le premier collet du moteur doit se graisser deux fois par jour ; les dents des engrenages deux fois par semaine, avec du suif fondu, qui durcit le bois.

J'avais demandé les noms des meilleurs fournisseurs d'huile ; on ne m'a donné que celui de M. Salomon Cordonnier, d'Arras, que je ne connais pas.

COUPURES.

Un manque de graissage, qui fait marcher le rouleau de pression par secousses, donne des coupures. Lorsqu'une machine coupe la mèche, il faut commencer par l'arrêter et examiner si le défaut est général ou local. Dans le premier cas, il peut venir de l'arbre des peignes qui joue dans sa commande ou dans son manchon, d'une roue qui saute à un endroit quelconque par suite d'une résistance inattendue (tel qu'un tourillon grippé), sans cependant dégrener totalement ; des écartements trop grands donnent aussi des coupures. Si, au contraire, les coupures sont partielles, qu'elles n'existent qu'à une ou deux bobines, elles auront pour cause un défaut local qui peut être :

1° Une entrée obstruée, ce qui produit du ruban échancré ;

2° Un rouleau de pression engorgé ou non graissé ;

3° Un drap décollé ou un mauvais parchemin usé ;

4° Un peigne qui tourne sur son arbre ou qui est sale et plein.

La coupure vient aussi quelquefois de la machine précédente, ce qui se reconnaît en examinant les mèches derrière le bobinoir qui donne des bobines coupées. La soigneuse qui a laissé passer ces mèches sans les voir est une très-mauvaise ouvrière. Une bobine coupée doit être mise au déchet ; le mal n'est bien réparable que par ce moyen. On la met au premier passage.

PARCHEMINS.

Je viens de dire que les coupures pouvaient avoir pour cause un parchemin usé. Ce défaut était bien plus fréquent avec les parchemins de mouton, qui se creusaient au milieu, qu'avec le parchemin artificiel de Montgolfier, qui supporte mieux la fatigue. Beaucoup de filateurs mettent ce parchemin partout, même aux métiers des fileurs; j'avoue que là il rend un moins bon service que le parchemin de mouton, que j'ai toujours préféré sur les rouleaux des métiers à filer. C'est uniquement par économie que l'on met du parchemin artificiel aux métiers à filer; mais l'économie cesse si le travail en souffre, je le crois.

Le parchemin artificiel, j'entends le bon parchemin Montgolfier fabriqué avec des matières animales, est excellent dans les préparations; il faut proportionner la grosseur des feuilles aux pressions qu'elles doivent supporter.

Le numéro 5 a dix feuilles au kilogramme; il se met au défeutreur.

Le numéro 4 a treize feuilles au kilogramme; il se met à l'étirage double, à la machine de chute.

Le numéro 3 a dix-sept feuilles au kilogramme; il se met partout, excepté aux bobinoirs finissants.

Le numéro 2 a vingt-cinq feuilles au kilogramme; il se met aux bobinoirs fins et aux métiers des fileurs, pour ceux qui ne préfèrent pas le parchemin de mouton ou le papier glacé.

Voici la différence des prix entre les deux produits :

Les numéros 3 à 5 de Montgolfier coûtent 4 fr. le kilogramme; le numéro 2 coûte 4 fr. 50.

Tandis que les bons parchemins en petits moutons du Berry coûtent :

Les gros, 6 fr. le kilogramme; les moyens, de 7 à 8 fr.; les fins, 12 fr. le kilogramme.

Les parchemins aux bobinoirs finissants se changent deux fois par semaine, et toujours au commencement d'une garniture de fileur, parce que le parchemin neuf peut changer un peu le numéro.

Les feuilles qui ont la forme rectangulaire et ne donnent pas de déchet, comme le parchemin de mouton, sont coupées d'avance par le contre-maître, ou une ouvrière spéciale dans les grandes filatures. On met deux volants à chaque table des rouleaux; on les fait tenir facilement en ayant soin de les coller avant d'enlever les vieilles feuilles, qui servent à maintenir les nouvelles jusqu'à ce que la colle soit sèche. Cette colle est en farine de seigle, légère, pour ne pas durcir les draps. En faisant coller les nouvelles feuilles avant d'enlever les anciennes, on est certain que l'ouvrière ne collera pas ses feuilles à la même place que les autres, ce qu'elle fait volontiers, parce que la colle prend mieux. Mais ce procédé donne des places dures sur le rouleau que beaucoup de filateurs fendent pour mettre des papillons libres; le drap du rouleau fendu s'use plus vite.

Excepté le numéro 2, tous les autres parchemins peuvent fonctionner au moins huit jours, quelquefois plus longtemps. Mais c'est une bonne méthode de changer tous les parchemins à jour fixe, après le nettoyage du samedi; c'est une garantie pour le début du travail de la semaine suivante. Il y a des filateurs qui nettoient les parchemins avec diverses essences; il vaut mieux mettre de côté les meilleures feuilles que l'on retourne. Le parchemin Montgolfier n'a pas d'envers. On place les rouleaux de pression tout près des buffles, ce qui dispense de chapeaux; les parchemins, en effleurant légèrement les frottoirs avec le bout libre, ne se salissent pas, surtout si la laine est bien dégraissée.

FROTTOIRS.

La première idée du frottoir est due à Dobo, breveté en 1815 pour un frottoir dont nous voyons le mouvement figure 11, planche 6. J'ai dit (page 12) que Déclandieux avait perfectionné cette partie du bobinoir qui a été amenée par Villeminot à sa forme actuelle. Il est assez curieux de voir ce qu'était le frottoir de Dobo, qui a reçu une récompense de 2000 fr. de la Société d'Encouragement.

Le premier bobinoir avait 8 bobines, plus tard 16; le

mécanisme frotteur se composait d'une plaque q, figure 11, planche 6. Cette plaque, couverte de drap, était attachée au bâti $a\,a$; les rubans passaient dessus, entre cette plaque fixe et une autre plaque m qui était mobile et également couverte de drap; elle était attachée aux bras o qui, par des arbres n, faisaient corps avec les secteurs k; ces derniers portaient des bielles i mises en mouvement par les manivelles p sur l'axe h. Telle était la simplicité du frottoir primitif qui a fonctionné longtemps.

Le frottoir à trois colonnes, dont deux dessous et une dessus, dû à Déclandieux, est tiré du rota-frotteur que Laurent fit pour le lin. Dans presque tous les idées heureuses, nous trouvons le nom du malheureux Laurent, qui fut le meilleur mécanicien de son temps pour la filature.

La marche des frottoirs demande plus d'attention qu'on ne le croit généralement; la mèche, qui leur est livrée par le cylindre étireur, ne doit pas être étirée dans les buffles; il ne faut pas non plus qu'elle y flotte, car on aurait des bobines molles.

Si, pour commander un frottoir, la proportion entre le cylindre étireur et le diamètre du frottoir indique un pignon que je suppose de 43 dents 1/2, on mettra un 43; si la laine flotte avec ce 43, on mettra un 44. On marcherait de même avec des pignons plus grands; mais on aurait un mauvais travail, qui ne serait pas visible, car les bobines étirées dans les buffles n'en seraient que mieux faites pour la forme, quoique leur construction soit mauvaise. Il faut toujours, pour s'assurer que la marche des frottoirs est bonne, retarder ces derniers jusqu'à ce que la mèche flotte entre le cylindre étireur et les buffles; alors on ajoute une dent au pignon du bout du cylindre étireur qui commande les frottoirs, et l'on a la marche la plus parfaite, qui prend toute la mèche délivrée par le cylindre étireur sans l'allonger; on la roule convenablement en donnant aux frottoirs un croisement de $25^{m}/^{m}$.

Pour qu'un frottoir fonctionne bien, il faut que la laine soit pincée entre les buffles, c'est-à-dire que la distance entre le bois du dessus et celui du dessous doit être le même que l'épaisseur des buffles réunis, soit $6^m/^m$; cependant, il vaut mieux la laisser un peu plus grande que plus petite, soit $1^m/^m$ de jeu ; le tendeur qui est libre fait porter les deux buffles l'un sur l'autre.

On a beaucoup amélioré les mouvements des frottoirs ; les dimensions des bobinoirs en faisaient une loi. Mais, sans nous en douter, nous sommes revenus au premier moyen indiqué par Déclandieux, il y a quarante ans : l'arbre de commande des frottoirs, qui traverse le bobinoir en dessous, dans toute sa longueur, existait dans les bobinoirs de ce constructeur, pour commander le mouvement rotatif.

On a aussi tiré, du rota-frotteur appliqué au coton, un excellent mouvement qui remplace les colliers des anciens bobinoirs ; je l'ai donné dans la première édition. Ce mouvement ne fait pas de bruit ; il n'y a ni collier, ni charnière ; chaque excentrique attaque directement l'un des frottoirs ; il se meut dans une cage carrée, à laquelle est fixé le bras qui pousse et tire le frottoir.

Pour les grands bobinoirs, plusieurs constructeurs, comme Grün, commandent le frottoir aux deux extrémités ; il y a une bielle verticale à chaque bout. Dans les bobinoirs à 60, Pierrard met deux poulies de commande. Bruneau a un mouvement assez gracieux : c'est un excentrique horizontal à chaque bout, sur un arbre vertical qui commande un frottoir. Que l'on mette à ces excentriques la cage carrée que j'indique, on aura un bon mouvement. On n'en finirait pas, si l'on voulait indiquer tout ce qui a été essayé pour faire mouvoir les frottoirs. Les plans que je donne des bobinoirs résument les moyens auxquels on s'est arrêté.

Les petites tringles en fer mises aux frottoirs permettent d'approcher le plus près possible du cylindre étireur ; mais, pour cela, il n'est pas nécessaire de mettre la tringle du dessous petite, puisque rien ne la gêne, et celle du dessus peut conserver ses tables en bois, qui conduisent mieux les buffles que du fer. On a exagéré le diamètre de cette tringle, qui peut avoir de 40 à 45$^{m}/^{m}$.

Les tables sont sans joues ; un buffle qui tombe est un mauvais buffle, les joues ne le rendraient pas meilleur ; il faut le remplacer ou le resserrer.

CYLINDRE ÉTIREUR, ROULEAU D'APPEL.

Il y a entre ces deux agents une relation très-étroite : le rouleau d'appel demande à être aussi parfait entre les diamètres d'une table à l'autre que le cylindre étireur. Le frottoir n'est qu'un intermédiaire entre ces deux organes, ce qui diminue l'importance de son rôle. J'ajoute que c'est fort heureux pour le résultat final qu'il en soit ainsi, car si l'on trace une ligne droite sur les buffles de n'importe quel frottoir au repos, et qu'on mette ce frottoir en mouvement, il n'aura pas fait dix tours que la ligne droite sera rompue. On verra des buffles ayant gagné plusieurs centimètres de développement sur leurs voisins ; ce défaut est corrigé par le rouleau d'appel, qui n'enveloppe toujours que le développement de la circonférence de chaque table ; c'est pourquoi il les faut excessivement justes. Aujourd'hui, on fait ces tables en fonte creuse.

La mèche double, qui se faisait sur deux rouleaux séparés, avait donné naissance à plusieurs formes de rouleaux d'appel, que j'ai indiquées dans la première édition ; mais tout cela est inutile. Les deux mèches sur une même bobine se comportent très-bien avec les précautions que j'indique : il faut mettre les guide-mèches près du rouleau d'appel, tout-à-fait sous la bobine ; que la mèche aille droit au point de contact, sans toucher le rouleau d'appel, avant d'être sous l'axe de la bobine.

La crémaillère qui commande ces rouleaux a été bien améliorée en la rendant mobile par l'une de ses extrémités. Plus la queue qui tient l'autre extrémité est longue, mieux cela vaut pour le mouvement. On évite les grands frais d'entretien en trempant les parties qui fatiguent, comme le bout de l'arbre qui commande la crémaillère et la règle de cette même crémaillère.

Les cylindres cannelés doivent aussi être trempés aux tables et aux collets. J'ai dit que ceux des premiers passages avaient 5^c de diamètre et 52 cannelures ; ceux des bobinoirs fins auront de 32 à $40^{m/m}$ de diamètre et 56 cannelures bien évidées et rondes au sommet, pour qu'elles ne coupent pas les parchemins. Les tables auront de 7 à 8^c de large pour la mèche double, et 6^c pour la mèche simple.

C'est surtout aux derniers passages que les dimensions des cylindres ont de l'importance. La maison Peugeot est une de celles qui fait le mieux les cylindres et les pièces détachées.

Les cylindres non trempés s'usent en rond, c'est-à-dire qu'ils forment la bosse à l'endroit où passe la laine. Avec de tels cylindres, un bobinoir bien réglé, à l'état neuf, demande d'autres commandes, pour les rapports du cylindre étireur au frottoir, lorsqu'on renouvelle la garniture des buffles, ce qui a lieu au bout de six à huit ans.

Il ne faut démonter les cylindres qu'en cas d'urgence ou pour réparations ; ne pas laisser les ouvrières couper des barbes avec des couteaux : elles ont des crochets de cuivre qui doivent leur suffire.

Les grains sur lesquels portent les cylindres sont plats, ce qui rend le mouvement léger ; on bouche les angles avec du suif dur qui fond si le collet du cylindre vient à s'échauffer. Le premier et le dernier grain d'une colonne de cylindre s'usent toujours moins vite que les autres, parce qu'ils ne supportent que moitié de la pression ; il faut les limer de temps en temps, pour maintenir la colonne de niveau et empêcher les emmanchements de jouer.

RATTACHES, TENSION, ÉCARTEMENTS.

Aux premiers passages, les ouvrières doivent lever les bobines en détachant les rubans par glissement, sans les casser de court, ce qui permet de mieux faire les rattaches quand on remonte ces mêmes bobines. Dans les bobinoirs, la mèche est fine et se détache toujours par glissement; les soigneuses habiles lèvent en marchant; elles ne doivent croiser et tordre les rattaches à aucun passage. Il y a des ouvrières qui les tressent, pour éviter qu'elles cassent derrière leur machine; ce système est très-mauvais : autant de rattaches tressées, autant de grosseurs. Des bobineuses crachent dans la main et frottent la rattache sur le genou; c'est moins mauvais; cependant il faut le défendre : lorsque ces attaches sont croisées, elles donnent des grosseurs aux métiers à filer. On doit mettre les deux mèches à plat, ou fendre l'une et entrer l'autre dans l'ouverture; frotter légèrement avec la paume de la main, pour donner à la rattache la même consistance que celle de la mèche. Une soigneuse qui ne sait pas fondre des rattaches courtes est une mauvaise ouvrière; le contre-maître doit la surveiller de près.

La tension de la mèche derrière le bobinoir fait quelquefois casser la rattache. Les bonnes ouvrières prévoient et évitent cet inconvénient en aidant une rattache qui va passer; elles dévident un peu la mèche, et dès que la rattache est engagée sous le premier cylindre d'entrée, elle est sauvée. Il y a, entre ce cylindre et le suivant qui alimente les peignes, une tension de 6 p. % environ, pour maintenir les filaments droits. La tension serait plus grande, que les filaments seraient également droits; mais il se ferait un étirage qu'il faut éviter. Cet étirage ne doit se faire que du cylindre étireur au peigne ou au second cylindre, ayant le peigne pour intermédiaire.

L'ouvrière, se plaçant au bout de son métier, examine si la

mèche flotte à un endroit quelconque. Un bobinoir peut être bien monté et ce défaut se produire ; cela tient à un rouleau qui tourne difficilement, par un manque d'huile ou un engorgement dans les portées. Des rouleaux libres, en fonte polie, sur les deuxième et troisième rangs, rendent ce défaut très-rare.

On comprend qu'une tension de 6 p. %, qui est représentée par deux dents sur un pignon de 33, n'a aucune influence sur l'écartement des cylindres de derrière, qu'on peut rapprocher à volonté ; la mèche cédera toujours de 6 p. %, par le seul fait du redressement des filaments. Mais il n'en est pas de même pour la distance du cylindre étireur au second cylindre qui l'alimente ; il faut toujours que cette distance soit plus grande que la longueur des filaments qu'on travaille. Le plus ne nuit pas, tandis que le moins aurait l'inconvénient de faire rompre la laine, si un bout était sur le cylindre étireur et l'autre bout sur le deuxième cylindre, qui a également une pression.

L'écartement est non seulement proportionné à la longueur de la laine à travailler, mais surtout au volume. Ainsi le défeutreur, qui travaille la même laine que le bobinoir finissant, a un écartement le double plus grand. L'écartement entre le sommet des peignes et le point de contact des cylindres étireurs est représenté par la somme des rayons de ces organes, qui se touchent presque. Aux défeutreurs, les cylindres ont 5^c et les peignes 6^c, plus les aiguilles ; l'écartement sera de 7^c. Au bobinoir finissant, le cylindre a $32^{m/m}$, le peigne $25^{m/m}$ pour les plus courtes laines, les aiguilles $3^{m/m}$; c'est un écartement de 3^c 1/2. Celui du cylindre étireur au cylindre qui l'alimente est au moins le double pour toutes les laines fines. A Amiens, ce même écartement est de 16 à 18^c au défeutreur, et 8 à 10^c au bobinoir finissant. Je donnerai à l'article du mull-jenny, ceux des métiers à filer ; ils ont beaucoup plus d'importance.

LA DOUBLE MÈCHE.

Dans mon dernier voyage, j'ai vu fonctionner la mèche triple ; les organes du bobinoir sont plus larges : peignes, buffles, cylindres cannelés, doivent être construits exprès. Il y avait dans les peignes, qui pouvaient avoir 9ᶜ de large, six mèches qui en produisaient trois en avant.

Ce système, que j'avais annoncé dans ma première édition, ne fait que naître ; je ne serais pas étonné de le trouver généralement appliqué lorsque paraîtra la troisième édition de cet ouvrage.

La mèche triple marche aussi bien que la mèche double ; elle exige les mêmes perfectionnements dans les organes du bobinoir. Il resterait à peser quels avantages ce système peut donner au producteur : c'est une question à l'étude.

Si j'ai dit que la mèche double était préférable à la mèche simple, c'est autant à cause de l'économie qu'elle procure, que de la perfection qu'elle exige dans le travail. Elle n'admet pas une mauvaise marche dans les buffles des frottoirs, qui passe inaperçue dans un bobinoir simple ; elle n'admet pas davantage des rouleaux de derrière en mauvais état, surtout pour avoir deux mèches sur la même bobine. On comprend facilement que si dans le bobinoir simple une mèche est plus ou moins longue, par suite du défaut d'un organe de la machine qui développe plus ou moins, ce défaut ne sera pas visible à l'œil nu ; tandis que deux mèches marchant ensemble sur une même bobine doivent être exactement conformes en tous points, pour se dévider sans que l'une s'allonge plus que l'autre.

Beaucoup d'essais de mèches doubles, faits sur d'anciens bobinoirs, sans changer les buffles, ont échoué. Il devait en être ainsi ; c'est surtout lorsque ces anciens bobinoirs ont des cylindres non trempés, et par conséquent usés inégalement, que le succès est impossible. La mèche double, pour bien fonctionner, n'admet pas de médiocrité dans les organes ; c'est

parce que j'ai toujours compris cela, que toutes les transforma-
tions que j'ai faites de mèches simples en mèches doubles
ont donné d'excellents résultats.

Les entrées doivent être bien divisées ; la distance entre les
deux mèches, dans le peigne, doit être, pour les laines fines,
de $15^{m}/^{m}$ à 2^{c} ; la table du cylindre cannelé ayant 7^{c} de large,
chaque mèche passera au tiers environ de sa largeur. Il y a
derrière chaque bobinoir un va-et-vient qui exécute une
petite course de 1^{c} au plus, pour empêcher les mèches de
marquer leur place sur les rouleaux et faire mieux user les
parchemins. L'excentrique de ce va-et-vient doit être fixé
d'une manière invariable, car lorsqu'il a fonctionné plusieurs
mois dans une position, il y aurait danger pour les produits
à lui en faire prendre une autre, la place de la mèche étant
marquée dans les buffles. Le va-et-vient doit aller le plus
doucement possible ; c'est ordinairement une vis au bout du
cylindre de derrière qui commande une grande roue, au-dessus
de laquelle est un axe excentré d'un demi-centimètre, pour
le centimètre de jeu. On évitera les mariages des mèches sous
les buffles d'abord par la distance que j'indique entr'elles, 2
centimètres, ensuite par des frottoirs d'une course de $25^{m}/^{m}$ et
pinçant bien, comme cela est dit à l'article frottoirs.

Pour que les bobines doubles aillent bien derrière les bobinoirs, il faut qu'elles soient bien montées. Ceci dépend de
l'intelligence et de la bonne volonté des contre-maîtres, qui
valent moins par leurs connaissances que par l'usage qu'ils
en font.

Pour le montage des bobines sur le ratelier, au lieu de les
placer au hasard, une se dévidant dans un sens et l'autre dans
le sens contraire, on les fait toutes converger vers l'entrée, en
se dévidant en dedans. Pour cela, il suffit de retourner celles
qui sont mal montées, de changer leur axe de bout ; c'est une
petite attention en montant chaque garniture, souvent elle
suffit pour empêcher une mèche de se dévider plus vite que

l'autre. Il faut aussi que le porte-bobine ne soit pas trop près du cylindre d'entrée; dès que la soigneuse peut l'atteindre du devant de sa machine, en allongeant le bras, cette distance suffit.

Il y a un moyen efficace pour empêcher une mèche de se dévider plus vite que l'autre sur une même bobine : c'est le *frein Lebègue,* que j'ai indiqué dans la première édition. Ce frein consiste en une plaque de cuivre polie, sur laquelle vient peser le bois de l'axe qui porte la bobine; il se produit un frottement doux, toujours le même. La bobine n'est jamais enlevée par son côté lourd ou par la vitesse du bobinoir; si on arrête ce dernier, toutes les mèches de derrière restent droites, légèrement tendues, et ne cassent pas au départ, comme cela arrive avec des mèches flottantes.

Ce moyen, qui est très-bon, ne s'est pas propagé, parce qu'il est breveté, et que l'inventeur ne le donne pas *gratis.* Le tourillon de l'axe en bois passe au travers de la plaque de cuivre; il n'y a que le bois qui porte sur le cuivre et forme frein. On obtient la résistance que l'on veut en laissant plus ou moins de surface de frottement : ainsi, pour les bobines venant du peignage qui se dévident trop vite, on fait tendre la mèche par ce moyen, qui évite le déchet; il est préférable aux têtes de clous qui roulent dans des crapaudines en faïence. On les a remplacées par des gros pivots en bois; ceci se rapproche du *frein Lebègue :* c'est la même idée, on évite le brevet.

On a objecté, contre la mèche double, l'embarras pour regarnir les bobinoirs. On évite cet embarras en les montant de la manière suivante : on monte un rang de bobines pleines, le second aux deux tiers, le troisième au tiers; il ne passe jamais qu'un rang à la fois, que l'on regarnit toujours en bobines pleines, et l'ouvrière a deux fois moins de besogne que lorsqu'elle monte son métier égal et que tout passe en même temps. Ce système a encore l'avantage de donner un numéro de mèches plus régulier, car jamais le numéro du dessus d'une bobine n'est exactement le même que celui du dessous, surtout si les bobines sont dures.

Quand on arrive à la fin d'un lot, on coupe les petites bobines, pour faciliter le coulage à fond; mais il ne faut jamais, dans le courant d'une partie, laisser couper des fonds, comme certaines ouvrières le pratiquent, pour avoir un métier égal et se reposer ensuite des quarts de jour entiers : ceci est une question de surveillance.

Pour que les bobines se dévident bien sur les fonds, il faut les faire sur bois, et non sur zinc ou fer blanc. J'ai indiqué le moyen de les avoir dures sans tendre la mèche; on pourrait, à l'imitation d'Hubner, mettre un frein tout près du rouleau d'appel, et avoir sur une bobine trois fois autant de laine qu'il en met sur les siennes.

La mèche double permet de très-fortes bobines à tous les bobinoirs, y compris ceux finissants, puisque le métier du fileur, qui a 250 broches, ne monte que 125 bobines derrière. Il peut les avoir le double plus grosses qu'en mèche simple, ce qui fait quatre fois autant de laine, puisque les cylindres de même hauteur sont entr'eux comme le carré des rayons. Une garniture ordinaire, qui est de 50 kilogrammes, pourra être de 200 kilogrammes sur le même ratelier; ce n'est pas là un des moindres avantages de la mèche double, un bobineur peut facilement suivre plusieurs métiers qui garnissent une fois par quinzaine, au plus.

Lorsque les bobines sont faites au compteur, c'est l'affaire de deux heures environ pour regarnir un métier; mais des bobines aussi régulières de volume obligent le fileur à arrêter de temps en temps pour regarnir. L'arrêt n'est jamais bon pour le résultat financier.

Un bobinoir qui marche bien doit avoir ses mèches fixes, sans suivre les oscillations du frottoir derrière comme devant cet organe; lorsqu'il n'en est pas ainsi, c'est que les deux frottoirs dessus et dessous ne sont pas d'accord : ils ne partent pas ensemble des côtés opposés. Si le défaut n'a lieu qu'à une mèche ou deux, il vient des buffles qu'il faut retendre ou passer à la pierre ponce. Il en est de même lorsqu'une bobine se fait plus grosse et plus molle que les autres; il y a des filateurs qui corrigent ce défaut en collant un papier sur le rouleau d'appel : c'est un mauvais moyen qui donne une mèche plus fine que les voisines. Il faut porter le remède où est le mal, et lorsqu'une table de rouleau d'appel est de même diamètre que les autres, il ne faut pas y toucher, lors même qu'elle donnerait une bobine molle, car ce défaut vient d'ailleurs; il peut aussi venir de l'axe de la bobine qui ne tourne pas librement dans les cavaliers.

DÉCHET.

Avant de terminer ce chapitre, qu'il n'était guère possible d'abréger, disons un mot des soins que l'ouvrière doit apporter au classement de son déchet.

Les soigneuses ont trois boîtes pour le déchet, qui doit être bien trié; elles le rendent tous les samedis ou le dimanche matin, après le nettoyage. Dans une boîte ou dans un pot sont les balayures; dans l'autre, les mauvais déchets blancs, duvet, déchet de barbes; et dans la troisième, les bons déchets, par tordins et par lots. Le contre-maître les range chacun à leur place; il examine si dans les balayures il y a du déchet d'étirage ou tout autre déchet blanc, comme les blousses des chapeaux. On juge facilement au déchet du mérite d'une ouvrière; il faut rarement punir pour trop de déchet : on le ferait disparaître.

On ne classe le bon déchet que par trois sortes : le gros, le moyen et le fin, que l'on fait rentrer dans des lots inférieurs dans la proportion de 4 p. %. Ce déchet est préparé à part aux premières machines, pour l'amener au numéro de mèche qui se place derrière l'étirage double, soit numéro 15 avec 5 tours de dévidoir. Une bobine de déchet, dans chaque garniture de laine de 24 bobines, donnera la proportion de 4 p. °/°, qui représente ce que font ordinairement les soigneuses et les fileurs en bon déchet et déchet doux; les autres déchets se vendent pour les fils en cardé.

Les laines mal dégraissées sont celles qui donnent le plus de déchet; c'est à cause de ces lots accidentels qu'il faut des chapeaux sur les rouleaux de pression des bobinoirs et des autres machines. Les soigneuses doivent avoir l'attention de retirer les bouchons, qui, sans ce soin, partent avec la mèche, s'engagent dans les frottoirs et forment des grosseurs.

La place des chapeaux, lorsque la laine est bien dégraissée et le bobinoir bien monté, est dans la boîte au déchet, et non sur la machine; l'ouvrière ne doit les en retirer et en faire usage que lorsque les parchemins commencent à s'user. Pour cela, il faut que les buffles passent tout près du rouleau de pression, comme il est dit plus haut.

Les chapeaux sont garnis de drap feutre; ils se salissent promptement. Le constructeur Grün met des petits rouleaux de propreté, comme cela se pratique dans le coton; ces petits rouleaux derrière les chapeaux marchent par le contact du rouleau de pression, et gardent le déchet. Il y a des filateurs qui les suppriment, parce que ces rouleaux peuvent tomber sur les peignes et les abîmer.

Les brosses sous les chapeaux sont ce qu'il y a de meilleur; c'est aussi des brosses qu'il faut mettre sous les cylindres éti-reurs, avec des soies de première qualité, qui sont les plus économiques.

Voici le tableau des dimensions des diverses machines qui composent l'assortiment dont il a été question dans ce chapitre. Les données qu'il renferme sont pour les laines fines, tandis que pour les laines du nord, les septième et huitième passa-ges peuvent servir de bobinoirs finissants. On remarquera que les défeutreurs et les bobinoirs à 50 du dernier passage ont la même pression par machine : 600 kilogrammes environ.

| DIMENSIONS DES | | | | | | | PRESSIONS | |
| MACHINES. | | CYLINDRES. | | | PEIGNES. | | | | |
Désignation.	Longueur.	Largeur.	Diamètre.	Cannelures.	Diamètre.	Largeur.	Aiguilles.	Par rouleau.	Par passage.
	MÈTRES.	CENTIM.	MILLIM.		MILLIM.	CENTIM.	MILLIM.		
1er passage : 1 gill-box	2 »»								
2me passage : 2 défeutreurs doubles	4 »»	13	50	52	60	12	8	150	600
3me passage : 1 étirage double	3 50	12	48	53	55	11	7	100	600
4me passage : 1 machine de chute.	8 50	10	46	54	50	9	6	75	600
5me passage : 1 bobinoir à 32	8 50	8	44	55	45	7	5 1/2	60	960
6me passage : 1 bobinoir à 40	10 »»	7	44	55	45	6	5	50	1000
7me passage : 1 bobinoir à 50	12 50	7	42	56	40	6	5	40	1000
8me passage : 1 bobinoir double à 50	12 50	7	38	56	35	6 1/2	4	40	1000
9me passage : 1 bobinoir double à 50	12 50	7	38	56	35	6 1/2	4	40	1000
10me passage : 2 bobinoirs doubles à 30	16 »»	7	36	56	32	6	3 1/2	35	1050
11me passage : 2 bobinoirs doubles à 40	20 »»	7	34	56	28	6	3 1/4	30	1200
12me passage : 2 bobinoirs doubles à 50	25 »»	7	32	56	25	6	3	25	1250

CHAPITRE IX

THÉORIE DES NUMÉROS DE PRÉPARATION.

J'ai dit que certains contre-maîtres avaient une routine qui leur réussissait ; mais on comprend que, dans un traité sur la filature, il faille raisonner sur des bases théoriques pour démontrer les principes qui régissent les doublages et les étirages. Chacun en tirera les conclusions que bon lui semblera, et pourra, avec des points de repère, se forger une règle à part pour ses numéros de préparation, d'après la composition de son assortiment.

Ces numéros dépendent des doublages et des étirages que l'on veut donner. Souvent ces doublages et étirages sont indiqués par la longueur des machines ; lorsqu'elles sont trop courtes pour le volume de laine qu'elles doivent travailler, il faut ou les accélérer indéfiniment, ou grossir la mèche qu'elles produisent, ce qui empêche les doublages aux passages suivants.

Les assortiments que j'ai donnés page 65 permettent les étirages de 1 à 4 à chaque tête, avec de justes proportions dans les numéros de préparation.

ÉTIRAGE.

L'étirage est la différence de longueur développée entre le cylindre étireur (celui du devant) et le cylindre d'entrée d'une machine quelconque, pendant la même unité de temps. Si je dis qu'un bobinoir étire 1 à 4, ceci s'entend que le cylindre étireur développera 4 mètres de ruban pendant que le cylindre d'entrée lui en donne 1 mètre. Le ruban de devant serait quatre fois plus fin que celui de derrière la machine, si on n'en avait pas doublé plusieurs en un.

Le peigné mécanique donne des produits faibles qui s'étirent moins que l'ancien peigné à la main. Dans les laines fines, l'étirage descend rarement au-dessous de 1 à 3 aux premiers passages, et ne s'élève pas à plus de 1 à 4 1/2 aux derniers. On comprend que si l'on a un étirage au-dessous de 1 à 4, il ne faut doubler que par trois bouts en un, sans cela on aurait devant la machine des produits plus gros que ceux du derrière, ce qui serait un contre-sens.

Aux métiers à filer, on étire de 1 à 12 ou 15 dans les laines fines ; dans les laines communes, on peut étirer beaucoup plus. Pour l'étirage de 1 à 15, le numéro de mèche est les deux tiers du numéro du fil au kilogramme. La laine qui doit faire des fils à 120 sera préparée à 80, pour 25 tours de dévidoir. Ceci sera démontré théoriquement.

Pour calculer l'étirage d'une machine, il faut appliquer le principe suivant :

Dans tout mouvement circulaire, le produit des commandeurs, divisé par celui des commandés, donne pour quotient le résultat du mouvement.

Les commandeurs sont les agents qui augmentent l'étirage en raison de l'élévation de leurs diamètres.

Les commandés sont les agents qui diminuent l'étirage en raison de l'élévation de leurs diamètres ; c'est l'effet contraire des commandeurs. Dans le bobinoir de Grün, les commandeurs sont :

1° La roue de 48 dents placée sur le cylindre d'entrée ;

2° La roue de 90 dents sur le deuxième cylindre qui engrène avec le pignon de rechange ;

3° La roue de 115 dents sur la pièce dite *tête de cheval*.

Je suppose le cylindre d'entrée et le cylindre étireur du même diamètre ; c'est pourquoi ils ne figurent pas dans le calcul.

Les commandés sont :

1° Le pignon de 46 dents sur le deuxième cylindre, qui est commandé par celui du troisième ;

2° Le pignon de rechange qui va de 50 à 60, selon l'étirage, et que je représenterai par x dans la formule ;

3° Le pignon placé sur le cylindre étireur, où l'on a également des rechanges de 40 à 52, pour le cas où les autres ne suffiraient pas.

Nous plaçons un 52 sur ce cylindre, et nous avons trois agents commandeurs et trois agents commandés. D'après le principe énoncé plus haut, leur produit divisé l'un par l'autre donnera l'étirage de la machine ; cet étirage sera ce que l'on voudra au moyen de x, le pignon de rechange.

Je suppose que nous voulions chercher le pignon de rechange qui donnera l'étirage de 1 à 4, nous dirons :

$$4 \text{ l'étirage} = \frac{48 \times 90 \times 115}{46 \times 52 \times x} \quad \begin{array}{l} \text{produit des commandeurs;} \\ \text{produit des commandés.} \end{array}$$

Effectuant les multiplications indiquées, on a :

$$4 = \frac{496800}{2392 \times x}$$

Si nous faisons passer x dans le premier membre de cette égalité (équation) avec un signe contraire, il vient :

$$4 \times x = \frac{496800}{2392} \quad \text{ou} \quad 4 \times x = 211.$$

Si 4 multipliant x égale 211, il est clair que :

$$x = \frac{211}{4},$$

puisqu'en divisant un produit par l'un des facteurs, on a pour quotient l'autre facteur :

$$\text{Donc } x = 52.$$

C'est le pignon de 52 dents qui, mis à la place de x sur la pièce dite tête de cheval, donne l'étirage de 1 à 4, avec l'organisation que j'ai indiquée pour le bobinoir de Grün.

Nous avons, pour ces rechanges, une série de pignons de 50 à 60 dents; il sera facile de diminuer l'étirage au-dessous de 4 en mettant des pignons au-dessus de 52. D'un autre côté, nous avons, sur le cylindre lamineur, où j'ai supposé un 52, une série de rechanges de 40 à 52; il sera facile d'augmenter l'étirage au-dessus de 4 en mettant des pignons au-dessous de 52. On est donc parfaitement à l'aise, avec les engrenages indiqués, pour diminuer ou augmenter les étirages à volonté.

$$\text{L'étirage } maximum \text{ sera : } \frac{48 \times 90 \times 115}{46 \times 40 \times 50} = 5,4 ;$$

$$\text{L'étirage } minimum \text{ sera : } \frac{48 \times 90 \times 115}{46 \times 52 \times 60} = 3,4.$$

Toutes les autres combinaisons donnent les étirages entre 3,4 et 5,4, les seuls dont on puisse avoir besoin dans les bobinoirs. On dresse à l'avance un tableau de l'étirage que donne chaque pignon; en opérant comme il vient d'être dit, ou simplement par proportion, avec un étirage déjà trouvé, ce qui dispense de faire des calculs chaque fois qu'on a besoin d'un étirage, on trouve le pignon au tableau.

Si le cylindre d'entrée et le cylindre étireur étaient de diamètres différents, comme cela existe dans les anciennes machines, il faudrait faire entrer le diamètre du cylindre étireur dans les commandeurs, et celui du cylindre d'entrée dans les commandés. Le deuxième cylindre est intermédiaire; son diamètre peut augmenter ou diminuer sans produire aucun effet sur l'étirage. On le supprime dans les calculs, puisqu'il est à la fois commandeur et commandé; il entrerait dans les deux termes de l'égalité, ce qui n'en changerait pas la valeur.

Malgré la résolution que j'ai prise d'être sobre de formules, il m'était impossible de ne pas donner la théorie des étirages. A la fin de ce chapitre, j'explique comment procèdent les praticiens; ce qui est écrit justifie les résultats qu'ils obtiennent.

Mais avant d'aller plus loin et de nous servir des mots *échantillon, échée, guindage*, il est urgent de faire connaissance avec ces expressions.

ÉCHANTILLON, GUINDAGE.

Il n'y a aucune loi qui règle la longueur de l'échantillon pour la laine peignée. L'ancienne échée de Paris était de 600 aunes de 1^m20^c, ce qui donne 720 mètres; lorsque l'aune a été supprimée, les filateurs faisaient encore la loi aux fabricants : ils ont pris le chiffre rond de 700 mètres, ou 500 tours de dévidoir de 140^c. Il y a eu une foule de contestations sur ce point : tandis que les Parisiens achetaient à 720 mètres, les Rémois livraient à 700. Enfin on s'est fait des concessions de part et d'autre, et l'usage a adopté la longueur de 710 mètres qui aujourd'hui fait loi. Les dévidoirs à échantillonner ont 142^c; 500 tours donnent 710 mètres de fil : c'est ce qui forme l'échantillon complet, et le nombre de ces échantillons que l'on trouve dans un kilogramme de fil indique le numéro au kilogramme. On dit qu'un fil est à 100 lorsqu'il y a 100 échées de 710 mètres dans un kilogramme; il est à 150 s'il en faut 150 pour faire le kilogramme, et ainsi de suite.

On se sert, pour reconnaître le numéro du fil, de romaines livrées par le commerce; celle de Piat est la plus répandue. Ces instruments ne sont pas poinçonnés, et n'offrent aucune garantie; ils sont plus ou moins justes : il y en a qui sont exacts pour certains numéros et pas pour d'autres. Pour opérer avec sécurité, il faut peser l'échantillon au trébuchet, petite balance de précision très-sensible. D'après le poids de l'échée, on voit combien il en faut pour former une livre, ou 500 grammes, et l'on a le numéro au demi-kilogramme. Un échantillon de 710 mètres qui pèse 8 grammes est du 125 au kilogramme, ou du 62 1/2 au demi-kilogramme, parce que 500 grammes divisés par 8 donnent 62 1/2.

On n'a pas besoin de faire le calcul à tous les échantillons : un coup d'œil jeté sur le tableau qui suit indique le numéro au demi-kilogramme, d'après le poids trouvé. On place ce tableau à portée, auprès du trébuchet.

En Angleterre, l'échée a 768^m096 ; le dévidoir est de 1^m3716. On fait 560 tours divisés en sept *asplés* de 80 tours ; l'*asplés*, ou échevette, s'appelle *lays* (lot) ; l'échée porte le nom de *hank*. On voit qu'il y a une différence de 8 1/4 p. % en plus dans le *hank* anglais que dans l'échée française, ou 7 1/2 p. % à retirer du guindage anglais pour le ramener au guindage français : c'est un point à ne pas perdre de vue dans les transactions d'un pays à l'autre.

TABLEAU DU POIDS DES ÉCHANTILLONS ET DES NUMÉROS CORRESPONDANTS.

Numéros.	Poids en grammes.	Numéros.	Poids en grammes.	Numéros.	Poids en grammes.
1	500,00	38	13,10	70	7,14
2	250,00	40	12,50	72	6,94
3	166,60	42	11,90	74	6,75
5	100,00	44	11,30	76	6,58
10	50,00	46	10,80	78	6,41
15	33,30	48	10,40	80	6,25
18	27,70	50	10,00	82	6,10
20	25,00	52	9,60	84	5,95
22	22,70	54	9,20	86	5,81
25	20,00	56	8,90	88	5,68
26	19,20	58	8,60	90	5,55
28	17,90	60	8,33	92	5,43
30	16,60	62	8,06	94	5,31
32	15,60	64	7,81	96	5,20
34	14,70	66	7,57	98	5,10
36	13,90	68	7,35	100	5,00

Il est inutile de pousser ce tableau plus loin. Les numéros de 100 à 200, qui seront le double plus fins que ceux de 50 à 100, pèseront moitié des poids de ces derniers ; le numéro 120 pèsera 4 grammes 17 ; le 140, moitié du numéro 70 : 3 grammes 57 ; le 160, moitié du numéro 80 : 3 grammes 1/2 ; et le 200, moité du numéro 100 : soit 2 grammes 1/2.

Je crois ces explications suffisantes pour faire comprendre les numéros. Leur place était à l'article du mull-jenny ; mais la relation intime qui existe entre le numéro du fil et celui de la préparation m'a déterminé à les mettre ici.

NUMÉROS DE PRÉPARATION AUX BOBINOIRS FINISSANTS.

Pour déterminer le numéro de préparation au bobinoir finissant, il faut supposer un étirage quelconque aux métiers à filer. Prenons celui de 1 à 15 : il y aura derrière le métier une mèche quinze fois plus lourde que le fil qu'elle produit. Nous venons de voir que plus un échantillon est lourd, plus le chiffre qui indique son numéro est bas ; il faut donc *diviser par l'étirage le numéro du fil, pour avoir le numéro de la préparation*. Du 60, au métier à filer, qui étire de 1 à 15, aura pour numéro de préparation $\frac{60}{15}$, ce qui donne 4 pour numéro de préparation au bobinoir finissant.

710 mètres de préparation, ou 500 tours de dévidoir, indiqueront le numéro 4 à la romaine de Piat. Cette quantité serait trop volumineuse ; on ne prend que 25 tours, ce qui représente le vingtième de l'échantillon et pèse vingt fois moins que cet échantillon complet. Cela s'exprime par un chiffre vingt fois plus fort, puisque plus l'échantillon que l'on pèse est léger, plus il en faut pour 500 grammes. Le numéro des 25 tours de mèche pour du 60 sera donc $4 \times 20 = 80$, c'est-à-dire les deux tiers du numéro du fil au kilogramme, comme je l'ai dit plus haut. Ceci bien compris donne la clé des numéros de pré-

paration au bobinoir finissant, pour tous les numéros de fils. Pour du 100, on préparera la mèche à 66, avec 25 tours de dévidoir; pour du 140, à 94; et tous les autres numéros en proportion.

Si l'étirage, au lieu d'être de 1 à 15, était de 1 à 12, 13 ou 14, il faudrait diviser le numéro du fil par l'étirage adopté, et multiplier le résultat par 20, pour avoir les numéros de préparation au bobinoir finissant. Supposons du 75 au demi-kilogramme que l'on veut étirer de 1 à 13, le numéro de préparation sera :

$$\frac{75}{13} \times 20 = 5,77 \times 20 = 115.$$

Le numéro de préparation du fil à 75 sera donc 115 pour l'étirage de 1 à 13.

On trouverait de même tous les autres numéros du bobinoir finissant pour tous les étirages. Le tableau qui termine ce chapitre est spécial pour les étirages de 1 à 12 et de 1 à 15; j'indiquerai comment il est facile, sans de nouveaux calculs, de l'appliquer à tous les étirages.

NUMÉROS DE MÈCHE AUX BOBINOIRS INTERMÉDIAIRES.

Le numéro étant connu au bobinoir finissant, le calcul pour le connaître à tous les autres passages se résume dans cette formule :

Le numéro de préparation à une machine quelconque est égal au numéro de préparation du passage suivant, divisé par l'étirage de ce même passage, et multiplié par le nombre de fils qui concourent à sa formation.

Le fil numéro 60, qui donne 80 au bobinoir finissant, donnera à l'avant-dernier passage 80 (numéro du passage suivant), divisé par 4 (l'étirage de ce même passage), et multiplié par 3 (nombre de fils qui concourent à sa formation). Si je mettais 4 fils au lieu de 3 derrière le finissant, je multiplierais par 4, et si l'étirage était de 1 à 4 1/4 ou 4 1/2, je diviserais par ces chiffres.

Représentons par x le numéro de préparation pour du 60, à l'avant-dernier passage, et admettons l'étirage de 1 à 4 et le doublage par 3 au bobinoir finissant (ce sont de bonnes conditions), nous aurons :

$$x = \frac{80}{4} \times 3,$$

ce qui donne $x = 60$, qui sera le numéro de préparation au onzième passage, pour de la laine que l'on doit filer à 120 au kilogramme. Il y a une remarque qui n'échappera pas au lecteur : c'est que ce numéro de préparation, à l'avant-dernier passage, est précisément le numéro du fil au demi-kilogramme. C'est une base facile à retenir : tous les numéros de préparation, à l'avant-dernier bobinoir, en travaillant dans les conditions qui précèdent, seront les mêmes que les numéros des fils à obtenir.

Pour le dixième passage, qui alimente le onzième, on applique le même raisonnement. Le onzième passage étire de 1 à 4 et double par 3 ; son numéro est 60. Le numéro du dixième passage, que nous représenterons par y, sera :

$$y = \frac{60}{4} \times 3,$$

ce qui donne $y = 45$ pour numéro de préparation du dixième passage, quand on en donne douze ; en tous cas, ce sera le numéro de la préparation au passage avant les deux derniers, quand ceux-ci doublent par 3 et étirent de 1 à 4. En poussant ce raisonnement jusqu'au premier passage, et en tenant compte des doublages qui se font par 4 au neuvième, on a pour le numéro de préparation à chacun d'eux, pour du fil numéro 60 au demi-kilogramme, le résultat suivant (pour mieux faire ressortir le volume de laine à chaque passage, j'indique le poids de 25 tours à tous) :

1er passage : 1 gill-box à 2 bobines, 5 tours de dévidoir,
N° 5, et 25 tours. . . . . N° 1.

2me passage : 2 défeutreurs doubles, 4 bobines, 5
tours de dévidoir, N° 10, et 25 tours. N° 2.

3me passage : 1 étirage à 6 bobines, 5 tours de dévidoir, N° 15, et 25 tours. . . . . . N° 3.

4me passage : 1 bobinoir de chute à 16 bobines, 5
tours de dévidoir, N° 25, et 25 tours. N° 5.

5me passage : 1 bobinoir ordinaire à 32 bobines, 25
tours de dévidoir. . . . . N° 10.

6me passage : 1 bobinoir ordinaire à 40 bobines, 25
tours de dévidoir. . . . . N° 13.

7me passage : 1 bobinoir ordinaire à 50 bobines, 25
tours de dévidoir. . . . . N° 17.

8me passage : 1 bobinoir double à 50 bobines, 100
mèches. . . . . N° 34.

9me passage : 1 bobinoir exactement semblable, et
qui double par 4. . . . . N° 34.

10me passage : 2 bobinoirs à 30 doubles, 60 bobines,
120 mèches . . . . N° 45

11me passage : 2 bobinoirs à 40 doubles, 80 bobines,
160 mèches . . . . N° 60

12me passage : 2 bobinoirs à 50 doubles, 100 bobines,
200 mèches . . . . N° 80.

Si, pour réparation ou accident à l'une des dernières machines, on est obligé de l'arrêter et de supprimer un passage,
on remplace cette machine par celle du neuvième passage :
c'est le passage le plus facile à supprimer, il ne change rien
dans l'ordre des numéros.

Etant donnés les numéros de préparation d'un fil quelconque
à tous les passages, on peut obtenir ceux d'un autre fil par
une simple proportion, en supposant que l'étirage aux métiers
à filer reste le même.

Nous avons le numéro de la préparation pour du 60, qui est

18

80 au bobinoir finissant, et nous voulons trouver celui du 70 ; nous dirons :

$$60 : 70 :: 80 : x \qquad x = 93,$$

qui est le numéro de préparation pour du 70 étiré de 1 à 15, aux métiers à filer.

C'est en opérant ainsi que j'ai déterminé tous les chiffres du tableau suivant, qui indique les numéros de préparation à tous les passages, pour les étirages de 1 à 12 en chaîne, et 1 à 15 en trame. Dans les premiers passages, je me suis un peu écarté de la règle, pour ménager le volume ; ceci a été expliqué plus haut. Les numéros sont rigoureusement exacts dans les neuf derniers passages.

TABLEAU DES NUMÉROS DE LA PRÉPARATION.

Numéros de fils au demi-kilogramme. Étirage de 1 à 12.	27	31	36	38	40	44	48	52	56	60	64	72
Étirage de 1 à 15.	34	40	45	47	50	56	60	65	70	75	80	90
DÉSIGNATION.												
1er passage : Gill-box . . . . . . 2 bobines.	4	4	4	4 1/2	5	5	5	5 1/2	6	6 1/2	7	7 1/2
2me passage : Défeutreurs doubles . 4 bobines.	8	8	8	9	10	10	10	11	12	13	14	15
3me passage : Étirage double . . . 6 bobines.	9	10	11	12	13	14	15	16	17	18	19	20
4me passage : Bobinoir de chute . . 16 bobines.	15	17	17	18	20	23	25	27	30	32	35	37
5me passage : Bobinoir ordinaire . . 32 bobines.	6	7	7 1/4	7 1/2	8	9	10	11	12	13	14	15
6me passage : Bobinoir ordinaire. . 40 bobines.	7	8	9	10	11	12	13	14	15	16	17	19
7me passage : Bobinoir ordinaire. . 50 bobines.	10	11	12	13	14	15	17	18	20	21	22	25
8me passage : 1 bobinoir double . . 50 bobines.	20	23	25	26	28	31	34	37	39	42	45	50
9me passage : 1 bobinoir double . . 50 bobines.	20	23	25	26	28	31	34	37	39	42	45	50
10me passage : 2 bobinoirs doubles . 60 bobines.	25	30	34	35	37	42	45	49	52	56	60	67
11me passage : 2 bobinoirs doubles . 80 bobines.	34	40	45	47	50	56	60	65	70	75	80	90
12me passage : 2 bobinoirs doubles .100 bobines.	45	53	60	63	66	75	80	86	93	100	106	120

Dans ce tableau, on trouve la préparation des numéros 54 à 180 au kilogramme. La première colonne des numéros de fils indiqués, étirage de 1 à 12, est pour les chaînes; la seconde est pour les numéros de fils que l'on veut étirer de 1 à 15. Du 40, étiré de 1 à 12, aura le même numéro de préparation que du 50 étiré de 1 à 15; pour l'un comme pour l'autre, il faudra de la mèche à 66 au bobinoir finissant. L'échantillon se fait avec 5 tours de dévidoir aux quatre premiers passages; les autres sont indiqués pour 25 tours; on peut n'en prendre qu'une fraction. Si l'on prend 12 tours 1/2, le numéro indiqué sur la romaine sera une fois plus élevé, excepté pour la mèche double des bobinoirs; là, 12 tours 1/2 indiquent les numéros du tableau.

On peut combiner le nombre de tours dans les passages moyens pour que leur poids à la romaine indique le numéro du fil, comme cela a lieu au onzième passage pour les 25 tours. Si, par exemple, au sixième passage, on prenait 4 tours de préparation, ils indiqueraient, à très-peu de chose près, le numéro du fil; puisque 25 tours indiquent 10 pour du 60, 4 tours indiqueront un numéro six fois plus élevé, ou 60.

Quand on doit produire un fil avec un étirage qui n'existe pas dans le tableau, soit de 1 à 13 ou 14, on cherche le numéro que doit avoir la préparation de ce fil au bobinoir finissant, en le divisant par son étirage et le multipliant par 20, pour le vingtième de l'échantillon ou les 25 tours; puis on voit dans le tableau à quelle colonne correspond le numéro trouvé.

Soit du 56 à étirer de 1 à 14, le numéro sera :

$$\frac{56}{14} \times 20 = 80.$$

Le numéro du 56 étiré de 1 à 14 sera 80, c'est-à-dire le même que celui du 60 étiré de 1 à 15, ou du 48 étiré de 1 à 12. Il faudra donc suivre la même marche que pour ces deux numéros de fil, puisqu'il faut arriver au même résultat au bobinoir finissant.

On trouverait de cette façon les numéros pour tous les autres étirages. Celui de 1 à 10, qui a été longtemps pratiqué pour les chaînes, a cette particularité qu'il donne pour numéro de préparation le numéro du fil au kilogramme. Reprenons le numéro 60; pour l'étirer de 1 à 10, la formule qui donne son numéro serait :

$$\frac{60}{10} \times 20 = 6,0 \times 20 = 120.$$

Le numéro de préparation est 120, le même que le numéro du fil au kilogramme. Nous voyons sur le tableau que, pour faire de la préparation à 120, il faut suivre la marche indiquée pour la trame à 90 étirée de 1 à 15, et la chaîne 72 étirée de 1 à 12.

Je crois inutile de multiplier les exemples pour faire comprendre l'usage du tableau, que j'ai cherché à rendre le plus simple possible. Il est évident qu'il doit être modifié selon les diverses combinaisons des assortiments; mais tous les filateurs qui tiennent à une marche régulière, qui ne veulent pas voir des machines arrêtées faute de préparation, et d'autres encombrées par de l'avance, tous ces filateurs, dis-je, doivent donner à leurs contre-maîtres un tableau raisonné d'après les vrais principes, ce qui donne à toutes les machines une vitesse uniforme et proportionnée au volume qu'elles doivent produire.

On voit dans l'assortiment que j'indique que les numéros de préparation sont proportionnés aux longueurs des machines, tout en restant combinés pour les étirages et doublages voulus. Pour le numéro 60, les bobinoirs à 32, 40 et 50 font un numéro de mèche qui représente le tiers du nombre des bobines de chaque machine : les bobinoirs doubles, qui ont 100 mèches, font du numéro 34; ceux des trois derniers passages, marchant à même vitesse, produiront les mêmes quantités, puisque le nombre de mèches va en augmentant d'un tiers à chaque passage, et que la mèche va également en augmentant d'un tiers en finesse. Les bobinoirs peuvent faire de 130 à 150 tours à la minute au cylindre étireur, ce qui fait développer aux bobinoirs fins de 14 à 16 mètres de travail théorique à la minute, soit 10 à 11000 mètres par jour ; cette vitesse est suffisante pour suivre les métiers à filer. Je répète que, dans un atelier bien conduit, toutes les machines doivent se suivre sans interruption et sans encombrement. Si une ouvrière nouvelle éprouve des difficultés pour suivre la machine qui la précède et alimenter celle qui la suit, on peut momentanément diminuer l'étirage de sa machine ; mais si on la laisse dans cette position avantagée, elle ne deviendra jamais habile. Tous ceux qui ont vécu dans les ateliers savent quel rôle joue l'amour-propre : c'est un ressort qu'il faut tenir tendu constamment, aussi bien par les primes que par les punitions.

Terminons le chapitre des calculs, que je me suis proposé de faire court, en indiquant des moyens pratiques tout aussi justes que la théorie ; cette dernière a l'avantage de permettre de placer tous les pignons sur les machines sans faire d'essai ; ce qui va suivre n'en est que la vérification. Voici comment on procède :

On met derrière le bobinoir une mèche à un numéro quelconque, que l'on échantillonne avant ; puis, après son passage dans le bobinoir, si le hasard ne donne pas le numéro que l'on veut, on l'obtient en appliquant ce principe :

Le numéro obtenu à une machine quelconque, multiplié par le pignon qui l'a donné, et divisé par le numéro que l'on veut avoir, donne pour quotient le pignon de rechange qu'il faut mettre sur la machine pour obtenir le numéro demandé.

Ceci est simple, juste, et ne trompe jamais, les échantillons étant bien faits par le même homme et avec les mêmes instruments.

On peut renverser la formule et dire : le pignon qui existe

sur la machine est au numéro qu'il donne comme le pignon que l'on veut mettre est au numéro qu'il donnera.

Un 55, je suppose, donne le numéro 80 ; combien donnera un 50 mis à la place du 55? C'est une proportion inverse, parce que plus le pignon de rechange est petit, plus le chiffre qui indique le numéro qu'il donne est grand, et l'on a :

$$50 : 80 :: 55 : x \quad x = 88.$$

Le pignon de 50 donnera le numéro 88, lorsque le 55 donne 80. On peut encore dire : tel pignon donne l'étirage de 1 à 4, quel pignon donnera l'étirage de 1 à 4,25, ou tout autre dont on aura besoin?

Nous avons vu, dans les calculs du début de ce chapitre, que le 52 étire de 1 à 4 ; le pignon qui étirera de 1 à 4,25 sera le quatrième terme de la proportion suivante :

$$4,25 : 4 :: 52 : x \quad x = 49.$$

Le pignon 49 étirera de 1 à 4 1/4 ; c'est un second moyen de trouver les pignons de tous les étirages, et les étirages de tous les pignons, lorsqu'il y en a un de connu. Si j'engage les contre-maîtres à dresser des tableaux à l'avance, c'est pour éviter les erreurs qui pourraient se glisser dans un calcul précipité, mais qui n'échapperaient pas à l'échantillonnage, qu'il faut toujours faire malgré la sûreté des données.

Une laine commune et une laine fine, engagées au même numéro à la première machine, arriveront au bobinoir finissant avec une grande différence de numéro de mèche ; si on leur laisse à l'une à et l'autre les mêmes pignons d'étirage, le numéro de la mèche de la laine commune sera beaucoup plus fin que celui de la laine fine ; c'est un fait devant lequel la théorie doit s'incliner. Le praticien doit en tenir compte dans les moyens passages, s'il veut arriver juste aux numéros demandés aux bobinoirs finissants pour les métiers à filer. Ces métiers vont être l'objet du chapitre suivant.

CHAPITRE X.

MULL-JENNY.

J'ai indiqué, aux pages 6 et 7, dans le premier chapitre, la naissance du mull-jenny. Son nom, d'après une version anglaise, aurait une origine poétique : l'inventeur, Thomas Highs, a imposé à Arkwright, auquel il léguait ses essais, l'obligation de donner au métier le nom de sa fille chérie : Jenny.

Je crois qu'il est juste de partager le mérite de l'invention entre le génie d'Highs et l'intelligence d'Arkwright; il est permis de supposer que, sans les essais persévérants du fabricant de peignes, le barbier Arkwright aurait continué de raser ses pratiques, et serait mort inconnu, au lieu de laisser un nom justement célèbre.

Le métier à filer est resté longtemps stationnaire au point où il avait été amené par les constructeurs français, dans la période de 1815 à 1840. On trouve, dans les ateliers de cette époque, des métiers de Déclandieux, Laurent, Lagosseix, Pihet, Bruneaux et Demormand, Villeminot; ils ont de 160 à 240 broches : tous métiers à coffre copiés les uns sur les autres, sauf des petits changements dans les détails.

Vers 1840, il nous est arrivé d'Angleterre, en passant par les ateliers d'Alsace, le métier dit box-organ, métier dans lequel l'inventeur a supprimé le coffre, ce qui permet d'allonger l'aiguillée, la manivelle du renvidage marchant avec le chariot. Dans ce métier, la broche ne fait que 21 tours contre

1 de l'arbre de la manivelle, tandis que, dans l'ancien mull-jenny, on lui en fait faire de 30 à 32 pour faciliter le renvidage. C'est pour ce fait que le box-organ est plus léger à conduire par le fileur, et que le nombre de broches a été augmenté. Dans les métiers actuels, on distingue les renvideurs, demi-renvideurs et les métiers à bras; ces derniers se font de 200 à 400 broches. Dans cette dernière longueur, il faut des broches à engrenages pour que le métier soit maniable. Les métiers ordinaires ne doivent pas dépasser 250 à 260 broches, avec des tambours à engrenages et des broches à cordes. Les métiers renvideurs, dont je donne les plans et la description, se construisent de 400 à 600 broches, selon les vitesses auxquelles ils doivent marcher; nous en avons, près du Cateau, de 700 broches. Dans les gros numéros, qui exigent l'écartement de $50^{m}/^{m}$, il faut mettre moins de broches, surtout à cause du renvidage, qui est répété plus souvent. La marche du chariot est aussi plus précipitée, attendu qu'il faut moins de torsion que pour les numéros fins.

La longueur généralement adoptée pour les laines mérinos est de 600 broches de $44^{m}/^{m}$ d'écartement, ce qui donne $26^{m}40$, plus la têtière, soit en tout 28^{m} pour loger un métier de 600 broches.

J'annonçais, dans ma première édition, un livre spécial sur le renvideur; cet ouvrage de M. Stamm, qui a en effet paru deux ans après le mien, a répondu à tout ce qu'on était en droit d'attendre sur ce sujet compliqué. Le métier qu'il décrit est celui de Parr-Curtis, le même que construit la maison Grün, celui que je donne dans l'atlas qui accompagne ce livre. J'ai vu marcher ce métier à Fourmies, à Wignehies et aux environs, à plus de 5000 tours de broche par minute; mais ce que je n'ai pas encore vu, et ce qui est toujours attendu, c'est un métier renvideur faisant la trame ordinaire; non pas la trame pour le tissage mécanique, qui est une trame sous-filée, mais la trame tendre et peu tordue du tisseur à la main.

Lorsque nous en serons là, le problème sera complètement résolu.

Je sais bien ce que peuvent me répondre les constructeurs Grün, A. Kœchlin, N. Schlumberger, Stehelin, Thouroude, Muller, qui construisent les renvideurs pour filer la laine peignée ; ils diront : « Puisque tous les hommes de progrès reconnaissent que le tissage à la main doit disparaître, où est la nécessité de faire un métier assez sensible pour produire des fils que le métier à tisser mécaniquement ne pourrait pas employer ? » En admettant que ce raisonnement soit juste, il faut reconnaître que ce n'est peut-être pas notre génération qui verra battre le dernier métier à la main, et que si un métier renvideur faisait les trames ordinaires sans faire plus de déchet, et surtout sans plus de torsion que n'en donne le mull-jenny à bras, ce renvideur serait adopté par tous les filateurs, et n'en ferait que mieux les fils sous-filés.

On arrivera sans doute à ce degré de perfection : les progrès faits depuis quelques années doivent le faire espérer ; mais je constate que tous les fils que j'ai vu faire couramment sur des renvideurs ou des demi-renvideurs étaient des produits sous-filés. Nous reviendrons plus loin sur ces métiers, qui ont un emploi marqué dans les filatures pour les chaînes, les demi-chaînes et les trames des métiers à tisser mécaniquement. Le renvideur fait mieux la cannette que le métier ordinaire ; ce dernier étant le plus répandu, je dois lui consacrer une partie de ce chapitre. Les principes sont les mêmes dans les deux métiers ; le renvideur est un mull-jenny perfectionné, son vrai nom français est mull-jenny renvideur.

M. Alcan écrivait en 1847 : « Le filage en fin est le dernier travail que l'on fait subir à la matière textile pour la transformer en fil parfait. Nous entendons par fil parfait un cylindre flexible formé d'une substance simple ou composée, d'une ténuité extrême, d'une longueur indéfinie, d'un diamètre déterminé et égal sur toute sa longueur, d'une homogénéité parfaite, et présentant par conséquent la même élasticité et la même résistance sur tous les points de sa longueur.

» On pourrait considérer le filage comme une préparation atteignant les limites extrêmes d'étirage et de torsion, auxquelles on peut avantageusement soumettre les matières textiles. En effet, cette dernière transformation consiste également dans la combinaison des mouvements qui doivent opérer l'étirage, la torsion et le renvidage. La mèche à filer simple ou double est étirée cette fois jusqu'à ce qu'elle atteigne la longueur définitive qu'elle doit avoir. »

Tous les métiers à filer peuvent être rangés en deux classes principales : les métiers mull-jenny et les métiers continus. Ces derniers ont beaucoup d'analogie avec le mécanisme des bancs à broches; les mouvements qui effectuent l'étirage, la torsion et le renvidage, ont également lieu simultanément et sans interruption.

Depuis que ces lignes sont écrites, le continu a fait un progrès qui peut avoir une grande influence sur l'industrie de la laine peignée.

M. Fostier, de Sémeries (Nord), est arrivé à faire sur ce métier les numéros les plus fins. On a filé en ma présence de la trame à 150 sur un continu de son invention. Une cannette au numéro 70 a été faite en vingt-sept minutes; elle mesurait 320 mètres de fil : c'est donc un travail théorique de 12 échées par jour et par broche. En admettant une différence de 30 p.% entre celui d'une broche et celui d'un métier complet, ce serait encore un produit double de celui des mull-jenny et des renvideurs ordinaires.

M. Fostier a vaincu quatre difficultés principales :

1° Conduire le fil en ligne droite du cylindre à l'ailette;

2° Le soustraire à l'influence de l'air;

3° Le soustraire à l'influence de la force centrifuge;

4° Séparer les organes de torsion et ceux de renvidage.

Pour faire arriver le fil au centre de l'ailette, cette dernière a un collet creux dans lequel entre le fil à peu de distance du cylindre étireur.

Pour soustraire le fil à l'influence de l'air et de la force centrifuge, les ailes de l'ailette sont évidées; le fil vient s'y loger par l'effet même de la force centrifuge, et n'en éprouve aucune fatigue, les organes de renvidage étant indépendants des organes de torsion.

L'ailette, tenue dans des collets attachés au porte-système des cylindres lamineurs, donne la torsion uniforme, sans changer de place dans le sens vertical. C'est l'appareil qui porte la broche qui monte et descend pour chaque couche de fil sur la cannette; le mouvement rotatif et différentiel de la broche est combiné de telle sorte, que cette dernière prend exactement au bout de l'ailette le fil délivré par le cylindre étireur, si bien que ce fil n'éprouve juste que la tension nécessaire pour faire la bobine aussi dure qu'on veut l'obtenir. On est parfaitement maître de cette partie essentielle du métier, ce qui permet de filer les fils les plus fins, tandis que, dans l'ancien système, le renvidage se fait à l'aide d'une friction qui entraîne la bobine et de la résistance du fil qui retient cette dernière. Il en résulte que les numéros au-dessus de 29 à 35 étant trop faibles pour offrir une résistance suffisante au renvidage, on ne peut dépasser ces numéros sur les anciens continus. Est-ce à dire qu'avec le nouveau le problème soit complètement résolu? Je ne sais et n'oserais l'affirmer; mais il est certain que l'on est arrivé à des résultats qui avaient été jugés impossibles, et le chemin parcouru permet de supposer qu'on arrivera à vaincre les derniers obstacles qui résident dans le mode de rattacher les fils cassés. On objecte que, pour faire cette rattache, il faut arrêter la broche; mais on peut arrêter la broche sans arrêter le métier : cette partie reste à perfectionner. Dans l'ancien continu, il faut aussi arrêter la broche. M. Fostier a commandé les broches et les ailettes par engrenages, qu'un levier fait dégrener; un autre levier les fera engrener une à une. Je ne vois là rien d'impossible, et c'est beaucoup pour le succès d'une idée lorsqu'elle se présente sans le cortége des impossibilités que l'on voit à la suite des trois quarts des inventions; il y a ici un résultat acquis incontestable. On cite Lecœur, Hubner, comme ayant tenté les mêmes essais, qui se font depuis 1825. Je doute qu'ils soient arrivés aussi près des moyens pratiques.

« Tous les systèmes de métiers à filer, dit M. Leroux, se résument dans les continus anglais, les continus français, les renvideurs et les mull-jenny. Ces derniers, depuis Crompton, ont été notablement perfectionnés sous le rapport du mécanisme; ils produisent les fils les plus variés que réclame l'industrie du tissage français.

» Chaque constructeur fait les métiers à sa manière; cependant les produits qu'ils donnent diffèrent peu de l'un à l'autre. Toutefois leur construction doit être combinée de telle sorte qu'ils absorbent le moins de force possible et qu'ils répondent comme solidité au travail qu'ils doivent faire. »

Quoi qu'en dise M. Leroux, il y a du choix dans les métiers, surtout à cause de la dernière condition, qu'il énonce la légèreté et la solidité. C'est en perfectionnant celui de Laurent, en mettant de grandes roues de chariots, et ces derniers plus larges, que Pihet et Bruneaux ont fait des métiers légers au renvidage; le chariot large éloigne le tambour des broches, et permet d'avoir des cordes moins tendues, ce qui soulage le fileur dans le métier ordinaire. Dans les métiers à coffre et à manivelle, il faut que la roue de volée soit très-légère, et la manivelle doit avoir un contre-poids; sans cette précaution, elle donne aux broches un mouvement irrégulier qui les fait sauter, surtout aux vitesses actuelles, entre 4 et 5000 tours.

Voici, d'après M. J. Férat, que j'ai déjà cité, les conditions requises pour qu'un métier soit bien monté. Ces détails peuvent sembler puérils aux hommes qui connaissent les métiers à filer; mais il faut penser que ce livre s'adresse aussi aux personnes neuves dans la partie, qui veulent se mettre au courant de la filature.

Porter la plus grande attention sur le mécanisme partiel, pour éviter les ruptures et rendre les mouvements doux. Le bâti du métier et les consoles soutenant le porte-système seront fixés solidement sur le sol ou plancher. Le porte-système doit être de niveau, et surtout droit; la tête du métier devra aussi être fixée très-solidement sur le plancher, et de niveau; de même pour les chemins de fer ou patins, qui seront parallèles entr'eux et à angles droits avec le porte-système. Assez ordinairement, on donne un léger degré d'inclinaison aux chemins, pour faciliter la rentrée du chariot et soulager le fileur. Dans les métiers renvideurs, le dernier motif disparaît.

Il est entendu que les quatre colonnes de cylindres cannelés sont parfaitement dressées en ligne droite, et libres dans leur mouvement de rotation ; il doit en être de même pour le jeu des broches, et généralement pour tous les axes et pivots dépendant du métier.

Les supports des cylindres sur le porte-système seront garnis d'encoches et à coulisses, pour donner la facilité d'écarter les cylindres entr'eux sans tâtonner.

Il est fort rare que le contre-maître soit obligé de changer les écartements; cependant cela peut arriver : une filature peut changer de genre de produit ; le cas doit être prévu dans la construction des métiers. On peut faire des mélanges de soie fantaisie avec de la laine, qui demandent, pour se laminer, un écartement plus grand ; les laines soufrées sont aussi plus dures à laminer que les autres, ainsi que les gros numéros, même en laines fines; il faut plus d'écartement que pour les fins (j'entends les numéros de 10 à 25).

Le métier à filer devra toujours se trouver en bon état d'entretien dans toutes ses parties, et notamment les cylindres de p.ession, qui ont une si grande importance pour le laminage;

ils doivent être parfaitement cylindriques, et tourner librement dans les chapeaux.

L'inclinaison des broches, que j'indique de 18°, peut varier selon que le métier filera chaîne ou trame, gros ou fins numéros. Une broche trop droite dépointe difficilement ; trop couchée, elle occasionne des vrilles sur le fil (la vrille est une espèce de tire-bouchon que forme le fil libre).

Le contre-maître devra vérifier souvent le parallélisme du chariot avec le porte-système du métier, et le maintenir au moyen des vis qui tendent, à droite ou à gauche, la corde à guide. Il devra également se garder d'engrener les roues et pignons jusqu'au fond des dents, pour éviter de rendre les mouvements durs. C'est en engrenant trop fort que l'on fait casser les dents, que l'on use les douilles et les axes des roues intermédiaires.

Avant la mise en marche du métier, il faut en régler les différentes parties, qui sont :

1° La disposition des cylindres, les écartements, la pression et la vitesse à leur donner, suivant les étirages qu'ils doivent produire ;

2° Le mouvement du chariot nécessaire à l'étirage des cylindres, et souvent à un étirage supplémentaire ;

3° Le mouvement des broches et leur inclinaison ;

4° Le réglement de la baguette et de la contre-baguette.

Pour sortir des généralités, nous allons traiter un à un, et brièvement, chacun des points relatifs au métier, qui s'appliquent aussi bien au mull-jenny ordinaire qu'au mull-jenny renvideur ; puis nous donnerons la description de ce dernier.

CYLINDRES, CANNELURES, ÉCARTEMENTS.

Dans la construction pour filer les laines fines, on tient les cylindres à 24^{m}/^{m} de diamètre, excepté le second, qui n'a que 20^{m}/^{m}, pour permettre de l'approcher plus près du cylindre étireur et donner moins d'écartement. Pour les grosses laines, tous les cylindres peuvent être du même diamètre, puisque l'écartement laisse du jour entr'eux. Les petits cylindres intermédiaires ont l'inconvénient de faire des barbes plus facilement que ceux d'un plus gros diamètre ; c'est pourquoi j'indique le troisième et le quatrième au même diamètre que le premier.

Les cannelures des cylindres sont proportionnées aux diamètres, ce qui leur donne le même pas, la même division ; les gros en ont 60, et le petit 50. Elles doivent être plates et bien évidées ; tous les cylindres doivent être trempés (on n'en fait plus d'autres dans la construction moderne).

Pour les écartements à donner aux cylindres entr'eux, j'avais indiqué dans la première édition ceux de la maison Lucas, de Bazancourt, ce qui m'a valu une rectification de la part de ces messieurs, et ce qui me procure le plaisir de donner des chiffres officiels que je tiens de leur complaisance.

M. Eugène Lucas m'écrit :

« Voici les écartements dont je fais usage, depuis plus de trente ans, pour les laines destinées aux tissus mérinos :

» Du 1er au 2me cylindre, 13 lignes = 29^{m}/^{m} 25 ;

» Du 1er au 3me cylindre, 42 lignes = 94^{m}/^{m} 50 ;

» Du 1er au 4me cylindre, 84 lignes = 189^{m}/^{m} 00.

» Les premier, deuxième et troisième cylindres portent des pressions garnies et chargées ; les deuxième et troisième reçoivent une petite sellette sur laquelle s'appuie le bout d'une selle dont la tête porte sur le premier presseur. La bride qui relie cette selle au levier qui porte le poids passe entre le premier et le deuxième cylindre; le quatrième presseur est en composition, et n'agit que par son poids. »

Avec ces écartements, qui sont plus grands que ceux généralement adoptés, ces messieurs filent parfaitement; mais il faut le système complet. Je fais remarquer que le deuxième rang a des pressions au lieu de rouleaux libres, ce qui fait que la laine glisse moins facilement sur le deuxième cylindre, et ce qui justifie le grand écartement. C'est parce que j'ai des rouleaux libres à tous les rangs intermédiaires que je mets les écartements suivants :

Du sommet du premier cylindre au sommet du deuxième écartement, de 24 à 25$^{m}/_{m}$;

Du sommet du premier cylindre au sommet du troisième écartement, de 55 à 60$^{m}/_{m}$;

Du sommet du premier cylindre au sommet du quatrième écartement, de 105 à 115$^{m}/_{m}$.

Le premier écartement, celui du premier au deuxième cylindre, est le plus important; il est indiqué par la somme des diamètres de ces cylindres divisée par deux, plus quelques millimètres de jeu pour qu'ils ne se touchent pas. Le premier a 24$^{m}/_{m}$, le deuxième 20$^{m}/_{m}$; c'est donc 22$^{m}/_{m}$ du centre au centre. En mettant 24$^{m}/_{m}$ d'écartement, il reste un jour de 2$^{m}/_{m}$ entre la première et la deuxième colonne; c'est assez pour les laines fines. Sur le troisième cylindre, qui est à 55$^{m}/_{m}$, il y a encore des filaments qui glissent; mais sous le quatrième, qui est plus écarté que la longueur de la laine, il n'y en a plus, ce qui fait que sa position a moins d'importance. M. Lucas met ce cylindre à 189$^{m}/_{m}$ du premier. J'indique 105 à 115; c'est grandement suffisant, toujours pour les numéros fins. Je répète que pour les gros numéros, 7, 8, 15 à 20, même en laines fines, il faut écarter davantage. C'est parce qu'ils ne tiennent pas compte de cette observation, que beaucoup de filateurs s'étonnent qu'une laine qu'ils filent très-bien à 100 va moins bien en numéro 10; le fil est plus irrégulier parce qu'ils ne changent pas les moyens de le produire.

***

ROULEAUX.

Les rouleaux auront $30^{m/m}$ au premier rang, 16 au deuxième rang. L'écartement étant de $24^{m/m}$, il y aura entre les deux rouleaux une distance de $1^{m/m}$, puisque la somme de leurs rayons donne $23^{m/m}$. Ce sont les diamètres *maximum*, les rouleaux de devant étant neufs et garnis; dès qu'ils auront été retournés une première fois, la distance sera de $2^{m/m}$; lorsqu'ils viennent plus petits, ils n'ont pas d'autre inconvénient que d'user plus vite les parchemins dont ils sont couverts par dessus un fort drap. Les axes des rouleaux des premier et dernier rangs doivent être en fer trempé; les rouleaux des autres rangs sont en fer poli. Ceux du troisième auront $29^{m/m}$, et ceux du quatrième rang, qui est le dernier, auront $38^{m/m}$. Plus ce rouleau est grand, plus il tourne facilement; cela se comprend, puisque le rayon ou levier est plus grand et que la résistance est la même.

Pour le rang de devant sur le cylindre étireur, il faut avoir une demi-garniture de rouleaux de rechange, afin que le fileur ait toujours un quart de garniture à son métier et que les parchemins soient secs lorsqu'il les monte. Cette opération se fait tous les jours à midi, au moment du nettoyage; c'est surtout lorsque les bobines sont pour se terminer qu'on distingue mieux à la forme des têtes les mauvais rouleaux. Les parchemins doivent être collés avec de la farine de seigle, pour ménager les draps, les mêmes que pour les bobinoirs. Ces draps durent très-longtemps; on les décolle au bout de six mois, parce qu'ils viennent durs et usent plus vite les parchemins.

Les rouleaux sont nettoyés avec soin par le bobineur; il les met dans une boîte qui porte le numéro de son métier et contient juste le nombre de rechanges voulu, ce qui dispense de les compter ; on en met 25 pour un métier de 200 broches. Le fileur a deux boîtes semblables, afin que l'ouvrière qui fait les rouleaux rende une garniture neuve chaque jour, lorsqu'on lui rapporte la garniture usée. Par ce moyen, les mêmes rouleaux vont toujours au même fileur ; s'il les soigne bien, il en profite.

J'ai vu, dans beaucoup de filatures du Nord, des rouleaux de 26 à 27$^{m}/^{m}$ au rang de devant, avec quatre papillons non collés ; les rouleaux sont fendus pour recevoir les parchemins. C'était le moyen primitif ; on y renonce généralement pour revenir aux parchemins collés ; mais presque tous mettent du parchemin artificiel par économie, car il est constant que le parchemin de mouton vaut mieux.

PRESSIONS.

Il faut à tous les métiers des pressions bien libres ; elles varient de 4 à 10 kilogrammes, selon les genres de laine. On les met presque toujours trop fortes ; c'est ce qui fait casser. J'ai vu, à des métiers où l'on ne pouvait pas suivre à rattacher, diminuer les pressions, et immédiatement obtenir une diminution de casse. Il faut aussi dire qu'une pression plus forte donne un numéro plus fin, parce qu'elle porte principalement sur le cylindre étireur, qui donne plus de développement à mesure que la pression entre davantage dans les cannelures ; ceci indique aussi qu'il faut à toutes les tables exactement la même pression. Les romaines sont divisées d'une manière uniforme, et les poids sont tous du même modèle ; ceci est essentiel. On trouve beaucoup de métiers où ce qui compose la pression est négligé : des bouts de leviers bruts portent sous un porte-système également brut. Il faut, dans ce cas, mettre une tringle de fer plat allant d'un support à l'autre, pour recevoir le bout des leviers. Les tirants qui relient les leviers à la sellette de pression doivent être articulés par un anneau au milieu, ce qui les rend libres dans tous les sens et empêche les organes de la pression de forcer d'un côté ou de l'autre. Avec ces précautions et des rouleaux bien ronds, bien propres et bien graissés, on aura une pression excellente, surtout si les rouleaux sont libres dans les bouts et au collet. La tête de la sellette doit se poser sur ce collet du rouleau sans l'envelopper, ce qui permet de le nettoyer et graisser facilement ; les têtes de Grün sont bien faites, avec une encoche pour la goutte d'huile.

J'ai omis de dire, à l'article précédent, que plusieurs filateurs recouvrent en peau de veau glacé les rouleaux en fer qui forment l'unique pression des rangs intermédiaires ; ce moyen est coûteux, et le rouleau n'est bon que neuf, parce que la laine marque promptement sa place en creusant la peau sur les rouleaux. Lorsque ces derniers étaient en composition, comme il s'en trouve encore, et que l'on était obligé de les retourner de temps en temps, la peau que l'on changeait avait l'avantage d'éviter ce travail du tour ; mais, aujourd'hui, on met des rouleaux en fer qui durent autant que le métier. C'est pourquoi j'engage celui qui les monte à bien les vérifier ; ils demandent à être faits avec une précision extrême.

Il y a des filateurs qui mettent de la peau sur le drap du rouleau de devant, puis un parchemin sur la peau ; il y en a d'autres qui filent sans parchemin avec des peaux glacées sur ces mêmes rouleaux, comme dans les filatures de coton. Tous ces moyens, que chacun peut essayer, ne sont pas mauvais, mais c'est coûteux ; ils datent d'un temps où l'on filait à un prix double des prix actuels. Aujourd'hui, le problème se complique : du bon marché, joint à la perfection des produits.

CHAPEAUX.

Depuis la construction de Laurent, le chapeau a été la partie la plus négligée du métier; aujourd'hui on revient à son système. On met des curseurs sur une règle en fer; on les fixe par des vis aux écartements que l'on veut avoir, ce qui permet de mettre tous les rouleaux en ligne droite, tandis qu'avec les chapeaux fondus d'une pièce cet alignement n'est pas possible; par suite, les rouleaux de pression ne se trouvent pas parallèles aux cylindres cannelés, ce qui rompt la ligne de contact; on a donc apporté aux chapeaux un perfectionnement très-utile.

On désigne aussi sous le nom de chapeaux, dans le métier à filer, des rouleaux cylindriques qui se placent sous le cylindre étireur pour recevoir les fils qui cassent; ils facilitent les rattaches en ne laissant pas faire de barbes au cylindre sous lequel ils sont placés.

Ces chapeaux doivent être posés avec soin lors du montage du métier; ils ne doivent pas dépasser le devant du cylindre étireur, car, s'ils avancent trop, ils prennent les grands filaments et font casser le fil. C'est pour les avoir mal placés que des filateurs les ont supprimés. On dit aussi que les chapeaux produisent plus de déchet : c'est une erreur; ils en laissent moins perdre; ils ramassent tout ce qui tomberait sur le plancher si ces chapeaux n'existaient pas. C'est peut-être pour cela que ceux qui ne se rendent pas bien compte font aux chapeaux ce reproche mal fondé.

Ces chapeaux en bois sont garnis d'une panne verte dont le sens des poils se dirige vers l'un des bouts; sans cette précaution, le bobineur, qui les nettoie en marchant, aurait du mal à retirer le déchet qu'ils contiennent. Ils sont placés sur des petits leviers à bascule pour se mettre et retirer facilement.

Il y a des filateurs et des constructeurs qui remplacent ces chapeaux par un arbre en fer poli qui règne tout le long du métier, au-dessous et un peu en avant du cylindre étireur. Cet arbre, qui tourne par les mains-douces, reçoit les fils qui cassent; on évite ainsi les mariages que font ces fils cassés en tombant sur leurs voisins. Il faut cet arbre de $30^{m}/^{m}$ environ, pour retirer facilement les barbes; les chapeaux sont plus commodes que l'arbre, mais ils exigent d'être nettoyés plus souvent, parce qu'ils touchent au cylindre étireur.

COUPURES, RUPTURES ET MARIAGES.

J'ai dit plus haut le soin qu'il fallait apporter aux rouleaux qui peuvent donner des coupures : si elles sont générales dans toute la longueur du métier, c'est une pièce principale qui les produit en jouant ou en dégrenant; mais si elles sont locales, c'est une pièce secondaire qui va mal : un rouleau arrêté, un levier qui bride, une barbe aux cylindres intermédiaires, une entrée obstruée, un mauvais parchemin, etc. Un fil coupé donne une bobine molle. On peut encore avoir une bobine molle par une broche qui ne tourne pas librement au renvidage; ce défaut vient souvent du déchet qui tombe dans la crapaudine, qu'il faut nettoyer.

Si rien, dans le métier, n'explique le défaut du fil, on vérifie la préparation qui le produit; elle peut contenir du simple. On reconnaît, à son numéro de mèche, de quel passage il vient; on en prend note, afin de voir si ce manque de soin se répète de la part de la même ouvrière.

On a écrit qu'une trop grande pression pouvait donner des coupures. J'en doute; mais elle fait casser davantage les fils. Les coupures viennent aussi d'écartements disproportionnés, et surtout de mauvais parchemins. Il y a des filateurs qui classent les parchemins destinés aux fileurs en cinq numéros : le plus gros pour les numéros 10 à 20, et le plus fin pour les numéros 140 à 200. Il est rare qu'un même établissement fasse ces numéros extrêmes.

Dans l'état normal, le fil doit vibrer légèrement à la marche du chariot, sans faire la courbe ; lorsque les fils vibrent trop, ce qui vient d'un manque de tirage, il s'ensuit souvent des mariages de deux fils ensemble, surtout lorsque les mèches contiennent des poils trop longs, lesquels restent en dehors du fil et atteignent celui des côtés. C'est pourquoi, dans les gros numéros en laines communes, il faut plus d'écartement entre les broches : 50^{m}/^{m} au moins, au lieu de 44^{m}/^{m} qui suffisent pour la laine fine. Plus la laine est fine, plus le numéro obtenu est fort, parce qu'il y a plus de filaments pour le former, et que six brins en un seront plus résistants qu'un seul brin de même grosseur.

Les ruptures viennent aussi du montage des bobines. que j'ai indiqué avec un léger frein, pour empêcher la mèche de flotter derrière le métier. Lorsque cette mèche se dévide trop vite, soit par le faux rond de la bobine ou pour tout autre motif, elle se prend dans les chapeaux, les bouts de leviers et les vis, ce qui la tend outre mesure par le tirage du cylindre d'entrée, et finit par faire rompre le fil. Toutes les précautions prises pour le montage des bobines, qui se fait comme aux bobinoirs, ne dispensent pas de mettre un guide en fil de fer poli à tous les rangs de bobines, surtout à celui du bas.

CHARIOT (SA MARCHE).

On vérifie la marche du chariot en passant un ruban entre le cylindre étireur et le rouleau de pression ; l'extrémité de ce ruban, tenue sur l'extrémité de la broche, donnera au bout de l'aiguillée le tirage du chariot, par le vide qui restera entre la broche et le ruban.

En coton, dans les fils communs, la marche du chariot est la même que celle du cylindre, il n'y a pas de tirage supplémentaire, la torsion se termine en même temps que l'aiguillée ; tandis que, dans les numéros fins, on donne à l'aiguillée un tirage supplémentaire de 7 à 8^c, et même plus, surtout pour les trames, qui en supportent plus que les chaînes. Le même effet a lieu sur les fils de laine, mais dans une proportion beaucoup moindre. Un fil de laine tendu de plus de 3 centimètres sur une aiguillée de 1 mètre 1/2 casse à la marche. La tension dépend aussi du fileur, qui tient ses fils plus ou moins raides à la rentrée du chariot; il faut amener tous les ouvriers à avoir la même main, en leur laissant à tous la même marche.

Le chariot est légèrement élevé à la partie extrême de sa course, pour faciliter le renvidage (je parle des métiers ordinaires, et non des renvideurs). Leur marche se change au moyen des pignons qui commandent les mains-douces qui les conduisent. Cette partie a été notablement améliorée dans les métiers dont je donne les dessins. Plus les fils sont fins, plus l'aiguillée se fait lentement; c'est ce qui justifie les tarifs gradués que je donne pour les fileurs.

On comprend que les chaînes supportent moins de tirage à l'aiguillée que les trames, parce que la torsion en plus dans la chaîne fait rentrer le fil sur lui-même. Des fils tendus facilitent le dépointage et évitent les vrilles; il faut donc arriver juste à tendre assez les fils pour bien dépointer et ne pas casser. Il y a des filateurs qui mettent des cordes attachées au porte-système, pour relever la contre-baguette au moment du dépointage; il ne faut avoir recours à ce moyen que pour les laines trop communes, qui s'attachent à la broche.

Un chariot qui a trop de pente du côté de la rentrée donne des vrilles; on en a aussi pour des fils renvidés mollement, et surtout pour les rattaches faites de trop long. Un rattacheur qui lève trop les bras pour que sa rattache ne casse pas fait des vrilles.

Pour le tirage du chariot, trois pignons suffisent; un au-dessus et un au-dessous de la marche normale donneront le tirage nécessaire pour tous les numéros.

Lorsque les chemins de fer qui portent le chariot ont une pente assez prononcée, soit 1 centimètre au mètre, le chariot tend à rentrer avant qu'il ne soit conduit par le fileur. On évite ce désagrément par des mentonnets qui tiennent le chariot en respect au bout de l'aiguillée, tant que le dépointage n'est pas fait. Ces mentonnets, qui ont des arrêts dans le plancher, sont surtout nécessaires lorsque toute la torsion n'est pas donnée dans l'aiguillée, et que les broches continuent leur mouvement après l'arrêt du chariot; ce dernier doit toujours être commandé par deux bonnes mains-douces, une à chaque extrémité et non une seule, comme on en voit dans des filatures mal montées.

Pour les renvideurs, la commande du chariot a demandé de grandes améliorations (voir plus loin la description de ce métier).

BARBES ET NETTOYAGE, DÉCHETS.

Les barbes sont l'enroulement de la laine autour des cylindres ou des rouleaux de pression; elles ont souvent pour cause un mauvais entretien du métier à filer, et surtout sa malpropreté; c'est pourquoi il faut surveiller les nettoyages, afin qu'ils soient faits sérieusement.

Les barbes viennent aussi du plus ou moins bon conditionnement des matières à travailler; une laine mal dégraissée ou humide donnera des barbes. Elles ont encore pour cause, comme dans les machines préparatoires :

Un parchemin usé ou gras;

Des écorchures aux rouleaux de pression ou aux cylindres cannelés;

Des corps étrangers dans ces mêmes cylindres, surtout dans

la saison des fruits (les ouvriers en entrent en cachette et les laissent traîner dans l'atelier).

Les barbes constituent le meilleur déchet du fileur : c'est ce que l'on nomme les déchets doux ; ils valent 7 francs dans les laines mérinos. Viennent ensuite les bouts tors, qui forment la seconde qualité, parce que la laine est tordue, car c'est la même laine que celle des déchets doux ; ils valent 1 franc de moins que les autres.

Le fileur a une troisième qualité de déchet, qu'il tient dans une boîte à part : ce sont les balayures ou déchets noirs, qui valent 1 franc 15 le kilogramme ; c'est ce qui tombe sous le métier et ce qui vient des collets et des bouts de rouleaux de pression, lorsque se fait le nettoyage journalier. Il y aussi des filateurs qui rendent des déchets gris : c'est de la laine qui se trouve tachée, et qu'ils retirent soit des balayures, soit des autres déchets, ce qui fait ces derniers plus beaux et les balayures moins bonnes. Il y a très-peu de déchet gris, à moins que l'atelier ne soit mal tenu : environ 1 kilogramme sur 1000 kilogrammes de fil ; tandis qu'il y a 2 p. %, de balayures, et 4 p. %, des autres déchets en moyenne. Les balayures tombent de 50 p. %, au dégraissage.

En outre du nettoyage superficiel, qui se fait tous les jours, il y a un nettoyage plus en grand qui se fait tous les dimanches matin ; ces opérations doivent avoir lieu à heures fixes, pour tous les métiers à la fois. On arrête les fileurs, tous les jours, dix minutes avant midi, et cinq minutes avant la sortie du soir, pour dégorger les rouleaux et balayer les métiers ; ils ne doivent quitter leurs métiers que lorsque l'heure sonne et que tout est rangé.

Le nettoyage du dimanche dure au moins une heure ; il se fait par le fileur, aidé de son rattacheur, et non par ce dernier seul, comme cela arrive trop souvent. Le contre-maître doit surveiller le nettoyage ; il est chargé d'engrener et de dégrener les pignons, pour éviter les accidents aux métiers.

Il faut essuyer tous les rouleaux sans les changer de place, dégorger tous les collets dans les supports des cylindres, nettoyer les crapaudines, les plates-bandes, les engrenages, les bâtis, le dedans du chariot, enfin ne rien oublier. On nettoie à fond tous les six mois. Moins les fileurs démontent leurs métiers, mieux cela vaut. On choisit une fête ou un chômage quelconque pour cette besogne non payée; on profite de cette opération pour donner un coup de niveau au métier et changer les pièces défectueuses.

C'est presque toujours le lendemain d'un nettoyage à fond que l'on a des accidents aux métiers; le contre-maître doit les remonter avec soin, en engrenant les pignons aux deux tiers de la hauteur des dents, pour avoir des mouvements doux.

Tous les lundis, on graisse tous les collets des cylindres; ceux des cylindres de devant et des pressions se graissent deux fois par jour, au moment de mettre en marche. On fait faire cette opération à tous les fileurs à la fois, pendant que le moteur marche doucement. On graisse aussi les broches; mais ici la recommandation est moins utile, attendu qu'un fileur qui ne graisse pas les collets et crapaudines ne peut plus tourner son métier. Voici une composition pour nettoyer les cuivres :

Eau. . . . . 125 grammes;
Acide azotique . . . . 30 grammes;
Alun . . . . 5 grammes.

On frotte les objets avec ce mélange. On entretient les planchers propres en les frottant tous les huit jours avec de l'huile végétale. Il n'y a que la première fois qui coûte; on prend des fonds de tonnes.

TUYAUX, BARRES, BRUISSAGE.

Je réunis ainsi divers petits sujets, parce qu'il y a entr'eux un rapport soit direct, soit indirect. Les barres peuvent venir des tuyaux et du bruissage, lorsqu'elles ne viennent pas des mélanges de laines, qui se font surtout dans la fin des lots, lorsque plusieurs fileurs coulent à fond dans la même salle.

L'ouvrier qui démonte doit prendre autant de précautions que pour monter son métier; la préparation qu'il coupe et qui doit aller à un camarade doit être mise dans un panier, les plus petites bobines au fond, pour que le fileur qui reprendra cette garniture trouve les plus grosses sans rien bouleverser. Le billet de la garniture ne le quittera pas, et le contre-maître ne donnera une nouvelle monture que lorsqu'il se sera assuré que l'ancienne est bien rangée et qu'il n'en reste plus dans le métier; c'est nécessaire pour éviter les mélanges, qui donnent des barres.

Les barres peuvent aussi venir de l'atelier de préparation, par des mélanges ou des mèches avec un doublage de plus au bobinoir finissant; c'est un point sur lequel il faut être très-sévère, car il est impossible que l'ouvrière qui a retiré la mèche en plus ignore que la bobine produite est trop grosse; elle doit la mettre au bon déchet.

Un fileur qui quitte de la trame et qui monte de la chaîne doit faire sa levée avant de faire passer les rattaches, car, s'il levait après, il aurait des fils de chaîne dans la trame; ce serait autant de barres dans le tissu que le métier a de broches. Si, au contraire, il monte de la trame en quittant de la chaîne, il ne doit lever sa chaîne que lorsque les rattaches ont passé le cylindre étireur, sans quoi il aurait de la chaîne sur les tuyaux de la première levée de trame; c'est encore un sujet de barres, tandis que de la trame dans la chaîne n'a pas le même inconvénient : elle casse à l'ourdissage; il en faut le moins possible.

Il se produit encore des barres du même genre que celles produites par la chaîne dans la trame, lorsque le fileur garde à son métier une bobine de fil trop gros, pour mettre des bouts sur les broches; lorsque le fil casse sur les tuyaux, il doit demander du fil convenable au contre-maître, qui en trouve dans l'atelier.

Des culs noirs aux bobines donnent aussi des nuances dans les tissus; on les évite en essuyant la plate-bande à toutes les levées, avant d'enfoncer les tuyaux à leur place. Ces derniers ne doivent pas descendre de manière à tremper dans l'huile lorsqu'on graisse les collets des broches; ce serait encore un motif pour avoir dans les tissus des nuances jaunes.

Tous les tuyaux doivent être numérotés par métier, afin que partout, à l'emballage, à l'expédition, au tissage, on puisse reconnaître le métier qui a produit le fil. Si l'on trouve, dans un tissu, des rattaches noires, des mariages, ou tout autre défaut venant du fileur, on saura auquel faire les reproches, et l'ouvrier, sachant que ses fautes seront découvertes, lors même qu'elles échapperaient à la surveillance du contre-maître, en fera le moins possible.

C'est une erreur de faire les tuyaux trop courts et trop minces, ou en papier commun, qui donne du déchet au dévidage; on a bien reconnu ces vérités en faisant les cannettes sur le mull-jenny. On fait, pour cet usage, des tuyaux en fer blanc; je ne sais pas si ce moyen se propage.

Les fileurs ne doivent pas mettre la première aiguillée en haut des tuyaux, comme plusieurs le pratiquent pour tenir les cartons; ils doivent constamment dépointer, en découvrant les tuyaux, tant qu'ils ne sont pas complètement garnis de laine. Lorsque le fileur renvide au-dessus du sommet du tuyau, les culs des bobines doivent être commencés.

Tous les tuyaux se font actuellement à la mécanique : il y a des fabriques à Reims, Mulhouse, Saint-Quentin, et dans beaucoup d'autres villes qui ne font que cette spécialité; c'est le moyen de les bien faire.

Il y a encore une cause, non pas de barres, mais de nuances dans les tissus : elle vient du bruissage que certains filateurs pratiquent pour les trames; c'est un tort : la trame ne doit pas se bruire à la vapeur, parce qu'une trame plus bruie est plus jaune que celle qui est moins bruie, et rarement un bruissage à chaud est parfaitement égal. On peut le tolérer pour les chaînes, parce qu'il en facilite l'ourdissage et qu'il n'a pas le même inconvénient que pour les trames; mais, pour ces dernières, il faut le bruissage à froid, que je préfère aussi pour les chaînes; c'est le meilleur moyen pour avoir sur les tissus un cachet de blancheur et de propreté que n'ont pas les fils bruis à la vapeur.

ÉTIRAGE.

L'auteur anglais qui a écrit sur le métier à filer estime qu'un mètre de mèche faite avec de la longue laine donne, au numéro 30, une moyenne de 13 à 14 mètres de fil, et en laine courte, 9 à 10 mètres, c'est-à-dire que nos voisins étirent de 1 à 14 en laine longue, et de 1 à 10 en laine courte. Nous sommes beaucoup plus hardis qu'eux, car les filateurs de Roubaix et Tourcoing, qui filent les laines longues, étirent de 1 à 18, et dans les laines mérinos, qui sont les laines courtes, nous étirons de 1 à 15. J'ai dit plus haut ce que c'était que l'étirage : la différence de longueur développée entre le cylindre d'entrée et le cylindre étireur (cylindre de sortie) pendant la même unité de temps.

Dans l'origine de la filature à la mécanique, les contre-maîtres faisaient un secret des changements d'étirage et de torsion, qui sont excessivement simples. L'étirage au métier se calcule comme aux machines préparatoires; il est le résultat du produit des commandeurs, divisé par le produit des commandés.

La planche 16 donne quatre vues du métier box-organ, construit par Grün.

La figure 1 est l'élévation du métier vu du côté de la commande.

La figure 2, l'élévation vue par derrière, du côté du porte-bobine, qui est enlevé.

La figure 3 donne la coupe transversale avec le porte-bobine.

La figure 4, une vue en plan, avec un seul système de cylindres ; c'est la même répétition entre chaque support, c'est-à-dire toutes les dix broches.

A cylindre étireur ; | (Ils ont l'un et l'autre $24^{m/m}$ et 60
a cylindre d'entrée ; | cannelures.)

B pignon de 26 dents sur le cylindre étireur ;

C roue de 120 dents sur la pièce de renvoi dite *tête de cheval* ;

D pignon de rechange de 40 à 60 dents, sur le même axe que C ;

E grande roue de 130 dents sur le cylindre d'entrée, qui est du même diamètre que le cylindre étireur, ce qui dispense de les comprendre l'un et l'autre dans le calcul des étirages.

Les données qui précèdent suffisent pour établir ces calculs ; mais, puisque j'ai commencé la description du métier, je vais la terminer sommairement.

F poulie de commande des broches (roue de volée) ;

K poulie motrice ;

G pignon d'angle sur l'arbre moteur ;

H roue d'angle de la commande principale ;

I pignon pour accélérer ou retarder l'aiguillée ;

y pignons de mains-douces ;

n roues de mains-douces ;

M courroies de mains-douces ;

L levier de détente pour le déclanchement ;

N poulie de tension de la corde ;

O poulie de renvoi de la corde ;

J poulies de chariot;

U chariot;

P détente des mains-douces;

Q levier pour engrener les mains-douces;

R bâti et porte-système;

S pied de métier, avec le porte-bobine ou ratelier;

T coupe d'un support, avec les quatre cylindres, chapeaux et pression;

x baguette;

z rabat-fil;

1 contre-baguette;

2 support de rabat-fil;

3 broche, avec la plus haute et la plus basse noix;

4 tambour à engrenages (coupe);

5 crapaudine qui reçoit la broche;

6 patin, ou chemin de fer, des poulies de chariot;

7 griffe qui reçoit les roues de chariot;

8 compteur pour les tours de torsion;

9 fourche de détente pour la courroie de commande;

10 taquet qui fait dégrener la main-douce en touchant P;

11 taquet qui fait engrener la main-douce en touchant Q;

12 buttoir qui fait dégrener le métier lorsqu'il est touché par une pièce de fer fixée au chariot (on la voit figure 1); c'est en avançant ou en reculant ce buttoir sur le levier L que l'on allonge ou raccourcit l'aiguillée;

13 un autre taquet, que l'on voit figures 2 et 4, pousse un levier 14 qui fait engrener, à la rentrée du chariot, un manchon Bréguet placé sur l'arbre de commande.

Les autres détails sont suffisamment indiqués par les dessins; on voit la marche de la corde 16 qui passe sur la poulie 17 de l'arbre qui commande les tambours et sur la poulie 18 qui sert de tendeur.

Revenons à l'étirage du métier pour lequel nous avons les données plus haut; elles suffisent pour calculer l'étirage de tous les pignons de rechange de 40 à 60 dents.

Prenons d'abord le plus grand : celui de 60 dents, qui étire le moins. Le calcul sera :

Pour les commandeurs, $120 \times 130 = 15600$;

Et pour les commandés, $26 \times 60 = 1560$.

L'étirage sera : $\dfrac{15600}{1560} = 10$, étirage *minimum*.

Maintenant, supposons le pignon de 40 dents à la place du 60, la formule sera :

Les commandeurs, $\dfrac{120 \times 130}{26 \times 40} = \dfrac{15600}{1040} = 15$, étirage *maximum*.
Les commandés,

On trouverait ainsi l'étirage de tous les pignons; il serait entre 10 et 15; celui du pignon 50, qui est le milieu des pignons de rechange, devra être de 12 p. %. En effet, dans ce cas, l'étirage égale $\dfrac{120 \times 130}{26 \times 50} = \dfrac{15600}{13000} = 12$, qui est l'étirage que donne le pignon de 50 mis à la place de D. On dresse un tableau de l'étirage que donne chaque pignon, et, lorsqu'on a son numéro de mèche qui indique l'étirage qu'il faut pour obtenir le numéro du fil, on sait de suite le pignon qu'il faut mettre pour arriver juste au numéro sans tâtonner.

Quand le cylindre d'entrée est plus petit que le cylindre étireur, on fait entrer le diamètre de celui-ci dans les commandeurs et celui du cylindre d'entrée dans les commandés, parce que ce cylindre diminue l'étirage en raison de l'élévation de son diamètre, et que celui de sortie l'augmente en raison de l'élévation de son diamètre.

Il arrive aussi, dans certains métiers, que la roue E est sur l'avant-dernier cylindre; dans ce cas, la commande du dernier à l'avant-dernier cylindre, entre aussi dans le calcul, la roue du dernier cylindre dans les commandeurs, celle de l'avant-dernier dans les commandés. Le métier que j'ai donné dans la première édition était dans ces conditions ; actuellement, on les construit comme celui de la planche 16.

Si, au lieu de chercher quel est l'étirage que donne tel ou tel pignon, je voulais savoir quel pignon donnera un étirage déterminé, comme celui de 1 à 13, je dirais :

Le produit des commandeurs, $\dfrac{120 \times 130}{26 \times D} = 13$ l'étirage ;
Le produit des commandés,

effectuant les calculs indiqués, il vient :

$$\frac{15600}{26 \times D} = 13.$$

Faisons passer l'inconnu D dans le second membre de l'équation avec un signe contraire, nous avons :

$$\frac{15600}{26} = D \times 13 ;$$

la division faite donne :

$$600 = D \times 13.$$

Si nous divisons 600, produit des facteurs D et 13, par le facteur connu 13, nous aurons pour quotient le facteur inconnu D. Donc :

$$D = \frac{600}{13},$$

ce qui donne 46 pour valeur de D ; c'est le pignon qu'il faut mettre sur le métier, à la place de D, pour étirer de 1 à 13.

On trouverait de même les pignons pour tous les étirages ; ils descendront au-dessous de 40 pour les étirages au-dessus de 1 à 15, à moins de changer le pignon B sur le cylindre étireur, ou l'une des grandes roues C ou E.

Un étirage étant connu, il y a un moyen plus prompt que le travail théorique qui vient d'être indiqué pour trouver les autres : c'est la proportion.

Nous savons que le pignon de 40 dents donne l'étirage de 1 à 15 ; nous voulons savoir quel pignon donnera celui de 1 à 13 ? Nous dirons :

$$13 : 15 :: 40 : x = 46 ;$$

le pignon 46 donnera l'étirage demandé. C'est le même résultat que précédemment ; les deux opérations se contrôlent.

On a vu, au chapitre de la préparation, page 254, qu'une mèche étant donnée, on trouve l'étirage qu'elle doit supporter en divisant le numéro du fil au kilogramme par le numéro de la mèche, et multipliant le quotient par 10. Soit une mèche 80 pour faire du fil à 120, on a : $\dfrac{120}{80} = 1,5$; multiplié par 10, il vient 15, qui est l'étirage.

On voit, sur le tableau qui a été dressé que le pignon de 40 dents donne l'étirage de 1 à 15 ; c'est donc ce pignon qui donnera le numéro demandé : telle est la théorie.

M. Alcan ne donne sur ce sujet que des généralités ; M. Stamm n'en parle pas du tout, il suppose ses lecteurs au courant de cette question (page 181). M. Leroux dit (page 214) :

« Le fil, sur le mull-jenny, est de cinq à vingt fois plus long que la mèche qui le produit ; c'est-à-dire qu'il faut, pour faire un fil quelconque, étirer la mèche autant de fois de sa longueur que la matière le permet. Il y a des laines qui ne peuvent supporter que six étirages ; d'autres subissent sans altération quinze étirages.

» Lorsqu'on veut connaître l'étirage nécessaire pour faire un fil quelconque, *on divise le numéro du fil à faire par le numéro de préparation, et le quotient donne l'étirage.* »

Suivent des exemples que je ne donne pas pour éviter la confusion, parce que M. Leroux ne suit pas ma méthode. On peut prendre l'une ou l'autre méthode ; mais il faut n'en avoir qu'une.

En pratique, il y a d'autres moyens dans les ateliers en marche : on prend cinq des bobines de la garniture que l'on veut monter, on les monte sur le métier du fileur qui doit prendre cette garniture, et, au bout de 50 aiguillées, on fait, sur les fils produits par ces cinq bobines, un demi-échantillon qui indique le numéro que fera le métier monté tel qu'il est.

Le hasard peut faire que ce numéro soit celui demandé, et qu'il n'y ait rien à changer que la torsion; mais, le plus souvent, on obtient un numéro différent de celui cherché. Dans ce cas, voici comment on opère :

On multiplie le numéro obtenu par le nombre de dents du pignon qui l'a donné, on divise le produit par le numéro que l'on veut avoir; le quotient indiquera le pignon de rechange qu'il faut mettre à la place de celui qui existe sur le métier, pour obtenir le numéro demandé.

C'est une simple proportion et un moyen sûr. Je suppose qu'une mèche quelconque, placée derrière un métier, a donné le numéro 110 avec un pignon de 55 dents; à la place de D, dans la planche 16, figure 4, au lieu du numéro 120 que l'on veut avoir, on aura cette proporiton :

$$120 : 110 :: 55 : x \qquad x = 50.$$

50 est le pignon qui donnera le numéro 120, si 55 a donné le numéro 110 avec la même mèche. On remarquera que la proportion est inverse, parce que le numéro s'élève à mesure que le nombre de dents du pignon qui le produit descend; sans quoi la logique veut que l'on dise : $110 : 120 :: 55 : x$; en opérant ainsi, nous aurions un résultat tout opposé à celui que nous cherchons.

Nous voyons qu'il y a deux manières de s'assurer de l'exactitude du numéro avant de monter un métier à filer : le tableau des étirages d'après le numéro de la mèche, et l'échantillon du fil avant que le fileur ne soit en marche.

Les bons contre-maîtres se servent du premier et vérifient par le second; d'autres montent un peu au hasard : ils échantillonnent au bout de deux ou trois heures de marche, et laissent faire à l'ouvrier un commencement de besogne qui est aussi mauvais trop gros que trop fin.

On remarquera que, dans ce qui précède sur l'étirage du

métier, il n'est pas question des commandes des deuxième et troisième cylindres; leur vitesse ne fait rien au numéro, ils sont intermédiaires et ne peuvent rien changer à la proportion de la longueur développée entre le cylindre d'entrée et le cylindre étireur; ils ne servent que pour la régularité du laminage. J'ai souvent fait varier la vitesse du deuxième cylindre sans voir aucun changement dans le fil obtenu, parce que la laine glisse entre ce cylindre et sa pression libre; sa marche échappe aux appréciations théoriques. Je crois que sa vitesse est toujours inférieure à ce qu'elle peut être; on ne met qu'un quinzième de différence entre ce cylindre et le troisième, tandis que je la voudrais proportionnelle aux écartements; c'est un essai à faire. Passons à un autre organe.

BROCHES.

Les broches seront en acier; elles auront $185^{m/m}$ au-dessus du collet, soit $380^{m/m}$ au total; collet $8^{m/m}$, pointe de $4^{m/m}$ et pivot de $3^{m/m}$, avec de grandes noix pour les filateurs qui n'adoptent pas la broche à engrenage dont il est question dans ma première édition, page 156. Je ne reviendrai pas sur ce que j'ai dit à l'occasion de cette broche; on n'a contesté aucun des faits avancés. Le représentant de la maison Muller me cite plusieurs filateurs qui montent des broches de ce système avec petits pignons en gutta-percha, entre autres MM. Dauphinot frères, de Reims, pour des renvideurs de 600 broches. M. Pailla, de Trélon, M. Lion, de Wignehies, et les nouveaux filateurs de La Capelle montent des broches de ce système, qui peut être bon pour les grands métiers; mais je préfère la corde pour les métiers ordinaires, avec tambour à engrenage, comme celui que l'on voit dans la figure 3 de la planche 16, surtout pour les vitesses actuelles, qui sont poussées à 5000 et même à 5200 tours. La broche à engrenage est indispensable pour

le nouveau continu de Fostier; elle permet de débrayer en repoussant le pignon. Ces petits pignons en gutta-percha coûtent au moins autant d'entretien que les cordes; on en use
cinquante par mois pour 1000 broches.

Les broches doivent être montées de manière à se soulever
facilement pour les nettoyer. Leur pente dépend de leur position par rapport au cylindre étireur; lorsque cette pente n'est
pas convenable, on a des ruptures ou des vrilles. Dans les
laines communes que l'on file à Roubaix, on met beaucoup
de pente, et, comme on marche à grande vitesse, les bobines se
font sans tête, parce que, si la broche était trop pleine, le fil
remonterait. La partie du chariot qui porte les broches est
mobile, pour que les contre-maîtres puissent changer la pente
selon les laines, chaîne ou trame. La vérité est qu'il n'en font
rien : dès qu'un métier est monté pour un genre, le fileur
se fait la main à sa position, et on file dessus chaîne ou trame
sans toucher à la pente des broches; dans ce cas, il faut appliquer la plus convenable. Voici celle pour les laines fines :

Mettre le bout de la broche à $32^{m}/^{m}$ en avant du cylindre
étireur et à $35^{m}/^{m}$ en contre-bas du dessus de ce même cylindre; donner à cette broche une pente de 18° 1/2; on filera
bien tous les numéros en laine mérinos. Toutes les broches
doivent être dans un même plan incliné. Les anciens métiers
à coffres n'admettent que des noix de $23^{m}/^{m}$ aux broches, parce
que plus grandes elles obligent le fileur à tourner davantage la
manivelle en renvidant, ce qui lui fait perdre l'assurance dans
la main qui guide le fil. Dans le métier box-organ, la grande
noix n'a pas le même inconvénient, la manivelle marchant
avec le chariot auquel elle est fixée.

La vitesse des broches, qui était de 3200 tours vers 1830,
a été poussée successivement à 3600, 4000 et aujourd'hui à
5000 tours par minute, ce qui fait que la production par broche a toujours été en augmentant. Mais le tarif a descendu
dans la même proportion pour le filateur comme pour le fileur,

si bien que la broche, qui produit aujourd'hui le double de ce qu'elle produisait il y a trente ans, rapporte moins de bénéfice. On tâche de compenser cette différence en montant plus de broches ; c'est ce qui explique le développement que prennent les anciens établissements.

J'ai démontré dans la première édition, page 167, qu'à la vitesse de 3600 tours de broche, le fileur disposait de 46 p. %. du temps de travail pour monter, graisser, renvider, lever et nettoyer ; c'est-à-dire que le travail théorique d'un métier à filer est de 46 p. % de plus que le travail effectif. C'est pendant ces 46 p. % du temps à la disposition du fileur qu'il exerce son habileté, car il ne peut rien sur la marche du métier, qui dépend du contre-maître. Cette marche peut dépendre aussi d'une courroie de commande qui a trop de course pour engrener et dégrener, ou qui, trop molle, ne part pas de suite à la rentrée, ou qui enfin, trop tendue, dégrène difficilement. Le bon ouvrier sait éviter tous ces inconvénients.

On est obligé de tendre les courroies étroites ; celles trop larges dégrènent lentement ; la bonne dimension est de 5 centimètres. Il ne faut pas laisser de jeu dans la fourche qui conduit la courroie ; les poulies qui la reçoivent doivent être plates et se toucher.

Jadis on mettait différentes vitesses de broches pour chaîne ou trame ; maintenant cette vitesse est *une* : on la pousse au *maximum* dans tous les numéros. Pour tordre moins les numéros communs, on supprime des tours de la commande à l'aiguillée, sans faire aller la broche moins vite. Ceci explique la justice d'un tarif gradué selon les numéros à produire ou selon la torsion à donner. Les broches seront à moyens pieds ; les gros pieds sont trop lourds, et les fins n'ont pas assez d'assiette. Ils ne font pas équilibre au poids de la bobine, et laissent vibrer la broche.

TORSION.

Tous les filateurs tordent du même côté : de gauche à droite. Ce sens de la torsion est conventionnel; mais il faut qu'il soit uniforme, car si un filateur tordait dans un sens et son voisin dans un autre, il arriverait que les fils livrés au commerce, et souvent employés au doublage et au retordage, se travailleraient mal si les torsions avaient différents sens. Le retordage se fait du côté opposé à la torsion primitive du fil.

En tordant tous les fils du même côté, nous obéissons à une loi de la nature qui veut que tous les filaments sur le dos du mouton frisent dans le même sens, sans quoi ils se brouilleraient et se feutreraient. Nous voyons cette loi merveilleuse se produire aussi dans le règne végétal : toutes les plantes grimpantes, comme les volubilis, le houblon, les haricots à fleurs, se contournent autour de leur rame en allant de gauche à droite; ce mouvement est expliqué par celui de la terre par rapport au soleil.

Les filateurs ne sont pas tous d'accord sur le moment le plus convenable pour donner la torsion; les uns l'appliquent complètement pendant la marche du chariot; d'autres la continuent au bout de l'aiguillée, lorsque le chariot est arrêté.

Dans la chaîne qui casse à la torsion, on fera moins de déchet en complétant cette torsion au bout de l'aiguillée; mais dans les trames, il vaut mieux la donner toute entière à la marche, pour ne pas accélérer le chariot et laisser aux ouvriers plus de temps pour rattacher au départ.

Il y a encore un point sur lequel les filateurs sont divisés : c'est sur la quantité de torsion à donner au fil. Il ne peut pas y avoir sur ce sujet une règle absolue, parce que la torsion à donner au fil dépend de son emploi. Le fabricant de mérinos, un vrai connaisseur, voudra des fils peu tordus, pour avoir un tissu simple et moelleux; un marchand de fil, qui tire le plus de numéros possible au kilogramme pour vendre plus cher, sera obligé de tordre pour rendre de la force à ses fils maigres.

On donne des règles théoriques pour calculer la torsion que reçoit le fil; mais il y a un moyen pratique beaucoup plus simple : il consiste à compter les tours de broches à l'aiguillée de 1ᵐ50. On compte d'abord, en tournant la manivelle à la main, combien la broche fait de tours contre un de la poulie de renvidage; puis on compte combien cette poulie fait de tours à l'aiguillée ; on multiplie ces deux chiffres l'un par l'autre; le résultat donne le nombre de tours de broches par aiguillée. Cette vérification doit se faire de temps en temps, et à chaque mise en marche d'un lot nouveau, pour voir si ce lot a bien la torsion voulue.

C'est l'expérience qui indique les torsions à mettre pour tel ou tel numéro. Voici celle que j'applique pour les mérinos, qui forment l'article de fonds dans la laine peignée.

TORSION DES CHAINES.

Numéros au demi-kilogramme.	Tours de broches à l'aiguillée de 1ᵐ50.	Tours au centimètre de fil.
30	645	4,30
32	670	4,46
34	700	4,66
36	730	4,86
38	760	5,06
40	790	5,26
42	820	5,46
44	850	5,66
46	880	5,86
48	910	6,06
50	940	6,26

On a voulu établir des rapports entre les torsions et les

racines carrées des numéros. Ces données ne peuvent pas être justes, parce que les numéros se calculent en raison du poids des fils, et non de leur diamètre, et que ces poids et les diamètres n'ont pas un rapport exact : deux fils peuvent être du même diamètre et de numéros différents.

Si nous voulions appliquer le principe des torsions en proportion des racines carrées des numéros, celle du numéro 36 étant 730 tours à l'aiguillée, celle du 49 serait le quatrième terme de la proportion suivante :

$$\sqrt{36} : \sqrt{49} :: 730 : x \qquad x = 851.$$

Le 36 ayant 730 tours de broches à l'aiguillée, le 49 devrait en avoir 851. Nous voyons, dans le tableau plus haut, que c'est seulement le 44 qui a cette torsion, qui sera insuffisante pour le 49 en chaînes. Dans les trames, que je vais indiquer, l'écart est moins grand entre la pratique et le principe donné par la Société Industrielle de Mulhouse.

Une trop grande torsion diminue l'élasticité des fils et dépense en pure perte un excédant de force motrice. La force du fil peut augmenter avec la torsion; mais il est certain que son élasticité diminue.

La torsion des trames doit être telle que les fils s'échappent par glissement lorsqu'on tire dessus; on doit sentir une légère résistance avant la rupture, qui ne doit pas casser net, tandis que pour les chaînes, il faut que les fils cassent sans se délier par glissement; la torsion doit être poussée jusqu'à ce qu'ils atteignent ce degré de résistance, mais pas plus loin : c'est le résultat que donneront dans les chaînes mérinos les torsions que j'ai indiquées. Lorsque la matière est plus commune, il faut tordre davantage.

Dans les trames, la torsion n'est pas toujours la même pour un même numéro. Il y a des industries qui emploient des fils très-tordus; la passementerie est une de ces industries, tandis que la bonneterie exige des fils gonflés et peu tordus. Voici les torsions convenables pour les trames des tissus mérinos, que j'ai pris pour type.

***

TORSIONS DES TRAMES.

Numéros au kilogramme.	Tours de broches à l'aiguillée de 1ᵐ50.	Tours au centimètre de fil.
60 à 70	500 à 550	3,66
80	570	3,80
90	600	4,00
95	630	4,20
100	650	4,40
108	690	4,60
116	720	4,80
125	750	5,00
135	780	5,20
150	810	5,40
160	840	5,60
170	880	5,86
180	930	6,20
200	1000	6,66

M. Leroux indique des torsions un peu plus fortes dans les moyens numéros; nous nous trouvons d'accord dans les fins.

Si nous appliquons à ce tableau le principe des torsions en proportion des racines carrées, nous trouverons presque les mêmes chiffres.

La trame 116 reçoit 720 tours de broches par aiguillée, quelle sera la torsion de la trame 144? On a :

$$\sqrt{116} : \sqrt{144} :: 720 : x,$$

ou bien, les racines étant extraites : $10,8 : 12 :: 720 : x$, ce qui donne $x = 800$ tours pour le numéro 144, qui est un peu plus gros que le 150, qui en reçoit 810.

Prenons un autre exemple. Ayant la torsion du numéro 116, quelle sera celle du numéro 169? On a :

$$\sqrt{116} : \sqrt{169} :: 720 : x,$$

ce qui donne 10,8 : 13 :: 720 : x $x = 875$, pour 880 tours que reçoit le 170. Ce résultat peut être considéré comme juste, et le principe applicable aux trames, excepté dans les très-hauts numéros, qui se font toujours avec des laines exceptionnelles, et qui ne peuvent accepter à l'avance des données absolues. La torsion des autres numéros peut aussi varier ; mais mettant d'abord celle que j'indique, on changera rarement. Il faut s'attacher à ne mettre que juste la torsion voulue ; des trames trop tordues ne sont pas bonnes ; trop peu tordues, elles cassent et font des défauts dans les tissus.

———

FORCE DES CHAINES.

A numéro égal, le fil de laine peignée présentera plus de résistance que le fil de laine cardée, à cause du parallélisme des filaments qui le composent. Il ne faut pas confondre la force des chaînes avec leur élasticité. Dans les fils de laine peignée, cette élasticité peut s'évaluer à $1/12^{me}$ de la longueur du fil ; ceux qui sont tordus convenablement ne doivent se rompre qu'après s'être allongés de cette quantité.

M. C. Labillardière opérant sur des fils de $1/10^{me}$ de millimètre de diamètre et d'une longueur de $0^m 14$, a obtenu les résultats suivants :

Chanvre, extensibilité $22^m/^m 51$, poids pour la rupture $400^g 59$;

Lin,　　　　—　　　$11^m/^m 27$,　　—　　—　　$295^g 82$;

Soie,　　　　—　　$112^m/^m 79$,　　—　　—　　$855^g 95$.

Je regrette de ne pas voir figurer la laine expérimentée par le même auteur. Voici les résultats que j'ai constatés pour les bonnes chaînes laine, en passant le fil dans l'anneau d'un poids et soulevant ce poids en réunissant les deux bouts :

Le numéro 25 au demi-kilogramme enlève 300 grammes;

—	30	—	—	250	—
—	35	—	—	220	—
—	40	—	—	180	—
—	45	—	—	170	—
—	50	—	—	150	—

Ce genre d'épreuve exigerait autant de poids que l'on ferait de numéros. J'ai paré à cet inconvénient en inventant une romaine imitée de celle de Laborde; le cadran de cette romaine indique la force du fil et son élasticité; le poids de l'aiguille est combiné pour que 250 grammes pendus au crochet amènent l'aiguille sur le numéro 30 du cadran, 180 grammes sur le numéro 40, et ainsi de suite. Si, au lieu de poids, je tire sur le crochet avec un fil de chaîne, ce fil casse en face du numéro qui indique sa force. Son élasticité est aussi indiquée par l'oscillation de l'aiguille sur le cadran; pour les chaînes sèches et trop tordues, l'aiguille arrête court devant le numéro qui indique la force du fil, tandis que, pour les chaînes élastiques, elle oscille au-dessus et au-dessous de ce numéro avant d'arrêter. Ce moyen a été breveté depuis, parce qu'il est bon, mais le brevet est nul.

M. Robinet a démontré par de nombreuses expériences que la ténuité des soies n'était pas proportionnelle à leur volume, mais que la soie la plus fine était la plus forte; c'est-à-dire que, pour un même volume, celle qui sera composée d'un plus grand nombre de brins sera la plus tenace. Il doit en être de même pour la laine, ce qui explique le succès des lainés d'Australie dans nos chaînes fines.

RENVIDAGE.

Le renvidage est plus ou moins fatigant pour le fileur, selon la disposition de son métier. J'ai déjà dit que dans le montage du chariot il fallait un peu élever les chemins à la partie extrême, pour faciliter la rentrée.

De trop grosses cordes fatiguent aussi le fileur, en rendant le métier lourd. Les cordes à broches sont généralement en coton; elles doivent être tendues également, sans quoi il y aurait perte de développement au dépointage, qui se ferait mal.

Les métiers sont aussi lourds par les temps humides, parce que les cordes se tendent. On prévient cet inconvénient en interposant une baguette entre les cordes et les noix. Cette opération, qui se fait le soir, en quittant le métier, ne doit se tolérer que le samedi ou la veille d'un repos. Les broches à engrenage n'ont pas ce désagrément; elles en ont d'autres.

Pour marcher aux vitesses actuelles, il faut adopter la petite bobine sans tête, la bobine tournée que fait le métier renvideur. Dans le moment de transformation où nous sommes, il y a plusieurs systèmes de renvidage : les uns renvident en spires montantes; les autres croisent leur fil dans le cône supérieur, appelé tête de bobine. Par ce dernier système, les bobines sont plus solides; elles se déforment moins que par le premier, mais elles se dévident plus mal.

Pour obtenir un bon renvidage dans les métiers à coffres, il faut que le fileur, tenant dans sa main droite la manivelle du métier et de la main gauche la poignée de la tringle de renvidage, attire à lui le chariot de quelques centimètres pour tendre le fil, abaisse ensuite la baguette, en ayant préalablement relevé sa manivelle. Ceci fait, le fil étant descendu au cul de la bobine, le fileur le renvide en spirale jusqu'au sommet de la partie cylindrique, et il continue en croisant jusqu'à la fin de la tête.

Un bon renvidage donne une bobine ferme au toucher, conique à la base, cylindrique au corps, à spirales serrées. La courbe que décrit la baguette doit passer le plus près possible de la broche.

Beaucoup de fileurs qui se sont formés sur les métiers à coffres se mettent difficilement la main au renvidage du métier box-organ. Cela tient à ce que, dans les anciens métiers qui font 30 à 32 tours de broches par tour de roue de commande, la manivelle reste fixe en pleine bobine; le fileur n'a qu'à pousser son chariot et conduire son fil, sans tourner avec l'autre main. C'est une position plus ferme que dans le nouveau système, qui est plus léger.

Plusieurs fileurs, dans le but d'empêcher le fil de remonter, commencent à tourner l'aiguillée au sommet de la bobine pour terminer au bas. C'est une très-mauvaise méthode : elle donne une bobine solide, mais on comprend qu'au dévidage, des fils qui passent sur d'autres fils qui ne sont pas tenus les entraînent et forment du déchet.

La bobine sans tête est plus flatteuse à l'œil; elle perd du numéro à l'échantillon, elle exige de meilleurs fileurs. J'engage les filateurs qui adoptent la bobine à tête légèrement croisée à toujours exiger des contre-maîtres un renvidage fait du bas en haut de la bobine. Elle pourra avoir 16^c de haut, ainsi divisés : 8^c pour le corps, 4^c pour la tête, 4^c pour le cul sur 4^c de diamètre. Ces bobines, en chaîne, pèseront 60 grammes; les mêmes, en trame et un peu plus courtes, pèseront 40 grammes. Dans la chaîne, le déchet sera de 2 p. %, et dans la trame, 4 p. % du poids du fil; si la matière est bonne, c'est le taux ordinaire.

J'annonçais, dans ma première édition, les essais de la maison Grün sur le demi-renvideur, dans lequel la forme de la bobine est donnée mécaniquement; le fileur n'a qu'à dépointer et serrer plus ou moins, selon la force du fil. Je ne voyais là qu'une demi-mesure, attendu que le demi-renvideur, comme le renvideur, ne pouvait pas tirer la laine aux numéros extrêmes. Je n'ai eu aucun motif pour changer d'avis depuis cette époque, et, où le demi-renvideur peut s'appliquer, le renvideur des planches 17 et 18 s'applique avec plus d'avantage; il lui est préféré. Le grand avantage du renvideur, dans les fils qui cassent peu, réside dans l'économie qu'il apporte sur la main-d'œuvre payée au fileur. Je donne plus loin la description de ce métier.

ÉCHANTILLONS.

J'ai expliqué dans le chapitre IX, au sujet des numéros de préparation, ce que c'était que l'échantillon du fil : une longueur déterminée qui indique le numéro d'après son poids. L'usage seul a fixé cette longueur à 710 mètres, représentés par 500 tours d'un dévidoir de 142 centimètres. Toutes les fois que je suis arbitre pour des contestations de numéros, je prends ces données pour base. Les contestations deviennent de plus en plus rares; les filateurs les moins honnêtes ont compris qu'il était de leur intérêt de livrer loyalement le numéro annoncé.

Pour que ce numéro soit exact, il est indispensable que le fileur file au moins de 2 p. % plus fin que le numéro indiqué, parce que, dans les magasins au repos, le fil reprendra de ces 2 p. % en poids, ce qui lui fera perdre 2 p. % en numéro. On tiendra donc le dévidoir des fileurs à 145 centimètres au lieu de 142; une différence plus grande ne serait pas loyale. On se demande même s'il est bien juste de payer à un ouvrier 100 kilogrammes lorsqu'on en expédie 102 de son travail. La reprise n'est pas de son fait, dit-on, il ne doit pas en profiter; sans doute, mais il pourrait dire à son tour, à cause de cette reprise prévue : on m'a fait filer deux numéros plus fins qu'on ne me les paie sur le poids descendu du métier. J'ai connu un établissement où la différence était de 14 p. % entre les numéros payés aux fileurs et ceux expédiés aux consommateurs ; cette différence avait été amenée petit à petit, jour par jour, en trichant sur la romaine : c'est une manœuvre excessivement blâmable et passible des tribunaux. Que le filateur descende ses tarifs s'il trouve que ses ouvriers gagnent trop : ils seront libres d'accepter ou de refuser ; la chose se passera au grand jour, et toutes les énonciations resteront justes.

Toutes les levées doivent être échantillonnées sur le métier du fileur au moment où il s'y attend le moins, c'est-à-dire que la première levée d'un lot nouveau doit s'échantillonner au début, et que, pour toutes les autres, il ne faut pas avoir d'heure fixe. Un petit dévidoir portatif se pose sur le porte-système du métier ; on enlève un demi-échantillon sur cinq bobines de chaque côté, en variant de place à chaque échantillon nouveau.

Il y a des contre-maîtres qui n'échantillonnent que sur les levées faites ; ils sont faciles à tromper. On ne doit jamais admettre d'observations de fileur sur l'échantillon, qu'il faut faire juste. Que l'on change ou non le pignon pour le numéro, l'ouvrier n'a rien à dire ; le contre-maître est seul responsable du numéro, qu'il doit livrer tel qu'il a été demandé par le directeur ; tout autre système mène aux abus. Il faut que ce directeur soit un homme compétent dans la matière, et qu'il n'exige pas l'impossible.

Un filateur n'a jamais de profit à surfiler ; tous ceux qui ont fait ce métier déplorable se sont ruinés, tandis que les établissements connus pour faire du bon fil trouvent toujours de l'ouvrage à des prix rémunérateurs.

Je ne parle pas ici des divers titrages des fils, pour éviter la confusion. Après avoir tenté d'introduire dans les laines le système métrique, dans lequel 1000 mètres pesant 500 grammes

21

représentent le numéro 1, on est revenu au guindage ancien de 710 mètres.

M. Leroux a pris 500 mètres pour 500 grammes, ou 1000 mètres pour un kilogramme donnant le numéro 1. Cette donnée, tout-à-fait arbitraire, n'a aucun rapport avec les guindages en usage; aussi M. Leroux a dû faire un dévidoir nouveau, qui n'a pas été adopté. Je l'ai dit plus haut, cette idée nuit à la vente de son traité.

Pour le titrage du coton, une ordonnance royale du 6 mars 1819 impose l'emploi des mesures métriques, en désignant pour unité de poids 500 grammes, et pour unité de longueur le kilomètre. Ainsi, 1000 mètres de fil pesant 500 grammes indiquent le numéro 1.

Le numéro 2 indique que le même poids a la longueur de 2000 mètres, et le numéro 100 aura une longueur de 100000 mètres pesant 500 grammes. Il devrait en être de même pour tous les fils; on n'y arrivera que par une loi. Le lin, la laine cardée, la soie, ont des guindages différents et tout-à-fait arbitraires, sans aucun rapport entr'eux.

TARIF.

Toutes les personnes qui ont vécu dans les ateliers, et qui ont suivi jour par jour la production des métiers à filer, ont constaté une grande différence entre les quantités produites par l'ouvrier qui fait des numéros fins et celui qui file des numéros plus ordinaires; ceci est reconnu par tous les praticiens.

Il ne peut pas en être autrement, la broche allant toujours à la même vitesse, et les fils fins exigeant plus de torsion que les communs; le fileur est d'autant plus retardé qu'il file plus fin, et cependant, malgré cette vérité incontestable, nous voyons presque tous les filateurs de Fourmies et des environs avoir un tarif uniforme entre 6 fr. et 6 fr. 50 pour 1000 échées. Ceci n'est pas juste, attendu que l'ouvrier qui file de la chaîne à 72 et de la trame à 100 au kilogramme fera au moins un quart plus d'échées que celui qui file de la chaîne à 96 et de la trame à 150 ; ajoutez que ceux qui filent les numéros les plus fins sont ordinairement les meilleurs ouvriers : il est donc logique de les rétribuer en proportion des autres. C'est pour maintenir cette proportion que j'engage à appliquer le tarif suivant, qui donne des journées uniformes, quel que soit le numéro que produit le fileur.

TARIF GRADUÉ.

Chaîne 74 et au-dessous, Trame 108 et au-dessous,	6f00 du 1000 d'échées ;
Chaîne 75 à 79, Trame 109 à 119,	6f25 id.;
Chaîne 80 à 85, Trame 120 à 129,	6f60 id.;
Chaîne 86 à 96, Trame 130 à 150,	7f00 id.;
Chaîne 97 et au-dessus, Trame 151 et au-dessus,	8f00 id.

On peut changer ces proportions en maintenant la différence d'un quart entre le plus haut et le plus bas prix. Les tarifs vont en descendant à mesure que la production par broche augmente. Ils étaient de 8 fr. 50 et 10 fr. dans une filature du Cateau en 1840 ; ils sont de 6 et 7 fr. en 1864, et les fileurs gagnent autant, parce que la broche fait une échée de plus par jour.

En dehors de cette production en plus due à l'accélération de vitesse, il y a une autre cause qui a fait baisser les tarifs sur les métiers nouveaux : c'est leur longueur. On ne fait plus

de métiers ordinaires au-dessous de 250 broches, et les renvideurs vont de 6 à 700 broches. Un de mes amis, qui monte
un atelier en métiers de 600, en fera conduire deux par un
fileur auquel il donnera 2 fr. 50 du 1000. Ce fileur, qui conduira
1200 broches, fera 4800 échées par jour et touchera 12 fr., sur
lesquels il devra payer ses rattacheurs. Ceci fait de suite une
économie de 4/10mes de centime à l'échée sur les fils qui peuvent se faire aux métiers renvideurs. Ce fait est très-important,
et le temps n'est pas éloigné où l'on demandera moins de façon
pour les chaînes que pour les trames.

PRIMES.

Les primes que j'ai instituées dans plusieurs localités ne
plaisent pas aux paresseux et aux ivrognes. C'est justement
pour châtier cette catégorie et récompenser les bons ouvriers
qu'il faut les maintenir.

Il y a, entre le travail théorique et le travail effectif du
métier à filer, une grande différence. Le fileur a moitié du
temps à sa disposition pour monter, renvider, lever, graisser,
nettoyer. Pour les personnes intelligentes qui comprennent le
rôle que joue la production dans le prix de revient, les primes
ont leur raison d'être. Il faut les graduer de 10 à 50 centimes
par jour ; avec les vitesses actuelles, on peut les fixer de la
manière suivante :

PRODUCTION PAR BROCHE ET PAR JOUR.

A 5 échées, prime : 50^c par jour, 6^{f}00 par quinzaine ;
A 4 3/4,   id.   40^c id.,   4^{f}80   id. ;
A 4 1/2,   id.   30^c id.,   3^{f}60   id. ;
A 4 1/4,   id.   20^c id.,   2^{f}40   id. ;
A 4,   id.   10^c id.,   1^{f}20   id.

On ne déduit du nombre d'échées à produire par quinzaine
que les fêtes générales, et non les absences particulières, pour

quelque motif que ce soit, fût-ce même pour une réparation au métier du fileur; il faut que ce dernier ait intérêt à bien l'entretenir.

Avec les primes, le contre-maître a un peu plus de besogne pour arrêter les quinzaines, parce qu'il faut compter le fil fait sur les broches. Ce travail est rendu facile par des tableaux dressés à l'avance indiquant, d'après le numéro que marque la bobine à la romaine, le poids du fil sur le métier. Voici comment on procède :

On pèse deux bobines à la romaine aux échantillons; si elles marquent, je suppose, 50, elles seront le 50me de la livre et pèseront 10 grammes les deux, ou 5 grammes la bobine. Si le métier a 200 bobines, il y aura 1 kilogramme de laine sur les broches. On ajoute ce kilogramme au compte de l'ouvrier, en ayant soin de le déduire à la première levée de la quinzaine suivante; par ce moyen, la forme des bobines est toujours la même, et on ne voit pas des ouvriers laisser sur les broches des levées avancées, dans l'espoir d'escamoter la prime à la quinzaine suivante; pour l'avoir, il faut la gagner réellement. Ce système, qui fait perdre la prime au fileur qui fait le lundi, purge l'atelier des mauvais ouvriers. Il faut bien payer les bons; c'est pourquoi les primes ne doivent plus être illusoires, il faut les fixer à des chiffres de production accessibles au plus grand nombre : ceci entretient l'émulation dans les ateliers. Il y a encore un moyen de rendre cette émulation plus sérieuse : ce sont de grandes primes qui se donnent en fin d'année aux ouvriers qui ont fait le plus d'échecs. Ces primes peuvent aller de 200 à 500 fr., selon l'importance des établissements, et se divisent ainsi :

Moitié à l'ouvrier le plus fort, soit. . .	50 p. %;
Au deuxième ouvrier	25 p. %;
Au troisième ouvrier	15 p. %;
Et au quatrième ouvrier	10 p. %.

On peut convertir ces primes en médailles ou en objets d'utilité. Loin d'augmenter le prix de revient de l'échée, les primes le diminuent par la production en plus qu'elles donnent, attendu que les frais généraux sont les mêmes; les bénéfices seuls sont changés au profit du filateur.

Je ferme ici le chapitre sur le mull-jenny; ce qui reste à dire sur les métiers à filer trouvera sa place dans le chapitre suivant, spécial au métier renvideur.

CHAPITRE XI

MÉTIER AUTOMATE

OU MULL-JENNY RENVIDEUR.

Les planches 17 et 18 donnent différentes vues du métier renvideur, qui se nomme aussi *self-acting*. Les Français font peu usage de ce dernier nom, qui nous vient d'Angleterre.

Il y a différents systèmes de métiers renvideurs. Celui dont je donne les dessins, et que construit la maison Grün, est de Parr-Curtis ; il a été créé pour le coton, et ensuite appliqué à la laine peignée, dont les fils sont moins résistants que ceux du coton, ce qui augmente les difficultés.

Sans rien retirer au mérite des sept ou huit constructeurs anglais qui ont créé le renvideur, après cinquante ans d'essais coûteux, il faut reconnaître que ce sont les perfectionnements apportés par les constructeurs français, dans ces dernières années, qui ont fait accepter définitivement le métier renvideur pour filer la laine peignée.

Je disais en 1859 (page 45) que le tissage mécanique aidant, l'heure du métier renvideur viendrait. Elle n'était pas encore sonnée à cette époque ; les métiers automates étaient peu répandus. Il n'en est pas de même aujourd'hui ; cependant le renvideur, quoique très-perfectionné, ne fait pas encore tous les numéros.

La figure 1, planche 18, donne l'élévation d'une têtière de renvideur.

La figure 2, même planche, donne le plan de cette machine compliquée ; le chariot est arrivé au bout de sa course, pour mieux laisser voir le mécanisme.

Les figures 3, 4, 5 et 6 de la planche 17 donnent les positions différentes de divers organes, pour faciliter la description.

Je ne fais qu'une courte analyse de ce métier, dont toutes les difficultés ont été traitées à fond dans le remarquable ouvrage de M. Stamm.

On voit, dans la figure 6, *a* la sellette de pression ; *b* est le chapeau qui tient les rouleaux sur les cylindres, et *c* les cylindres lamineurs ; *p* est le porte-cylindre ou porte-système.

Derrière le système de laminage est un ratelier, avec les bobines *d* qui viennent de la préparation. Le dessin indique comment elles sont montées sur les traverses *e* et *f* ; on met trois rangs de bobines au lieu de deux, pour les avoir plus grosses et garnir moins souvent.

g est une broche semblable à celles des métiers ordinaires ; ses mesures sont indiquées dans le chapitre précédent. Cette broche, qui a une crapaudine à sa base, un collet au milieu, est armée d'une noix ou poulie à gorge ; dans les broches à engrenages, la noix est remplacée par un pignon d'angle. Les crapaudines et les collets sont portés par des plates-bandes en fer ajustées sur le chariot.

Ce chariot se compose de longerons *h* et *i* ajustés par des traverses en fonte *n* et portés par des griffes *m* ; il marche sur des rails ou patins *j* au moyen des roues *k*. Nous avons dit que ces patins, répétés plusieurs fois dans la longueur du métier, étaient perpendiculaires aux cylindres lamineurs.

l (figure 6) est la coupe du tambour qui fait tourner les broches ; on voit son arbre, sa crapaudine, et la paire de roues d'angle pour le faire mouvoir.

s et *u* sont les arbres qui portent les rabat-fils *v* et *x* ; au bout des rabat-fils sont les guide-fils. L'ensemble de ces deux arbres constitue la baguette et la contre-baguette ; le guide-fil de l'un est en-dessous du fil que donne le métier, celui de l'autre est au-dessus de ce même fil : c'est celui de la baguette.

« Il y a peu de machines, dit M. Stamm, qui ont nécessité les mêmes efforts de création que le métier automate, car aucune n'offre moins de prise à l'analyse mathématique ; aucune, par conséquent, n'a laissé une aussi grande marge au tâtonnement. Nous en appelons pour cela aux inventeurs auxquels on doit ce métier. »

E (figures 5 et 2) est le barillet ;

G poulie folle à gorge ;

L ressorts de rappel ;

K poulie folle à la première têtière ;

L deux poulies folles à la grande têtière ;

M une grande poulie à double gorge sur l'arbre de commande N ;

N arbre de commande ;

O pignon d'angle fixé sur l'arbre N ;

P roue d'angle engrenant avec le pignon O, et fixée sur l'arbre Q qui commande le premier rang des cylindres, lequel commande les autres rangs, comme dans les mull-jenny ordinaires ;

Des roues R S T commandent un arbre V parallèle au porte-système ;

Sur cet arbre est une poulie X dans laquelle passe une corde A fixée au chariot et tendue par une poulie Y de la petite têtière ; ce système s'appelle, comme dans le mull-jenny, la main-douce ;

B est une corde sans fin qui relie la poulie M à l'arbre qui commande les tambours des broches ;

E' est un secteur denté commandé par la roue D' tournant sur l'axe F' ;

G' un levier fixé au secteur suivant un de ses rayons, et armé d'une vis H' à laquelle est relié un crochet J' qui se déplace le long du levier G' ;

L'arbre H' est muni à son extrémité supérieure d'une manivelle K' par laquelle on peut faire tourner et varier la distance du centre F' au crochet J' ;

L' une chaîne attachée au crochet J' et allant s'enrouler autour du barillet E, auquel elle est fixée par un boulon (figure 5) ;

G^2 un nez, ou pièce fixée à l'extrémité du levier G' perpendiculaire à ce dernier et munie d'une coulisse dans laquelle est assujetti, par un écrou à oreilles H^2, un tourillon qui peut, par sa disposition d'attache, être déplacé à la main dans toute l'étendue de la coulisse ;

I^2 rochet engrenant avec une chaîne au centre du secteur ;

M' deux espèces de poulies à gorge, dont les gorges ont la forme d'une volute faisant quatre tours et présentant des rayons croissants puis décroissants. A chacune de ces poulies à gorge, qui s'appellent *scroles* ou escargots, s'attache, au point du plus petit rayon, une corde. Les deux cordes et les gorges sont disposées de telle façon que l'arbre N' des scroles tournant, l'une des cordes s'enroule et l'autre se déroule, et les vitesses d'enroulement et de déroulement sont toujours égales, quoique variables.

Les cordes O' et Q' des scroles vont s'attacher au chariot ; cette dernière corde, avant d'arriver au chariot, passe sur une poulie fixée à la petite têtière.

Le chariot se trouvant au bout de sa course, et, par suite, l'une des cordes se trouvant entièrement déroulée et l'autre entièrement enroulée, si l'arbre des scroles est mis en mouvement de rotation uniforme de manière à attirer le chariot, celui-ci revient vers le porte-cylindre avec une vitesse croissante jusqu'au milieu de sa course, et décroissante depuis ce milieu jusqu'au porte-cylindre.

T' (figure 6) levier de règle ; il a un gallet à son extrémité V' ;

ce gallet roule sur la courbe Y' et fait varier la baguette. Cette courbe s'appelle guide ou règle.

Z' levier recourbé appelé pousse-baguette, fixé sur la baguette et s'articulant au levier A^2, appelé levier de liaison.

La figure 4 montre la chaînette F^2 attachée au bout du levier G^o appelé baisse-baguette.

On voit sur l'arbre N les poulies motrices qui le commandent, ainsi que le volant M; la roue P est, par un embrayage, rendue solidaire de l'arbre Q qui fait tourner les cylindres, et, par suite, la corde A, et fait sortir le chariot.

Pour aider la sortie du chariot dans le métier renvideur, comme dans le mull-jenny ordinaire, il est bon que la corde de torsion B marche dans le sens de cette sortie du chariot.

Je ne pousserai pas plus loin la désignation des pièces ; l'inspection des plans, qui sont très-bien faits, indique toutes celles de détail.

Le métier renvideur n'est pas complètement automatique, puisque la manivelle K', qui déplace le point d'attache de la chaîne au secteur, est à la disposition du fileur. On a voulu éviter cela, mais on a dû y revenir à cause de l'influence de la température sur les fils. La vitesse du moteur peut aussi varier et amener un changement dans la position des organes ; cela est si vrai que, dans le continu nouveau, qui fait tous les numéros, il faut une vitesse toujours très-uniforme. Ce continu n'a pas, comme le renvideur, une contre-baguette qui tient en réserve un fil compensateur ; c'est une grande difficulté de plus à vaincre, car, sans la contre-baguette, les fileurs, dans le mull-jenny et le renvideur, casseraient énormément.

Le lecteur ne s'attend pas à ce que je réédite l'ouvrage de M. Stamm, qui a plus de 100 figures et qui coûte 32 fr. Je procurerai cet ouvrage à tous ceux qui voudront étudier à fond le renvideur. Voici l'analyse des conclusions :

GÉNÉRALITÉS FINALES.

Le métier renvideur doit être monté sur un sol rigide, parce qu'il est grand et qu'il a une de ses parties fort pesante, le chariot, qui se déplace continuellement et qui, si le sol est flexible, donne lieu à des ondulations qui altèrent la stabilité du métier. C'est pourquoi tous les renvideurs doivent se placer au rez-de-chaussée, et même la têtière pourra se mettre avec avantage sur une pierre d'assise établie dans le sol.

Quand les porte-cylindres, la têtière, les patins, le chariot, les broches et les baguettes sont ajustés et parfaitement de niveau, on procède au réglage des mouvements généraux, puis on met le métier en train avec du fil, et l'on complète le réglage des différents organes spéciaux pendant la première levée.

La machine doit être construite de manière à pouvoir être réglée dans toutes ses parties, sans que cette opération du réglage ne demande un grand démontage.

Des coulisses sont ménagées convenablement dans tous les organes susceptibles d'être avancés, reculés, élevés, abaissés, allongés, raccourcis, pendant le réglage. Les organes à grande résistance sont fixés sur leurs arbres par des clavettes; les vis de pression ne doivent s'employer que pour des organes susceptibles d'être souvent réglés et n'ayant que de faibles résistances à vaincre.

Les premiers métiers renvideurs que j'ai vus dans la maison Griolet, il y a vingt-cinq ans, étaient des machines puissantes, dans lesquelles il y avait des efforts considérables, comme dans le continu qui vient de naître. Des organes faisant peu de chemin en commandaient d'autres faisant beaucoup de chemin; de là de grands bras de levier et des multiplications de vitesse.

On est revenu à des principes plus vrais : on a donné une grande vitesse de rotation aux poulies motrices. La têtière devient aujourd'hui une machine légère dans laquelle les organes ont des dimensions réellement proportionnelles aux résistances qu'éprouverait un fileur, et dans laquelle on met les forces simultanées en concours au lieu de leur permettre des conflits.

L'expérience est le seul guide pour la limite supérieure de la vitesse de la machine, ainsi que pour les vitesses relatives avec lesquelles les différentes périodes d'une aiguillée s'effectuent. Cela dépend des puissances vives mises en jeu, des précautions prises pour arrêter ces puissances vives au passage d'une période à l'autre; ainsi le dépointage ne peut s'opérer très-vite, à cause de la puissance vive des tambours. La durée d'une aiguillée est variable suivant le numéro du fil; mais, pour une même levée, elle est un peu plus grande au commencement qu'à la fin, à cause de la quantité variable de dépointage.

Le métier renvideur peut marcher à 5000 tours de broche par minute. Ce qu'il y a de très-nuisible à la bonne marche, au bon réglage, à la production d'un métier automate, c'est la variation continuelle de la vitesse du moteur, variation qui peut provenir des résistances irrégulières du métier, quand le moteur ne commande pas d'autres machines d'une résistance constante comme des meules ou des cardes.

Chaque partie du métier doit fonctionner avec la plus grande vitesse possible, pour que la production atteigne son *maximum*. Quand cette vitesse est trop grande, le métier se dérange. Il faut donc, quand le moteur est très-irrégulier, régler le métier sur le *maximum* de vitesse de ce moteur, pour éviter les accidents.

Dans ces conditions, la production réelle est à celle qu'elle devrait être comme la vitesse moyenne du moteur est à sa vitesse *maximum*. Aussi, avec un moteur irrégulier, la production du métier renvideur est beaucoup moindre que celle qu'elle pourrait être avec un moteur régulier : souvent moitié. Ce point est excessivement important, à cause de l'influence qu'il a sur le prix de revient, dont il sera question dans le chapitre suivant.

Pour filer des numéros fins sur les métiers automates, il faut que le métier ne fasse pas éprouver au fil fait, pendant aucune opération, des tensions irrégulières ; il faut que le chariot rentre doucement, atteigne le porte-système sans choc et ne fouette pas. Il faut que le renvidage soit presque parfait, c'est-à-dire que la réserve ne subisse pas de variation qui fasse osciller fortement la contre-baguette ; il faut que cette contre-baguette ne présente pas une grande résistance par le frottement dans ses coussinets, afin que cette résistance inégale ne puisse pas entrer en considération dans la destination des contre-poids.

On a fait des métiers automates dans lesquels le chariot était fixe et le porte-cylindre mobile.

Il y a des mull-jenny ordinaires qui ont la rentrée du chariot commandée par scroles, tout le reste étant commandé à la main. C'est sans doute ce qui a donné l'idée des demi-renvideurs. M. Fostier, de Sémeries, a commandé par le moteur la rentrée des chariots de tous ses métiers ordinaires.

Nous avons aussi vu, il y a longtemps, une règle adaptée au plancher, sur laquelle le fileur appuyait un levier de liaison pendant la rentrée du chariot ; cette règle servait à la forme de la bobine, comme celle du renvideur ; une vis au bout, avec une étoile que le chariot faisait tourner à chaque rentrée, déplaçait la règle d'une épaisseur de fil. On voit cette règle Y', figures 6 et 2, avec la vis au bout. Dans l'origine, elle se composait d'une ligne droite ; des théories ont été données pour déterminer les courbes actuelles ; mais, comme en définitive, le tâtonnement à la lime a été le dernier mot, nous n'en parlerons pas.

On essaie, depuis plusieurs années, un mouvement appelé,

je crois, *roller-motion*, délivrant du fil pendant la rentrée du chariot. Ce mouvement a été essayé au Cateau, dans une filature qui tord très-peu; il devait échouer sous le rapport de l'économie. Je l'ai condamné sans hésiter, même avant l'essai; car, peu importe à quel moment on délivre le fil, soit à la marche ou pendant le renvidage, il faut le tordre. Si donc ce fil délivré pendant le renvidage par les cylindres étireurs est tordu par la torsion en excès dans l'aiguillée qui se renvide, c'est que cette aiguillée était trop tordue. Ceci est si vrai, que les filateurs qui ne donnent que la torsion voulue avant d'appliquer ce système sont obligés de remettre des tours au métier après l'avoir appliqué, pour que les 10 ou 15 centimètres de fil délivrés pendant le renvidage reçoivent leur torsion; donc, pas d'économie de ce côté.

Ce système peut cependant avoir un avantage : il peut éviter la casse au départ du chariot. On sait qu'à ce moment, il faut plusieurs centimètres de marche pour que le débit des cylindres soit complètement d'accord avec la marche du chariot. Je crois que c'est le seul avantage de ce système, qui donne, au départ, un fil qui n'a que la torsion qu'il a voulu prendre; il n'y a donc pas excès, et ce fil ne peut se rompre pour ce fait.

Maintenant la question se résume à savoir si cette torsion, par le refoulement exercé sur le fil par la baguette et la contre-baguette pendant le renvidage, est très-régulière; je ne le crois pas, et s'il y a réellement augmentation de production, c'est aux dépens de la régularité; mais je conteste même cette augmentation dans des ateliers bien conduits, où les torsions sont raisonnées. Il y en a moins qu'on ne le pense dans ces conditions. Beaucoup de filateurs tordent trop les fils; chez ces derniers, on a pu trouver de l'économie en délivrant, pendant le renvidage, un fil qui a pris la torsion en excès; mais on aurait eu le même résultat en retirant des tours au métier. Il n'y a que les filateurs fabricants qui comprennent bien l'importance des fils peu tordus pour la fabrication. Les marchands de fils tordent, parce que la torsion donne de la force au fil. De ce côté, le métier renvideur est venu leur donner raison : il exige aussi des fils tordus pour faciliter le dépointage ; ce sont des considérations purement mécaniques qui n'ont aucun rapport avec la qualité des tissus, qui demandent des fils souples, et par conséquent peu tordus. La production de ces fils est un des plus grands écueils du métier renvideur. C'est de ce côté que doivent tendre les perfectionnements qu'il réclame ; alors il fera tous les numéros, le temps du mull-jenny ordinaire sera passé. Nous constatons, en terminant, qu'il ne l'est pas encore, à moins que le continu ne vienne tout supprimer, renvideur et mull-jenny. Il est prudent de ne pas se prononcer sur ce point avant de connaître les résultats d'essais plus complets qui vont se faire à Reims.

On voit tous les jours poindre des idées qui font naître de grandes espérances ; mais ce n'est que de siècle en siècle qu'il en survit une ou deux pour marquer les étapes de l'esprit humain. Sous le rapport humanitaire, le métier renvideur doit être béni ; il enlève à l'homme ce travail de bête de somme qui consiste à repousser, à chaque aiguillée, le chariot que le moteur lui renvoie sans cesse ; tandis qu'avec les nouveaux métiers, le fileur n'a plus qu'une surveillance facile à exercer.

Pour justifier ce que je viens d'avancer sur les idées nouvelles et les chances qui les attendent, une petite digression sur les inventions et découvertes ne sera pas déplacée dans ce chapitre, n'eût-elle pour résultat que de reposer le lecteur, avant de passer au prix de revient qui est un chapitre de chiffres. Je n'aurai pas à le regretter.

DIGRESSION SUR LES INVENTIONS ET DÉCOUVERTES.

Le métier renvideur, qui est un produit de notre temps, est un mull-jenny perfectionné. Je disais, dans la première édition, que le mull-jenny, pour les services qu'il a rendus dans l'ordre matériel, pouvait être comparé à l'invention de l'imprimerie au quinzième siècle, pour les services que cette invention a rendus dans l'ordre intellectuel.

C'est ainsi que chaque époque marque son œuvre. Nous devons reconnaître que la nôtre est bien partagée, car, sans remonter à plus de trois quarts de siècle, nous trouvons le gaz, qui avait été découvert par Valsemius, mais qui ne fut appliqué aux aérostats qu'en 1783 et à l'éclairage en 1785, bien que l'exploitation publique ne date que de 1816 à 1818.

La photographie, qui a fait d'immenses progrès et qui rend de grands services à l'art, date de 1839.

En 1847, nous supprimons la douleur dans les opérations chirurgicales par l'éthérisation.

Le télégraphe électrique, cette admirable invention, doit encore être porté au bilan de notre époque. Nous n'avons donc rien à envier à nos pères, surtout si l'on tient compte des applications sans fin que nous faisons de la vapeur à l'industrie, telles que la locomobile et la locomotive. Cette dernière sillonne la terre dans tous les sens sur ses rails de fer, et portera la civilisation aux extrémités du monde.

Si nous cherchons les principales inventions et découvertes dont nous avons hérité des siècles passés, nous les trouvons rangées dans l'ordre suivant :

Au chapitre septième du livre V d'Agathias, célèbre historien byzantin, il est dit qu'Anthémius fit usage de la vapeur pour faire sauter le bâtiment de son voisin, le rhéteur Zénon. Anthémius est le célèbre architecte de Sainte-Sophie, à Constantinople ; le moyen employé par lui pour faire sauter une

maison en remplissant la cave de vapeur paraît peu vraisem-
blable ; mais si Agathias l'a écrit, c'est une preuve que de son
temps (il parle de 557) on soupçonnait la force de la vapeur,
que nous retrouverons à la fin de cette analyse.

Nous avons dit à la page 5 que Pythagore et Thalès donnè-
rent les premières notions scientifiques vers l'an 600 avant
J.-C. Quatre cents ans plus tard, parut Archimède, qui fut tué
par un soldat romain au siége de Syracuse. C'est le plus grand
mécanicien des temps antiques ; nous lui devons, parmi les
inventions qui se sont perpétuées jusqu'à nos jours, la vis sans
fin, le miroir ardent, l'hydrostatique, les poulies moufflées, les
roues dentées (engrenages), la sphère mouvante, et, parmi
plus de quarante découvertes ou inventions, la solution de ce
fameux problème qui nous permet de déterminer à l'avance le
poids d'un modèle de forme irrégulière coulé en un métal
quelconque. Ce problème se résout à l'aide du volume d'eau
que le modèle déplace en le plongeant dans un vase plein ;
on retire le modèle, puis on met à sa place, dans le vase, le
métal à couler, jusqu'à ce que l'eau atteigne le même niveau
qu'avant. Il ne reste plus qu'à peser la quantité de métal qui
a donné ce résultat, on aura le poids que pèsera la pièce en
sortant du moule.

La pompe est une des plus anciennes inventions ; elle est
attribuée à Ctésibius, d'Alexandrie (120 ans avant J.-C.). Mais
la pompe à jet continu, la pompe à incendie, ne fut inventée
qu'au dix-huitième siècle, par Perronet, célèbre ingénieur
français, mort en 1794.

Le moulin est aussi une vieille invention. Les anciens ne
connurent que le moulin à bras ; Samson tourna la meule
chez les Philistins. Le moulin à eau fut inventé en Asie mi-
neure en 200 ; il pénétra en Italie, en Grèce. Le moulin à vent
ne fut connu qu'après, puis le moulin à vapeur de nos jours.

Les cloches, composées de soixante-dix-huit parties de
cuivre et de vingt-deux parties d'étain, étaient connues des

Hébreux, des Egyptiens et des Romains. C'est, dit-on, saint Paulin, évêque de Nole, qui les plaça le premier dans son église, au sixième siècle ; elles étaient connues depuis plus de mille ans.

La houille n'est pas le seul combustible que contienne la terre ; il y a encore l'anthracite, le lignite, le jais, la tourbe, qui lui sont inférieurs. Si les anciens ont connu la houille, comme on l'affirme, le secret s'en était perdu, et, pour le retrouver, nous arrivons à l'an 1050 de notre ère. Sa consommation est de 130 millions de tonnes ; les gisements connus peuvent suffire pendant trois mille ans.

La première horloge mue par un poids qu'on ait vue en France est l'horloge de la tour du Palais, due à un horloger allemand nommé Henry Vic ; c'est le produit le plus remarquable du quatorzième siècle. De toute antiquité, on a éprouvé le besoin de mesurer le temps ; 2800 ans avant l'horloge mécanique, on faisait usage du cadran solaire, de la clepsydre, et du sablier.

La soie, qui a toujours été connue par les Chinois, n'a été introduite en France qu'en 1470. L'empereur Aurélien refusa une robe de soie à sa femme, ne se trouvant pas assez riche pour la lui offrir. L'usage de ce tissu ne commença en Europe qu'à la fin de l'empire romain. On doit au quinzième siècle, qui a fait connaître la soie en France, l'invention de l'imprimerie par Guttemberg, en 1456, et la découverte de l'Amérique par Colomb, en 1492. C'est une belle part pour un siècle.

Le microscope est du seizième siècle ; il fut inventé en 1590 par Zacharius Janssen, opticien de Middelbourg.

Le dix-septième siècle nous donne le balancier, inventé par Nicolas Briot, tailleur de monnaie sous Louis XIII, et le baromètre, construit par Torricelli en 1643.

La brouette fut inventée en 1648 par Pascal ; les ouvriers se servaient de la civière.

La gravitation universelle est transformée en loi par Newton en 1665; l'idée lui en vint en voyant tomber une pomme d'un arbre.

Le dix-huitième siècle nous donne le thermomètre, qui date de 1730. Galilée, Drebbel et Roger Bacon se sont occupés des moyens de mesurer la température; mais l'invention du thermomètre est due à Réné-Antoine de Réaumur, né en 1683. Il comprend 80° entre l'eau bouillante et la glace fondante, tandis que le thermomètre centigrade comprend 100°.

Le paratonnerre est inventé en 1750 par Franklin. Le platine, qui sert à fabriquer la pointe, a été découvert au Pérou par des mineurs espagnols, en 1735.

En 1752, La Condamine fait connaître la propriété du caoutchouc, découvert à Cayenne par Fresneau; il est extrait des plantes de l'Amérique méridionale.

En 1772, le persan Jean Alphen introduit la garance à Avignon, qui lui a élevé une statue, comme la ville de Lyon en a élevé une à Jacquart, pour son métier à tisser.

J'ai dit, au début de cet article, quelle était la part de notre siècle; je n'y reviendrai pas. Terminons par quelques détails sur l'origine de la machine à vapeur; presque tous les filateurs font usage de ce moteur, il est logique de donner un peu plus d'espace à ce sujet.

VAPEUR.

La vapeur, qui a un volume mille sept cents fois plus considérable que celui de l'eau, a été connue de tout temps par les Arabes; son usage seul est nouveau. Vitruve, qui vivait au temps d'Auguste, Léonard de Vinci, ont parlé, de la manière la plus claire, d'expériences et d'appareils mis en mouvement par la vapeur. Héron, d'Alexandrie, s'en servait 120 ans avant l'ère chrétienne pour faire mouvoir des jouets; Gerbert, avant d'être pape sous le nom de Sylvestre II, se servait de la vapeur pour faire résonner les orgues de la cathédrale de Reims ; c'était au dixième siècle ; il ne s'en servait pas comme moteur.

On s'est habitué à regarder Salomon de Caus comme ayant eu le premier l'idée d'utiliser la vapeur d'eau ; cependant, en France, on admet que c'est Denis Papin qui a découvert *la force* de la vapeur. Remarquez que je dis avec intention *la force*, car c'est là où est toute la découverte.

Denis Papin a le premier imaginé, à la fin du dix-septième siècle, le cylindre à piston mû par la vapeur, et le refroidissement de cette vapeur.

A la même époque, le capitaine Savery propose le refroidissement par injection d'eau froide (la condensation).

En 1705, Newcomen, forgeron de Devonshire, utilise la conception de Papin et de Savery.

La révocation de l'édit de Nantes chasse Papin de France comme protestant ; il s'associe à l'illustre physicien anglais Boyle. C'est de cette époque que date réellement la machine à vapeur et les hasards qui l'ont perfectionnée. C'est un piston défectueux qui fit découvrir les effets de la condensation. C'est un gamin qui, ennuyé d'ouvrir et fermer le robinet à chaque coup de piston, imagina de se libérer de ce service en attachant au balancier des ficelles qui ouvraient et fermaient le robinet d'introduction au moment voulu : la distribution mécanique était inventée. « L'histoire, dit Louis Figuier, a conservé le nom de cet illustre paresseux : Potel. »

Watt et Woolf ont perfectionné à un tel point les moyens primitifs, que leurs machines, encore perfectionnées par nos constructeurs, se livrent avec la garantie d'une consommation de moins de 2 kilogrammes par heure et par cheval. En somme, les véritables auteurs de la machine à vapeur sont notre immortel Denis Papin, qui créa la première machine en 1685, et Watt qui la perfectionna ; le parallélogramme a conservé son nom. Woolf fit la machine à deux cylindres.

Georges Stephenson fit, en 1839, la première locomotive ;

l'américain Fulton a construit à New-York, en 1807, le premier bateau à vapeur qui fît un service régulier. Il avait proposé sa machine à l'Institut de France en 1803 ; ses membres ne firent pas preuve de lumière en refusant d'aider Fulton.

Un nouveau moteur dont la naissance a fait du bruit, le moteur à gaz, semblait vouloir détrôner la vapeur ; ce moteur n'est bon que pour les petites forces, il est surtout commode pour l'ouvrier en chambre.

Cette idée du gaz détonnant, pour faire mouvoir un piston, est renouvelée de Huggens, célèbre mécanicien hollandais, qui, vers 1660, employait la poudre pour faire mouvoir un piston dans un cylindre. On sait que la poudre, en brûlant, donne huit mille fois son volume de gaz.

M. Lenoir, qui a fait la machine à gaz, remplace la vapeur par le gaz d'éclairage, qu'il enflamme au moyen d'un fil de platine conducteur d'une étincelle électrique ; ce fil est à l'intérieur du milieu explosif.

On prétend que cette machine n'use qu'un demi-mètre cube de gaz par heure et par cheval, soit 10 à 15^c, le gaz coûtant 20^c au plus, et se vendant 30^c le mètre cube. L'écueil de cette machine se trouve dans la chaleur développée par la combustion du gaz, ce qui nécessite un courant d'eau froide sur le cylindre. Ceci me donnerait l'idée de mettre le cylindre lui-même dans un courant d'eau froide, surtout si j'avais une usine hydraulique, et que la machine Lenoir fût employée comme addition de force.

Lorsque l'on considère les moyens employés : le gaz, l'électricité, les agents mécaniques les plus ingénieux, on conserve l'espoir qu'un perfectionnement rendra cette machine usuelle pour toutes les forces. Attendons.

CHAPITRE XII

PRIX DE REVIENT DE L'ÉCHÉE.

J'ai donné, dans la première édition (pages 174 à 197), trois prix de revient de l'échée dans trois conditions différentes : 1° l'établissement neuf ; 2° un établissement d'une valeur moyenne de 40 fr. la broche ; 3° un établissement déprécié à 25 fr. la broche, tout compris : meubles et immeubles. Dans cette dernière condition, le prix moyen était de 1^c 70 l'échée ; il se décomposait ainsi :

Frais généraux $\begin{cases} \text{fixes,} & 0^c33 \\ \text{variables, } 0^c35 \end{cases}$ 0^{c}68, soit 40 p. $^0/_0$ du prix total ;

Main-d'œuvre, fileurs et soign^{ses}, 0^{c}80, — 47 p. $^0/_0$ —

Escompte et remboursement, 0^{c}22, — 13 p. $^0/_0$ —

Si l'on comprend l'escompte et le remboursement dans les frais généraux, le prix de revient se trouve divisé en deux parts à peu près égales, main-d'œuvre et frais généraux.

Les *frais généraux fixes* sont ceux qui courent lors même que l'établissement est arrêté, comme l'intérêt, l'amortissement, les impositions pour patente, assurance, las appointements du personnel à l'année, etc.

Les *frais généraux variables* sont ceux qui s'arrêtent lorsque s'arrête la production ; ils comprennent les transports, le combustible pour le chauffage, l'éclairage, le graissage, les courroies, les draps, les parchemins, les tuyaux, l'emballage, etc. L'escompte et le remboursement sont aussi des frais variables, puisqu'ils montent en proportion de la production.

Le filateur qui tient à se rendre compte fait les parts bien exactes des frais généraux variables et des frais généraux fixes ; il sait alors jusqu'à quel prix il peut laisser descendre la façon pour ne pas perdre plus qu'à arrêter.

Supposons que son prix de revient soit tel qu'il est indiqué plus haut : de 1°70. Les frais généraux fixes étant de 0°33, il faut que le prix de façon soit au-dessous de 1°37 à l'échée pour perdre plus en marchant qu'en arrêtant. Avec les métiers renvideurs, ces prix sont possibles ; ils augmentent les frais généraux fixes, mais ils diminuent de près d'un tiers de centime à l'échée les frais de main-d'œuvre.

Les frais généraux fixes dépendent d'abord de la valeur de l'établissement ; cette valeur est souvent conventionnelle : chacun a ses motifs particuliers pour estimer son usine au-dessus de sa valeur réelle. Les uns veulent représenter, par ce moyen, des frais exagérés d'installation, qu'ils ne peuvent se décider à passer par profits et pertes ; d'autres, qui sont montés par actions, tiennent à faire figurer à l'actif le matériel pour sa valeur primitive, en le dépréciant très-peu, pour ne pas déprécier les actions auxquelles ils conservent, par ce moyen, une valeur fictive ; dans le même but, on portera au compte mobilier industriel des frais qui seraient tout aussi bien dans l'article *frais généraux* pour réparations. C'est par ces moyens, qu'aucune loi n'atteint, que des actionnaires peuvent se trouver trompés sur les résultats réels. Un gérant qui a une large part des bénéfices peut aussi, dans les dernières années de sa gestion, les prendre sur le capital, en négligeant de réparer le matériel. Quand on fait les prix de revient des échées d'une année, il faut voir si les frais de réparation ont été ce qu'ils doivent être en moyenne ; il en sera question plus loin.

La valeur moyenne d'une filature de laine peignée bien entretenue est de 40 fr. par broche ; c'est sur ce chiffre qu'il faut baser le prix de revient. J'entends 40 fr. pour tout : machines en bon état et bâtiments solides. Le prix des machines, qui avait un peu baissé au moment de l'entrée en France des machines anglaises avec un droit réduit à 20 p. %, s'est relevé depuis; les bobinoirs, qui se vendaient 80 fr. la cannelle et 800 fr. la tête, se vendent maintenant, dans les premières maisons, 90 fr. la cannelle et 1000 fr. la tête. Un assortiment comme celui que j'ai indiqué coûterait, neuf, en machines et métiers, 20 fr. la broche.

Les établissements neufs ne produisent pas l'échée plus cher que les anciens, parce qu'ils vont plus vite. La construction moderne est plus solide et permet 5000 tours de broches par minute, au lieu de 4000 tours à peine que font les anciennes broches. C'est pourquoi je ne donne qu'un prix de revient qui est de 22 fr. 20 par broche et par an. Voici comment il se décompose :

Nous disons : valeur moyenne de la broche, 40 fr., sur lesquels il faut compter 20 fr. pour le fonds et les bâtiments, et 20 fr. pour la partie mécanique, moteur compris.

	Par Broche.
Sur les 40 fr., on a, pour l'intérêt à 5 p. % par an.	2 fr. 00;
Amortissement sur 20 fr. de machines, 5 p. % par an.	1 fr. 00;
Assurances, patente, impositions, par an. . . .	0 fr. 40;
Personnel à l'année : directeur, contre-maîtres ou frais de maison	1 fr. 50;
Transports pour le produit d'une broche. . . .	0 fr. 35;
Remboursement (chiffre très-variable), vente du déchet déduite	2 fr. 00;
Escompte, pertes et rabais, 5 p. % sur 1300 échées à 2ᶜ.	1 fr. 30;
Main-d'œuvre : 290 jours à 4 échées 1/2 par jour : 1300 échées, pour.	10 fr. 00;
Vitrerie, peinture, mastic, petites fournitures. .	0 fr. 10;
A REPORTER.	18 fr. 65.

Report. . . . . . 18 fr. 65.

Eclairage, chauffage, compris le combustible pour
les générateurs . . . . 1 fr. 25;

   Graissage du moteur, des machines et métiers. . 0 fr. 45;

   Entretien et réparation, main-d'œuvre, matières. 0 fr. 50;

   Drap, parchemin . . . . 0 fr. 30;

   Courroies, cordes, peau de veau, lacets . . . . 0 fr. 20;

   Papiers divers, de bureau, d'emballage, pour
tuyaux. 0 fr. 20;

   Paniers et caisses, en admettant qu'il en rentre. 0 fr. 30;

   Voyages, frais imprévus, accidents . . . . . . 0 fr. 35;

   Dépense totale par an. . . . . . . 22 fr. 20,
pour une production de 4 échées 1/2 par jour, pendant 290
jours de travail, soit 1300 échées par broche pour 22 fr. 20,
ou 1ᶜ 70 à l'échée.

Je crois qu'il est difficile, sans métiers renvideurs, de descendre beaucoup au-dessous de ce prix; il y a plus de filateurs
qui filent au-dessus qu'au-dessous. Ce chiffre de 1ᶜ 70 à l'échée
est pour un établissement estimé 40 fr. la broche et produisant
4 échées 1/2 par broche et par jour. Il y en a qui en font 5 ;
ils ne peuvent pas être pris pour une moyenne.

Pour diminuer les frais généraux, on a imaginé le travail de
nuit; c'est un travail d'esclave dont je n'ai jamais été partisan;
c'est une mauvaise combinaison. D'abord, le travail de nuit
ne diminue pas l'amortissement; un travail double exige un
amortissement double, et un travail continu est très-préjudi-
ciable au bon entretien des machines. Un métier qui passe
sans cesse des mains d'un fileur aux mains d'un autre fileur,
n'est sous la responsabilité de personne; il sera toujours moins
bien soigné que s'il était confié à un seul ouvrier. Ensuite, on
n'aura jamais, dans un atelier de nuit, que les plus mauvais
ouvriers, parce que les bons iront de préférence dans les ateliers où ils trouveront un travail régulier qui leur permette

de passer la nuit dans leurs lits. Les ouvriers de nuit sont aussi payés plus cher, car ils font moins de temps de travail.

On ne peut pas diviser la journée de vingt-quatre heures en deux atelées de douze heures, divisées par des repos, ainsi que la loi l'exige. La moralité des ouvriers souffre aussi du travail de nuit; la surveillance est moins bien faite. La vérité est que tous les industriels que j'ai connus qui ont pratiqué et vanté ce système ont fini par l'abandonner. La nuit, l'homme n'est pas dans son état ordinaire; il travaille moins bien, c'est un travail contre nature.

L'IMPRÉVU.

Dans le chiffre de 0ᶠ35ᶜ que je porte par broche, pour voyages et frais imprévus, il faut compter moitié pour ce dernier cas. En effet, aucun constructeur ne voudrait assurer contre toute espèce d'accident, pour 1200 fr., une filature de 6500 broches. Il peut arriver une année que ce chiffre ne soit pas atteint; mais qu'une grosse roue motrice vienne à casser, qu'un bouilleur se brûle, et, si c'est un cours d'eau, qu'un barrage exige des travaux hydrauliques, on n'ira pas loin avec les 1200 fr.; il faut donc les prévoir dans un prix fait à l'avance. Ces choses arrivent tous les jours, et même, si le prix se fait sur une année écoulée sans aucun accident, il faut encore tenir compte de cette circonstance heureuse dans le prix de l'échée pour l'année qui doit suivre. Toutes ne se ressemblent pas, et pour que tout soit prévu, il ne faut pas oublier le chiffre des accidents soumis à des chances aléatoires.

ENTRETIEN.

J'ai porté 0ᶠ50ᶜ par broche pour l'entretien : c'est le *minimum* du prix ; et encore, pour n'avoir que 50ᶜ d'entretien, il faut que les réparations soient faites avec intelligence, il faut que le filateur ou le contre-maître soient mécaniciens et que l'atelier soit bien monté en machines ayant des portées trempées, comme cela a lieu dans la construction moderne, ce qui procure une grande économie.

Voici un procédé pour tremper l'acier :

Prussiate de potasse. .	125 grammes ;
Sel de tartre.	125 id. ;
Savon vert.	250 id. ;
Axonge	250 id.

Piler le prussiate de potasse et le sel de tartre, les mêler au savon ; verser sur le mélange l'axonge fondu, et triturer jusqu'à refroidissement.

On chauffe la pointe d'acier au rouge blanc, on la plonge dans la pâte ; puis on la chauffe au rouge cerise, et on la plonge dans l'eau.

Voici comment se trempe le fer :

Eau	4 litres ;
Sel marin.	500 grammes ;
Ail.	100 id. ;
Sulfate de cuivre . . .	100 id. ;
Suie de bois	500 id.

On trempe le fer rouge dans ce mélange.

On emploie aussi pour les réparations diverses soudures. Celle pour le fer blanc se compose de moitié étain et moitié plomb.

La soudure du plombier se compose d'un tiers d'étain et deux tiers de plomb.

La soudure pour le cuivre aura :

> 125 grammes de cuivre rouge;
> 50 grammes d'étain ou zinc;
> 20 grammes d'argent.

Un objet réparé ne vaut jamais un objet neuf; ceci est surtout vrai pour les broches. Celles en acier peuvent marcher douze ans; elles font un premier service de huit à neuf ans sans réparation, puis une bonne réparation les conduit au bout de leur bail. Pour la troisième fois, il faut les réformer; on met des plates-bandes neuves aux broches réparées, en demandant les bouchons un peu plus petits, si bien que les plates-bandes sont encore bonnes, en les alaisant, après quatre à cinq ans de service, pour recevoir des broches neuves. C'est dans ces précautions que se trouvent les économies, et non en s'abstenant de réparer, car, dans ce cas, on use le capital.

Tous les ans on monte une garniture de buffles neufs à un des bobinoirs finissants; ceux que l'on démonte, et qui n'ont travaillé que de la mèche fine, servent pour les autres bobinoirs. Une garniture de buffles marche bien pendant huit à dix ans; cela dépend des matières à travailler. J'ai vu des garnitures de frottoir en veau toile et volaque réunis; il vaut encore mieux du vrai et bon buffle.

L'entretien est un chiffre très-élastique. Des filateurs ne font juste que le nécessaire pour ne pas laisser tomber les machines; d'autres, qui aiment le luxe, entretiennent tellement bien leurs machines, en remplaçant à temps les pièces défectueuses, qu'elles sont toujours commes neuves; il n'y a que le changement de système qui fait réformer ces machines.

AMORTISSEMENT.

C'est précisément à cause des progrès de la mécanique qui, tous les douze ou quinze ans, nous amènent des machines plus parfaites, qu'il faut amortir le matériel lors même qu'il est bien entretenu. On ne peut pas compter, pour ce fait, moins de 1 fr. par broche, sauf à employer cette somme en achat de machines nouvelles pour rafraîchir le matériel lorsqu'il est vieux, et conserver la même valeur à l'ensemble. Si l'atelier est neuf, il a encore plus besoin d'être amorti pour l'amener à la valeur moyenne des concurrents.

ASSURANCES.

Presque tous les filateurs paient pour ce fait un impôt volontaire trop élevé; il ne faut aussi faire les polices que pour une année, et assurer l'établissement en bloc, avec une désignation sommaire, ce qui permet au filateur de changer les machines d'atelier sans être obligé de se mettre en règle à chaque instant avec les compagnies. La filature paie 3 fr. du 1000 lorsqu'elle est éclairée au gaz et chauffée à la vapeur. Les agents n'ont pas le droit de changer les conditions des tarifs. Lorsqu'une concession est faite à un filateur, il faut qu'il la fasse signer par le directeur général de la compagnie pour qu'elle soit valable. Les marchandises dans les magasins isolés paient 75^c du 1000.

Je dis de faire des polices annuelles, parce que mon habitude des expertises après incendie m'a démontré que, toujours, les experts des compagnies s'appuient sur la date de la police pour la dépréciation à faire subir aux machines; quant au chiffre de cette même police, ils n'en tiennent aucun compte. C'est pourquoi il est complètement inutile d'assurer des machines au-dessus de leur valeur ; cette valeur est fixée par les experts au moment de l'incendie. Malheur à l'incendié qui n'a pas su choisir un expert d'une expérience et d'une capacité au moins égales à celles des hommes que les compagnies ont à leur disposition ; il se présente une foule de questions avec lesquelles il est pris au dépourvu : sur la valeur vénale, les machines brevetées, la dépréciation, etc. Pour ce dernier fait, 5 p. % par an ne font que 18,54 p. % en quatre ans, et non 20 p. %. Sept ans ne donnent que 30,04 p. %, et non 35 p. %.

Je me suis trouvé avec un vieil expert de soixante-dix ans auquel on n'avait jamais fait tenir compte de cette différence, qui est cependant très-juste.

PATENTE, IMPOSITIONS.

Les filateurs qui assurent leur établissement pour un chiffre trop élevé ne se doutent pas qu'ils fournissent une arme au contrôleur des contributions, qui se procure les polices ; il prend 5 p. % sur les bâtiments, 10 p. % sur les machines, et forme ainsi la valeur locative. Ceci n'est pas dans la loi ; mais c'est une base admise. Il faut donc ne donner le capital que pour ce qu'il est réellement. J'ai fait dégrever cette année plusieurs filateurs qui m'ont pris pour expert entre eux et l'administration ; j'ai pris pour base la loi des contributions, en me servant des arguments du rapporteur de cette loi, combinés avec l'opinion de la commission ; on demande l'estimation en bloc, l'ensemble : machines et bâtiments. Voilà une filature ; si son propriétaire renonçait à l'exploiter, combien pourrait-il la louer ? La réponse donne la valeur locative. On comprend que cette réponse tient à bien des considérations que l'expert doit peser avant de se prononcer. Dans cette réponse, il ne doit établir qu'une chose : le chiffre du loyer possible ; il ne doit compte à personne des motifs qui l'ont déterminé, il n'est pas obligé de les consigner dans son rapport. C'est pourquoi les qualités essentielles pour un expert sont la probité et les connaissances spéciales pour l'objet qu'il traite. Moitié des filateurs paient plus de contributions qu'ils n'en doivent, même en prenant pour base l'opinion de M. Cunin-Gridaine, qui était ministre du commerce lorsque la loi a été votée ; il disait : « *La valeur des outils doit diminuer d'une année à l'autre, ce qui est juste, à cause de la dépréciation.* »

COMBUSTIBLE.

Ce chiffre a de l'importance dans le prix de revient. Je l'ai porté à 1^f 25^c par broche pour produire le gaz et la vapeur ; c'est grandement suffisant. Supposons une machine à moyenne pression, usant 2^{k}500 par heure et par cheval, bien qu'on en garantisse à 2^k et même moins ; nous disons, pour une journée de douze heures, 30^k, et pour 290 jours de travail, 8700^k. Le prix de la houille varie de 20 à 40 fr. ; prenons une moyenne : 30 fr. les 1000^k, ce qui donne 261 fr. pour les 8700^k. J'estime qu'un cheval conduit un métier de 250 broches avec les machines ; à 1^{f}25^c par broche, c'est 312 fr. La différence en plus est pour le gaz et le chauffage. Tout cela doit partir du même foyer, pour avoir de l'économie dans les usines moyennes.

On économise la houille par un bon entretien de propreté dans l'intérieur des chaudières, ce qui coûte quelques journées et un peu de mastic ; mais cette dépense est plus que compensée par la houille que ces fourneaux dépensent en moins.

Dans les ateliers bien tenus, il y a un compte de houille sur lequel la dépense est inscrite jour par jour ; c'est un compte particulier en dehors de celui des livres de commerce. On voit sur ce compte que les jours qui suivent le nettoyage des chaudières sont ceux qui consomment le moins, toutes conditions étant égales.

Voici un procédé pour empêcher les incrustations : mettre dans le générateur 500 grammes de potasse brute par cheval vapeur; on évitera toutes les incrustations nouvelles, et l'on débarrassera le générateur de celles existant déjà aux parois de la tôle. Ce moyen est facile à essayer; il peut ne pas réussir avec toutes les eaux. En voici un autre :

5 kilogrammes d'hydrochlorate d'ammoniaque, pour 20 chevaux, ou de l'eau ammoniacale provenant de la distillation de la houille; on y ajoute quelques pommes de terre, pour empêcher les matières calcaires de se fixer. On recommence l'opération à chaque nettoyage, si elle produit l'effet demandé; souvent ce qui est bon dans un endroit ne fait rien dans un autre. M. Dugnolle, à Valenciennes, vend des briques végétales pour le même usage.

Toutes les cheminées de machines à vapeur qui laissent échapper une épaisse fumée usent trop; la fumée doit être brûlée. Il y a plusieurs systèmes pour cela; on en cite un de M. Prestat : il est basé sur le principe du rappel (au moyen d'un ventilateur) de la fumée chargée de gaz, et renvoyée dans la partie inférieure du foyer, pour y entrer de nouveau en combustion.

Cet inventeur, comme tous ses confrères, annonce une économie notable. Pour toutes ces choses, je dis : il faut voir. Je me suis amusé à additionner les économies qui m'ont été proposées lorsque je dirigeais une filature; si elles avaient toutes réussi, les houillères seraient fermées, on n'userait plus rien.

Il y a beaucoup de machines à vapeur qui n'usent que 2 kilogrammes; mais lorsque la consommation ne va pas au-delà de 3 kilogrammes en charbon ordinaire, il n'y a rien à dire.

ÉCLAIRAGE.

Les petites usines qui ont peu de becs doivent prendre le gaz courant lorsqu'elles sont dans une ville où il y en a. Les grandes usines doivent faire leur gaz elles-mêmes : elles y trouveront de l'économie. Un hectolitre de houille donne 25 mètres cubes de gaz; on laisse distiller pendant six heures dans des cornues chauffées au blanc. Une cornue de 250 fr. peut durer dix-huit mois, il y en a qui durent jusqu'à cinq ans; cela dépend de la fonte et souvent de la disposition des fourneaux. Le gaz ne coûte que 7 à 8^c de matière première et à peu près autant de frais généraux, ce qui fait 15^c pour 1 mètre cube, qui est vendu 30 et quelquefois 40^c.

Les tuyaux de conduite se font en fonte et d'autres en terre; l'essentiel c'est de bien faire les joints. Je recommande pour ce travail un nommé Benjamin Lempereur, de Troisvilles, près du Cateau, un brave ouvrier qui a l'habitude de ce genre de besogne, qu'il fait très-bien.

COMPOSITION DES LUTS POUR LES TUYAUX DE GAZ.

Lut argileux pour les vapeurs acides :

Argile réfractaire délayée. .	20	grammes;
Crottin de cheval haché . .	10	id.;
Sable	40	id.

Lut ferrugineux pour unir les tuyaux de fer :

Sel ammoniac	200	grammes;
Fleurs de soufre	100	id.;
Limaille de fonte	1600	id.

Lut gras :

Terre glaise.	64	grammes;
Litharge	8	id.;
Huile de lin	9	id.

Le prix du gaz n'est que relatif; sa valeur dépend de son pouvoir éclairant. Un gaz à 40° peut être meilleur marché qu'un gaz à 20°, s'il a trois fois plus de pouvoir éclairant. Cette dernière qualité dépend des houilles employées à sa fabrication; les meilleures sont celles d'Hornu.

Dans les pays où la houille est trop chère, on fait passer le gaz dans un bain de carbure pour le rendre plus riche; mais le carbure s'use et coûte. C'est un calcul à faire. On a aussi le gaz breveté, provenant des résidus de la fabrication des bougies; le concessionnaire est au Cateau.

REMBOURSEMENT.

Petit à petit, les filateurs s'affranchissent de cette condition du remboursement, comme les fabricants suppriment les 2 p. % de don consacrés par l'usage; entre honnêtes gens, il doit en être ainsi. Cette condition du remboursement a quelque chose d'humiliant pour le filateur : c'est le supposer capable de s'appliquer une portion de la laine qui lui est confiée. Un filateur doit prendre de préférence les lots chargés sans la condition du remboursement, en faisant un rabais de $1/10^{\text{mo}}$ de centime à l'échée, et rendre le déchet au fabricant.

Au sujet d'un procès qui a fait assez de bruit, on m'a posé cette question :

Les balayures doivent-elles se comprendre dans le rendement des lots?

J'ai répondu qu'il fallait distinguer entre le rendement comme poids et le rendement comme prix. Dans le premier, les balayures ne peuvent y figurer, attendu que leur poids ne représente pas de la laine; les balayures tombent de 50 p. % au dégraissage. Quand on dit qu'un lot a rendu 94 p. % de fil et 4 p. % de déchet, on ne comprend pas les balayures, parce que leur poids n'est pas réel; elles compensent l'évaporation. Mais si on fait le prix de revient d'un lot, il faut compter la valeur des balayures, parce que cette valeur est palpable et très-réelle, quelque minime qu'elle soit. Ainsi, lorsqu'après un résumé j'ai dit : la perte de 4 1/2 p. % est représentée par le déchet et les balayures, c'est le prix de ces 4 1/2 p. % de perte, et non le poids ; les balayures seules pèsent 2 p. %, et le déchet est en moyenne de 4 p. %. C'est pourquoi on admet une différence de 6 p. % entre la laine entrée en filature et le fil sorti ; dans ces 6 p. % l'évaporation est comprise. Ceci n'est juste que pour les laines qui peuvent subir l'épreuve du bureau central.

Lorsqu'aucune condition n'est stipulée, les 2 p. % de don sont dus par le fabricant, et le remboursement est dû par le filateur. Si, au contraire, ce dernier file sans remboursement, le don est inutile, et il doit rendre tous les déchets, bien que ce soit difficile pour les balayures, qui sont souvent mélangées ; dans ce cas, il doit tenir compte de leur valeur à raison de 2 p. % du poids total. Plus la laine est fine, moins il y a de balayures.

RÉSUMÉ.

Le prix de revient le plus exact de l'échée est celui qui se fait à l'inventaire annuel. On récapitule la production de toutes les quinzaines ; on voit sur les livres ce que cette production a rapporté en espèces. On déduit de cette somme les bénéfices réalisés, puis on divise la différence par le nombre d'échées ; le quotient donne le prix coûtant de l'échée. Cette manière de compter est incontestablement la plus juste et la seule qui donne un prix de revient rigoureusement exact ; elle comprend toutes les chances aléatoires. Cette méthode ne peut s'appliquer qu'au passé, tandis qu'un chef de maison a besoin de savoir chaque jour comment il marche. C'est pourquoi un livre des détails du prix de revient de la consommation, des frais généraux, etc., lui est nécessaire pour vérifier si tous les services se tiennent dans les limites voulues.

Nous avons établi que la broche qui produit 4 échées 1/2 par jour coûte par an, pour deux cent quatre-vingt-dix jours de travail, 22 fr. 20 ; c'est par jour 7° 65. Si cette même broche ne fait que 4 échées, on paiera en moins, au fileur, 0° 3 ; la broche coûtera 7° 35 pour 4 échées, et l'échée

$$\frac{7^c\,35}{4} = 1^c\,83.$$

Si cette même broche fait 5 échées au lieu de 4, il faudra ajouter aux frais, pour le fileur, 0° 60, ce qui donne 7° 95 pour 5 échées, et pour l'échée

$$\frac{7^c\,95}{5} = 1^c\,59.$$

Pour conclure, je dis :

La broche qui produit 4 échées par jour, 1160 par an, les produit à 1° 83 ;

La broche qui produit 4 échées 1/2 par jour, 1305 par an, les produit à 1° 70 ;

La broche qui produit 5 échées par jour, 1450 par an, les produit à 1° 59.

Je ne donne ici que la différence théorique ; la différence effective entre la production de 4 à 5 échées est encore plus grande que celle indiquée. Il y a aussi à tenir compte des bénéfices que procure l'échée en plus, lorsque le filateur travaille au-dessus du prix de revient.

Il resterait à parler de l'apprêt des fils, du doublage, du grillage, du gauffrage ; ce sera pour une autre occasion. Le filateur ne s'occupe guère que du bruissage, dont il est question à la page 34 de ce livre ; les autres opérations concernent plutôt la fabrication des tissus, de laquelle je dis quelques mots dans le chapitre suivant.

CHAPITRE XIII

TISSAGE.

Le docteur Pope dit que le métier à tisser, que l'on croit d'origine égyptienne, a subi des modifications pour les différentes étoffes. L'anglais Chalow a fait le métier circulaire.

Les métiers pour les draps les plus larges ont été faits en 1737 par un autre anglais : John Ray.

Dès le dix-septième siècle, Recher eut l'idée du métier à tisser automate, qui a été amené récemment à de bons résultats par les français Biard et D'Arimond.

J'ai dit, au début de ce livre, que dans celui de M. Alcan, écrit en 1847, la partie la mieux traitée était celle du tissage; je lui emprunte ses considérations générales sur cette industrie et ses définitions :

« Du temps de Virgile, on paraissait familiarisé avec les principaux moyens employés de nos jours dans le tissage, puisqu'il nous apprend que les cultivateurs fabricants s'occupaient, pendant les jours de pluie, à monter des lisses sur les chaînes.

» Un passage de Pline indique clairement que les Grecs connaissaient les combinaisons des lisses que nous nommons armures. Il dit que la ville d'Alexandrie a établi sur les métiers les moyens de tisser à plusieurs rangs de lisses. »

Des échantillons d'étoffes qui ont été retrouvés au commencement de ce siècle, dans les tombeaux de Saint-Germain-des-

Prés, et dont la fabrication remonte à l'origine de l'industrie française, attestent les progrès du tissage à cette époque. On peut s'assurer que ces progrès ont été continués avec éclat en visitant les échantillons conservés à la Bibliothèque Impériale, et qui datent du douzième siècle.

M. Desmarets, dans un rapport à l'Académie des Sciences, en 1806, signale trois époques dans l'industrie du tissage :

1° L'établissement de plusieurs lisses sur les métiers horizontaux, par les tisseurs grecs d'Alexandrie;

2° Les travaux de l'industrie gauloise, attestés par Pline et Ammien Marcellin;

3° Ceux de l'industrie française qui a produit les tissus trouvés dans le tombeau de Saint-Germain-des-Prés.

Les progrès du tissage de nos jours consistent principalement dans le tissage mécanique et dans la simplification des métiers qui servent aux tissus ornés.

Le capitaine Duperrey a rapporté de l'un de ses voyages autour du monde un métier des naturels de l'île Oualan, qui peut servir à mesurer le chemin parcouru dans cette branche. On le voit au Conservatoire de l'Industrie.

Il existe aussi au Conservatoire un métier automate de Vaucanson; il est disposé pour tisser les étoffes façonnées et supprimer la tire. Il est étonnant que les auteurs de ce temps n'en fassent pas mention.

Jacquart connaissait-il ou non le métier de Vaucanson lorsqu'il commença à s'occuper du sien? La réponse est douteuse; mais, l'eût-il connu, sa découverte n'aurait pas eu une considération moindre aux yeux de la postérité, puisqu'il aurait encore eu l'immense mérite de comprendre le premier tout le parti qu'il y avait à tirer de cette vieille machine dédaignée, et celui d'y avoir apporté des améliorations d'une très-grande importance.

Le métier de Jacquart, comme celui de Vaucanson, a pour but de produire les étoffes façonnées les plus compliquées par le travail d'un seul ouvrier, de diminuer considérablement les chances d'erreur, d'exécuter le tissage sans le secours de la tire et sans faire éprouver plus de fatigue à l'ouvrier que s'il s'agissait d'un travail ordinaire.

Je ne viens pas faire de la technologie à propos de tissage; je ne veux donner que quelques notes et définitions, principalement pour le mérinos, qui est un article de fonds dans les laines fines : c'est celui qui absorbe le plus de laine peignée. Les filateurs qui deviendront fabricants, et qui voudront entrer dans tous les détails de cette industrie nouvelle pour eux, trouveront toutes les explications dans les ouvrages de MM. Falcot, Alcan et T. Bona. M. Bourcart a fait un ouvrage sur le tissage mécanique du coton.

Pendant que le tissage mécanique prend un grand développement pour toutes les chaînes fortes, on procède avec une certaine lenteur à monter le tissage laine en chaînes fines. J'aurais peu de maisons à ajouter à celles que je citais il y a cinq ans. Il est vrai que l'une d'elles, qui réside au Cateau, a décuplé le nombre de ses métiers : elle en a aujourd'hui 400; mais ce chiffre est loin d'être en proportion du nombre de ses broches.

Un métier à tisser absorbe le produit de 35 broches; la maison du Cateau, qui en a 42000, pourrait donc avoir 1200 métiers à tisser, au lieu de 400, en admettant que tous ses articles puissent se faire au tissage mécanique.

MM. H. Gand et Sautret sont les industriels qui ont marché les premiers et le plus hardiment dans cette voie du tissage mécanique pour mérinos; ils s'en trouvent parfaitement bien, et peuvent soutenir toutes les concurrences.

Le tissage mécanique ne fait doute que pour les fabricants qui ne sont pas filateurs. Ils disent avec raison que, dans l'état actuel, ils ne sont pas condamnés à un travail forcé : pour arrêter, il leur suffit de ne plus délivrer de matières; tandis qu'avec une usine montée à grands frais, la question ne serait plus la même. Quant à la qualité des tissus, qui a été contestée à l'origine, on est revenu de cette opinion. La matière des tissus mécaniques étant plus belle pour un même nombre de croisures et la régularité plus parfaite. ces tissus sont préférés, surtout depuis que les fabricants intelligents ont modéré la torsion des trames.

Il y a une très-grande différence, sous le rapport des effets obtenus, entre le métier à filer, la machine à peigner et le métier à tisser mécaniquement. Les deux premiers agents ont diminué d'une manière très-sensible le prix de revient des produits en leur enlevant de la force. Le fil mécanique et le peigné mécanique sont loin d'avoir le nerf des mêmes produits à la main ; tandis qne les tissus mécaniques, qui exigent de meilleurs fils que les tissus à la main, donnent des produits meilleurs. Le jour où ils seront en majorité sur le marché, les tissus à la main seront délaissés ; ils n'ont déjà plus la préférence.

Le tissage mécanique permet la promptitude d'exécution ; il évite le gaspillage des matières, la perte d'intérêts ; il permet, en outre, de prendre des commissions à époques fixes, avec la certitude d'arriver à livrer une fabrication parfaitement suivie, ce qui n'a jamais lieu avec le tissage à la main.

Ses grands avantages résident plutôt dans ces considérations que dans le prix de revient, qui s'éloigne peu de celui des tissus à la main. L'économie que l'on fait sur la main-d'œuvre doit être reportée sur les matières à tisser, les frais généraux, intérêt du matériel, combustible. Seulement, des matières plus belles donnent de meilleurs tissus qui l'emportent à la vente sur les tissus maigres du tissage à la main. Avec le tissage mécanique, plus de ces toiles d'araignées qui faisaient souffrir tous ceux qui les produisaient : filateurs, fileurs, rattacheurs et tisseurs. Sous ce rapport, le métier mécanique doit, comme le renvideur, recevoir sa part de bénédictions des malheureux ouvriers qui se tuaient à travailler des mauvaises matières ; il ne les accepte pas, et il enlève à l'homme le travail animal, pour ne lui laisser que celui de l'intelligence. C'est pourquoi le métier à tisser viendra se placer dans la filature à la suite de la peigneuse, après le renvideur. Toutes ces idées sont assurées d'un triomphe définitif, parce qu'elles sont marquées du signe du progrès.

Cette transformation souhaitée sera encore longue; j'en ai expliqué les motifs dans la première édition. Il faut beaucoup de capitaux dans une même société, c'est-à-dire qu'il faut que les efforts des producteurs soient réunis au lieu d'être divisés. A Fourmies et aux environs, où l'on compte 250000 broches, il n'y a qu'un seul tissage mécanique : celui de M. Théophile Legrand, le doyen des filateurs du pays.

J'ai dit plus haut que Vaucanson avait eu le premier l'idée du métier automate. Voici en effet ce qu'écrit le *Mercure Français*, à la date de novembre 1745 :

« M. Vaucanson, si célèbre dans la mécanique, vient de mettre au jour une vraie merveille de l'art dans un objet d'une grande utilité : c'est une machine avec laquelle un bœuf ou un âne font des étoffes bien plus belles et bien plus parfaites que les meilleurs ouvriers en soie.

» Cette machine consiste en un premier mobile, en forme de cabestan, qui peut communiquer son mouvement à plusieurs métiers à la fois, pour y faire toutes les opérations nécessaires à la fabrication des étoffes.

» Ce cabestan (moteur) étant mû par une force quelconque, on voit sur le métier l'étoffe se fabriquer sans aucun secours humain, c'est-à-dire la chaîne s'ouvrer, la navette jeter la trame, le battant frapper l'étoffe avec une justesse et une égalité que la main de l'homme ne saurait jamais atteindre.

» L'étoffe se roule d'elle-même à mesure qu'elle se fabrique, la chaîne est toujours également tendue, la trame toujours également couchée, et l'étoffe toujours frappée au même point et avec la même force. Tout cela se fait sans fatiguer la soie et sans qu'elle reçoive aucun frottement, car la navette passe la trame sans toucher la chaîne ni même le peigne, et les lisses qui font ouvrir la chaîne ne la touchent jamais au même point.

» Les lisières fabriquées sur le nouveau métier sont plus belles et plus parfaites que celles des étoffes ordinaires, l'auteur ayant trouvé moyen de supprimer une pièce appelée *temple* qui gâte les lisières par des trous que les pointes y font. »

Je ne pousserai pas plus loin la citation de cet article élogieux écrit depuis cent vingt ans; ce qui précède suffit pour faire reconnaître dans ce métier, longtemps ignoré, toutes les conditions des métiers mécaniques, sauf cependant la suppression du temple que nous avons rétabli, et le casse-duite que nous avons ajouté.

Le temple est une pièce mécanique dont on se sert pour tenir le tissu tendu sur le métier dans le sens de la largeur. Il y en a de plusieurs formes ; le temple à molette horizontale, d'origine anglaise, que les constructeurs livrent avec leurs métiers, est le moins coûteux. C'est peut-être ce qui explique la préférence qu'il obtient pour les tissus de force moyenne, qui rentrent peu. Je l'ai cependant vu appliquer à des mérinos doubles, mais dans ce cas les molettes étaient inclinées et montées sur un système de traverses qui forment entretoise sur le tissu qu'elles masquent.

On a remplacé les molettes par des cylindres armés d'aiguilles; ces cylindres avaient encore des inconvénients : c'est ce qui a donné l'idée à un ouvrier mécanicien de Reims, M. Pombas, employé chez MM. Benoist et Valbum, de remplacer le cylindre d'une seule pièce par une série d'anneaux munis d'aiguilles et *tournant obliquement* sur leur axe. On réunit ainsi les avantages du cylindre (offrir un grand nombre de points de résistance à la tension) et ceux de la molette (rendre à l'étoffe la largeur qu'elle a perdue à la sortie du peigne). Le nombre des anneaux est habituellement de dix ; on en met quinze pour les étoffes extrêmement fortes. Ce temple, comme beaucoup d'autres, a le défaut d'être breveté, ce qui n'a pas empêché son application dans presque toutes les grandes maisons qui font le mérinos. M. Sautret, à Bétheniville, a aussi un temple breveté ; naturellement, il le préfère à tous les autres. On fait le reproche aux temples à cylindres d'allonger les lisières, et aux temples à mollettes de les trouer ; le tout dépend de la manière de les appliquer. Si, avec des temples à cylindre, on forme une trop forte courbe avec le tissu dans les cylindres, on allonge la lisière ; mais les anneaux obliques, qui viennent toujours prendre le tissu entre les mêmes fils de chaîne, ne demandent pas un frein trop prononcé.

Pour les étoffes dont les lisières se tiennent molles, comme certains genres de draperie, M. Pombas a ajouté à son appareil un cylindre dit extenseur, qui est mû par la chasse, et donne à la lisière une tension convenable et toujours régulière.

Les perfectionnements apportés au tissage mécanique s'appliquent tous les jours au tissage à la main, ce qui le perfectionne aussi. Nous avons surtout une amélioration bien marquée par l'usage des compteurs ; il en est de cette partie du métier comme des temples : il y en a de toutes les inventions. La dernière vient de deux ouvriers de Fourmies, dont l'un était échantillonneur chez M. Théophile Legrand. Je trouve dans le *Journal du Cateau*, à la date du 9 juillet 1864, une description de cet appareil :

« Un *rochet* dont le nombre de dents varie, suivant que le tissu doit être plus ou moins serré, se trouve commandé par le porte-battant et avance d'une dent à chaque coup de navette. A l'aide d'*une vis sans fin*, chaque tour de ce rochet fait avancer d'un centième un *engrenage de cent dents* fixé sur l'arbre même du *rouleau d'appel*, dont trois tours font un mètre exactement. Quoi de plus simple que de calculer alors

le rochet qu'il faut placer sur un métier pour tel ou tel dui-
tage : trois tours de rochet font un centimètre de tissu.... »

J'ai vu fonctionner ce régulateur simplifié avec une régularité parfaite dans les reps, tissus très-difficiles à faire réguliers. Un des grands avantages de cette invention réside dans
le bas prix du régulateur, qui est de 15 à 16 fr.

Si, au régulateur et au temple mécanique, nous ajoutons le
casse-duite, nous aurons nommé les trois perfectionnements
qui ont fait faire un grand progrès au tissage mécanique; le
dernier surtout, qui fait arrêter le métier dès que la duite
casse, a rendu la surveillance facile et a permis à un même
tisseur de conduire deux métiers.

La question du tissage mécanique est maintenant jugée,
parce que les maisons qui pratiquent en grand cette industrie
font autorité. Si elle ne se développe pas aussi vite qu'on
l'avait pensé d'abord, je crois que cela tient à la difficulté de
réunir les tisseurs en atelier; c'est peut-être aussi ce qui
explique le haut prix des tarifs du Cateau, où l'ouvrier ne
conduit qu'un métier, tandis qu'en Alsace il en conduit deux
avec un tarif qui est moitié plus bas. Un ouvrier sur deux
métiers ne fait jamais le double de celui qui n'en conduit
qu'un; il y a au moins 20 p. % de différence. Un métier peut
lancer de 60 à 80000 duites par jour. Avant de parler de la
réception des tissus à la duite, donnons quelques définitions
que je prends dans l'ouvrage de M. Alcan.

NOTIONS GÉNÉRALES DU TISSAGE.

*Un tissu ou une étoffe d'une nature quelconque est une
surface flexible et élastique, de dimension donnée, formée
par l'entrelacement régulier de fils soumis à une tension, et
dont la superposition détermine l'épaisseur du tissu.*

La liaison des fils de presque tous les tissus s'effectue par le croisement de deux séries de fils perpendiculaires entr'eux. Ceux de la première sont longitudinaux, isolés les uns des autres, et tendus parallèlement dans un même plan horizontal ou vertical, suivant le système; ceux de la seconde série entrelacent transversalement ceux de la première : on peut les considérer comme un seul fil successivement replié et serré sur lui-même, de manière à remplir graduellement l'espace vide laissé sur toute la longueur de ceux de la première série.

Le système des fils longitudinaux a reçu le nom de *chaîne;* celui des transversaux est appelé *trame.*

Une seule course de trame égale à la largeur de la chaîne est désignée sous le nom de *duite;* plusieurs duites de couleurs différentes superposées ont reçu le nom de *passée.*

Les opérations préliminaires du tissage pour les tissus unis sont :

1° Le bobinage (qui est supprimé dans l'ourdissage à la main);

2° L'ourdissage ;

3° L'encollage ;

4° Le pliage ou montage des chaînes ;

5° Préparation de la trame (cannettes qui se font sur le métier);

6° Remettage et armure.

Pour les tissus façonnés, il faut ajouter :

7° La mise en carte du dessin ;

8° Le lissage, le perçage et l'assemblage des cartons ;

9° Les divers empoutiages ;

10° L'appareillage du métier, comprenant le colletage et le pendage.

Les principaux systèmes de métiers sont :

Basses lisses.

1° Le métier ordinaire à marches, mû par l'ouvrier ;

2° Les métiers mécaniques ;

3° Les métiers à cylindres,
4° Les métiers à la Jacquart.

Hautes lisses.

5° Le métier à hautes lisses;
6° Le métier mixte à basses ou à hautes lisses, à volonté;
7° Les métiers à tulles;
8° Les métiers à tricots.

C'est la description de tous ces métiers et des tissus qu'ils produisent qui forme les chapitres des différents traités sur le tissage. Je ne me crois pas le droit de les reproduire ici; j'en donne simplement la désignation, et je reviens à ce que j'écrivais dans la première édition.

Pour le tissage mécanique, il faut avoir des cannettes bien faites sur des cônes très-prononcés qui traversent la cannette tout entière. La trame doit être très-serrée, surtout dans le fond, pour empêcher les éboulements occasionnés par le contre-coup de navette; mieux les cannettes seront faites, et moins il faudra sous-filer.

La cannette ne doit pas être trop longue: environ 11 centimètres, car elle se casse; il vaut mieux la faire un peu plus grosse, avec des navettes un peu plus fortes que celles ordinaires. Jadis on a tissé avec des navettes qui recevaient une bobine entière, telle que le fileur la fait; mais, avec ces grosses navettes, il faudrait ralentir la marche du métier mécanique, qui donne aujourd'hui 130 coups à la minute dans les chaînes tendres, et jusqu'à 200 coups dans les chaînes fortes.

Logiquement, un fabricant de tissus doit être peigneur et filateur. Cela viendra avec le temps, surtout avec le développement du tissage mécanique; mais, dans la position actuelle, il faut encore distinguer entre la grande fabrication, qui forme la classe des manufacturiers, et la petite fabrication, qui doit travailler sur commission, pour ne pas entasser tissus sur tissus sans savoir comment elle les vendra. Cette dernière est dans une meilleure condition sans filature qu'avec un établissement dont elle devrait employer tous les fils ; elle peut choisir ses numéros chez les divers producteurs : il y en a beaucoup de consciencieux. Elle a encore cet autre avantage de pouvoir arrêter ou ralentir en cas de crise commerciale ; il n'en serait pas ainsi si le fabricant avait des broches qui lui donnassent tous les jours de 100 à 150 kilogrammes de fil : il serait condamné aux travaux forcés. J'ai vu cela, et ce n'est pas gai : on produit des tissus pour absorber des'fils. C'est la plus détestable des conditions pour celui qui n'a pas le moyen de perdre ; dans ce cas, il vaut cent fois mieux ne pas être filateur.

Ce raisonnement n'est juste que pour le tissage à la main, car le tissage mécanique changera toutes les conditions. Le négociant absorbera le filateur et le fabricant ; cette métamorphose ne se fera que par l'association des capitalistes et des industriels. Toutes les positions bâtardes disparaîtront ; il y en a déjà beaucoup qui manquent à l'appel.

Il n'y a pas à examiner si c'est un bien ou un mal : c'est une nécessité de la lutte. L'adoption du tissage mécanique, au point de vue social, devrait être repoussée, car il aura l'inconvénient d'agglomérer les ouvriers des campagnes dans les villes. Les peigneuses ont eu le même inconvénient, et cette considération ne les a pas fait clouer à la porte des ateliers, dans lesquels elles occupent une si large place ; tandis que les peigneurs, si nombreux il y a quinze ans, font maintenant autre chose. L'élévation des salaires prouve assez que les bras ne sont pas trop nombreux. Que serait-ce donc sans le développement des machines, qui ont remplacé tant d'ouvriers ?

Revenons au tissage à la main.

Une opération très-importante pour le fabricant, c'est l'achat des fils. Il est très-difficile, pour ne pas dire impossible, de reconnaître à un fil la nature de la laine qui l'a produit ; c'est d'autant plus difficile que, souvent, ces fils proviennent de mélanges de laine, faits à la filature ou au peignage. C'est donc autant une opération de confiance que de connaissance.

Beaucoup de bons filateurs s'attachent à ne travailler que des laines qui rendent bien au tissage. Ces filateurs intelligents se sont formé une clientèle qui fait leur fortune.

Il ne faut pas acheter ce que l'on désigne sous le nom de fils d'industrie, c'est-à-dire des fils surfilés vendus par des marchands qui ne sont pas filateurs. Le prix nominal peut être avantageux, parce que le numéro est forcé; mais ces fils donnent des produits irréguliers, beaucoup de défauts et beaucoup de déchet; les tissus reviennent au même prix qu'avec de la bonne marchandise, tandis qu'on en a de la mauvaise. Cette déplorable industrie disparaît tous les jours. Les filateurs qui la servent sont coupables, car, si cette action de surfiler ne tombe pas sous le coup de la loi qui protége la liberté du commerce, c'est un commerce déloyal dans lequel le fileur et le tisseur paient tous les frais et ne gagnent rien : on spécule sur la vie de l'ouvrier.

Il ne faut pas acheter de trames passées à la vapeur. Cette opération, qui ne peut pas leur faire de bien, peut amener des nuances dans les tissus, et même des barres.

J'ai expliqué, à l'article du métier à filer, d'autres motifs de barres : les mariages, de la chaîne dans la trame, une erreur de numéro, ou même une irrégularité. Ce dernier défaut donne des barres semblables aux templées marquées; seulement, les templées marquées qui paraissent aux bords des pièces se perdent au milieu, tandis que les barres venant des fils traversent la pièce dans toute sa largeur. On a souvent des barres parce que les tisseurs conservent chez eux quelques trames des pièces précédentes; et quelquefois on a des nuances dans les tissus parce qu'ils laissent des bobines de laine de suint exposées en plein soleil, ce qui les blanchit.

RÉCEPTION DES TISSUS.

Les meilleurs employés pour la réception des tissus sont d'anciens tisseurs intelligents, qui connaissent la cause de tous les défauts qui existent dans une pièce, et qui savent expliquer à l'ouvrier les moyens de les éviter.

La qualité d'une pièce réside d'abord dans le lainage employé à sa fabrication, duquel dépend la force et l'élasticité du tissu ; elle réside aussi dans la régularité et la beauté du grain ; ce dernier dépend de l'ouvrier. Une croisure bien marquée, formant des diagonales parallèles et régulières, des lisières bien nettes, pas de taches, et peu de déchet, voilà le lot des bons ouvriers. Les mauvais tisseurs rendront des tissus avec des éboulures, des mésentrées, des gros pieds en chaîne, des duites doublées, des fils coureurs, des portées lâchées, des duites cassées, un mauvais grain, des piqûres, des lisières frangeuses, des trous, des grilles, des barres, des taches, des templées marquées, etc., etc.

Lorsque l'on considère à combien de défauts une pièce est exposée entre les mains de l'ouvrier qui est loin de la surveillance du fabricant, on comprend que les meilleurs tisseurs sont toujours les moins chers, lors même qu'ils recevraient 10ᵉ au mètre en plus que les autres. Le tissage mécanique, qui tient les ouvriers en atelier, rend la surveillance facile ; les chaînes sont aussi mieux montées, ce qui évite beaucoup de défauts. Le tissage mécanique évite surtout les vols, et exige moins de trame que le tissage à la main pour un même nombre de croisures. Ceci ne semble pas logique ; mais c'est un fait constaté : il tient sans doute à la manière impérative dont la trame est lancée, et aux excentriques qui remplacent les pieds du tisseur.

Cette considération oblige à laisser un peu de marge dans la réception des tissus à la duite, au lieu de les recevoir au poids qui ne prouve absolument rien. Le manque de poids n'est qu'une présomption de fraude qui doit être confirmée par le calcul à la duite, qui indique la quantité de trame employée. Cette méthode est la plus juste. Généralement, la pièce et le déchet pèsent le poids des matières délivrées au tisseur; cela dépend de l'endroit où il travaille, et du soin qu'il met à ramasser ses déchets.

Pour la réception des tissus à la duite, le filateur fabricant a, sur son confrère qui ne produit pas ses fils, l'avantage d'être certain du numéro de fil déclaré : il existe dans toute la longueur de la bobine, et d'un bout à l'autre du lot; tandis que, dans les fils achetés, cette certitude n'existe pas au même degré.

Cependant il faut reconnaître qu'aujourd'hui les déclarations des filateurs sont de plus en plus justes. Ceux qui ne sont pas honnêtes par tempérament le sont par nécessité; ils ont reconnu qu'ils étaient les premières victimes d'une fausse déclaration : l'acheteur ne se laisse pas tromper deux fois par la même maison. Quoi qu'il en soit, la réception à la duite avec des fils surfilés est excessivement douteuse ; c'est pourquoi tous les conseils de prud'hommes n'admettent pas ce mode.

Le tisseur qui n'a pas échantillonné les fils est sans garantie. Pour tout concilier, il faut recevoir à la duite et contrôler par le poids. Il faut surtout tenir compte de la moralité de l'ouvrier; elle est inscrite à son compte ouvert au grand-livre de la fabrication, à moins qu'il n'en soit à sa première pièce. Dans ce cas, il reste la ressource de la comparaison avec les autres ouvriers qui emploient les mêmes matières pour les mêmes tissus.

Combien un tisseur de confiance met-il d'échées à la duite ou à la croisure dans tel compte? La réponse à cette question donne la règle à suivre pour tous les tisseurs. Voici le moyen pratique d'obtenir cette réponse.

ÉCHÉES A LA CROISURE.

Détissez $0^m\,02708$ (un pouce) de tissu, ayant 48 croisures ou 12 croisures au quart de pouce (c'est le compas du tisseur), vous trouverez 3 duites 66 centièmes par croisure, c'est-à-dire 175 duites 68 pour $0^m\,02708$ de tissu. Cette mesure est celle du pouce réduit en décimales jusqu'au cinquième chiffre ; cette fraction devant servir de diviseur dans l'opération qui va suivre, il faut l'obtenir le plus juste possible.

Si dans $0^m\,02708$ on met 175 duites 68, combien en mettra-t-on dans 73 mètres, qui représentaient la longueur de la pièce ? La réponse sera le quatrième terme de la proportion suivante :

$$0^m\,02708 : 73^m :: 175^d\,68 : x \qquad x = 473584 \text{ duites.}$$

Il y aura, dans les 73 mètres de mérinos à 12 croisures, 473584 duites. La longueur de chaque duite est égale à la largeur du peigne et de l'équipage du tisseur ; pour avoir 1^m20 de tissu descendu du métier, il faut lancer la trame dans $1^m\,29$, qui est la largeur du peigne garni de chaîne ; on aura donc autant de fois $1^m\,29$ qu'il y a de duites dans la pièce, ou

$$473584^d \times 1^m\,29 = 610924 \text{ mètres.}$$

Connaissant la longueur de la trame employée, 610924 mètres, il est facile de trouver le nombre d'échées ; sachant que l'échée a 710 mètres, ce nombre sera $\dfrac{610924}{710} = 860^d\,5$ pour les échées entrées dans la pièce. Mais il faut comprendre, dans le compte des matières, les échées passées en déchet ; ce dernier chiffre flotte entre 3 et 5 p. $^o/_o$; je prends la moyenne, 4 p. $^o/_o$, que j'ajoute à $860^d\,5$; j'obtiens 895 échées pour un mérinos de 73 mètres de long, $1^m\,20$ de large et 12 croisures,

ce qui donne à la croisure, $\dfrac{895}{12} = 74^d\,6$;

au mètre de long, $\dfrac{895}{73} = 12^d\,26$;

au centimètre de large, $\dfrac{895}{120} = 7^d\,46$.

Le tableau résume les échées dans tous les comptes, sur 85 mètres de tissu, longueur actuelle.

Il est bien entendu que si le tisseur ne rend pas en déchet les 4 p. % entrés dans le calcul, il doit rendre la différence en fil, en bobines intactes, et non en balayures ou duvet ramassés sous les métiers ou empruntés à ses voisins.

Pour ajouter ou retrancher des échées sur la largeur, il faut que la différence vienne de l'équipage, et non de la position des ensouples du métier, qui influe sur cette largeur ; plus l'ensouple est éloignée du peigne, plus la pièce rentre sur sa largeur ; elle emploie autant de trame dans des équipages égaux, que la pièce soit rentrée ou non.

La duite, lancée dans une même largeur de peigne, donnera toujours la même longueur de fil employé pour un même système de tissage.

--- --- ---

NUMÉROS A EMPLOYER POUR CHAQUE COMPTE.

Les chaînes pèsent en moyenne $4^k 400$ pour les mérinos de 85 mètres, de 8 à 17 croisures, ayant de 67 à 94 portées. Chaque compte est indiqué dans le tableau qui suit avec toutes les combinaisons pour les mérinos seulement.

Les chaînes vont toujours en augmentant de finesse à mesure que l'on fait les tissus plus légers. Il y a maintenant des fabricants qui mettent des chaînes 50 pour les comptes 4000 et 15 croisures.

Pour les trames, voici la méthode que j'indique :

Jusqu'à 17 croisures, j'ajoute un zéro au nombre de croisures, et j'ai le numéro de fil à employer pour avoir de bons tissus. Ces chiffres sont faciles à retenir ; pour 12 croisures, on met du 120, et pour 17 croisures, du 170. Au-dessus de ces chiffres, la trame est échelonnée pour arriver à 200 au kilogramme pour 25 croisures, ainsi que cela est indiqué au tableau auquel je renvoie.

Les mérinos de 30, 35 et même 50 croisures, comme on en a exposés, sont des objets de curiosité qui n'ont pas de valeur commerciale.

On remarquera que le prix des montures varie peu dans un même compte : il faut toujours le même nombre d'échées. Il en est de même des trames pour un même nombre de croisures; le numéro a peu d'influence sur le prix de revient des tissus; il ne faut consulter que la convenance des matières pour le genre que l'on veut obtenir. Les combinaisons que j'indique sont très-bonnes et donneront des produits raisonnés. Après tout, on travaille pour vendre; et si les acheteurs veulent de la drogue, il faut leur en faire jusqu'à ce que le tissage mécanique vienne y mettre ordre.

Avant de dresser le tableau qui suit, je dois faire remarquer que, pour les échées employées à la croisure, il n'y a pas proportion d'un compte à l'autre, parce que moins il y a de croisures au quart de pouce, moins elles sont serrées et moins il faut de duites pour chacune d'elles.

Le nombre de duites à la croisure augmente à mesure que les comptes en chaîne sont plus serrés.

C'est en décomposant des tissus de tous les comptes que j'ai trouvé le chiffre des matières employées, et que j'ai pu indiquer les duites correspondantes à chaque nombre de croisures. C'est sur ces duites que les calculs à l'échée ont été faits; ils sont parfaitement exacts et contrôlés par l'application qui en a été faite à de bons tisseurs, qui servent de guide pour les autres.

Dans la chaîne, j'ai compté 2 p. % de déchet; elle n'entre pour rien dans le compte du tisseur; il la reçoit collée et pesant largement le poids indiqué, déchet compris.

Toutes les pièces sont indiquées au même métrage ; cependant les fines se font plus courtes, pour ne pas les laisser aussi longtemps sur les métiers : on en fait qui n'ont que 50, 60 et 65 mètres pour 25 croisures.

Les chiffres qui indiquent les comptes ne sont pas le nombre de fils en chaîne; ils indiquent seulement le pas, la division; ainsi le 3800 a 19 fils au quart de pouce, ou 72 fils pour 0^m 02708 de large.

Pour avoir le nombre de fils dans la chaîne, il faut multiplier 40, qui est le nombre de fils à la portée, par le nombre de portées de chaque compte indiqué au tableau; multipliant le résultat, c'est-à-dire le nombre de fils de chaque pièce, par la longueur de cette pièce, on obtient la longueur de la chaîne à employer. Si on la divise par 710 mètres, on a le nombre d'échées en chaîne, ce qui donne le poids de la monture, moins les 2 p. °/₀ de déchet qu'il faut ajouter.

C'est ainsi qu'on vérifie les numéros de chaîne, et que j'ai calculé les poids des montures.

Le tarif du tissage mécanique est de 2 à 3ᶜ du 1000 de duites. Un mérinos 12 croisures, qui a 6480 duites au mètre, se paie 13ᶜ le mètre en Alsace, 20ᶜ à Reims et au Cateau, au lieu de 36ᶜ pour le tissage à la main.

COMBINAISONS ET COMPTES DES MATIÈRES AUX PRIX ACTUELS (SEPTEMBRE 1864).

Pour les Mérinos, calculés sur 85ᵐ, les croisures et les duites sont indiquées au quart de ponce, qui est de 0ᵐ00677 : c'est la mesure du tisseur.

Portée de 40 fils.	DÉSIGNATIONS.				CHAINES.			TRAMES.			FAÇON AU MÈTRE.		FRAIS DE FABRICATION.	PRIX AU MÈTRE AVEC 2 P. % DE FRAIS DE vente à Reims.	ÉCHÉES EMPLOYÉES EN TRAME PAR		
	COMPTES DES MÉRINOS.	CROISURES.	DUITES.	LARGEUR.	Numéros au 1/2 kil.	POIDS DE 85ᵐ DÉCHET COMPRIS.	PRIX AU KIL.	Numéros au 1/2 kil.	POIDS DE 85ᵐ DÉCHET COMPRIS.	PRIX AU KIL.	A LA MAIN.	A LA MÉCANIQUE.			LA CROISURE POUR 85ᵐ.	LE MÈTRE DE LONG.	LE CENTIMÈT. DE LARGE.
67	3400	8	28ᵈ3	108ᶜ	36	4ᵏ64	12ᶠ50	45	6ᵏ74	12ᶠ00	0ᶠ25ᶜ	0ᶠ12ᶜ	5ᶠ00	1ᶠ98	75é80	7é15	5é62
68	3500	9	32 1	108	38	4 35	13 00	47	7 48	12 25	0 27	0 14	5 25	2 12	78 10	8 28	6 51
71	3600	10	36 0	112	40	4 34	13 50	50	7 97	12 50	0 30	0 16	5 50	2 25	79 70	9 38	7 11
80	3700	11	39 9	120	42	4 65	13 75	55	8 65	13 15	0 33	0 18	6 00	2 55	86 50	11 20	7 93
82	3800	12	43 9	120	44	4 54	14 25	60	8 68	13 50	0 36	0 20	6 00	2 65	86 80	12 26	8 68
84	3900	13	48 0	120	45	4 55	14 50	65	8 74	14 00	0 41	0 21	6 00	2 78	87 40	13 37	9 47
87	4000	14	52 1	123	47	4 51	15 00	70	9 03	14 60	0 47	0 23	6 25	2 89	90 30	14 88	10 28
87	4000	15	56 2	123	48	4 41	15 25	75	9 09	15 40	0 52	0 25	6 50	3 10	90 90	16 04	11 08
89	4100	16	60 5	123	50	4 34	15 75	80	9 17	16 00	0 57	0 27	7 00	3 24	91 70	17 27	11 92
94	4200	17	64 2	129	52	4 40	16 50	85	9 69	17 50	0 62	0 29	8 00	3 62	96 90	19 38	12 76
94	4200	19	71 8	129	54	4 24	18 40	90	10 22	18 60	0 70	0 32	9 00	4 04	97 00	21 68	14 28
94	4200	22	83 5	130	57	4 01	20 00	95	11 32	19 60	0 80	0 37	12 00	4 59	97 70	25 31	16 54
94	4200	25	96 0	130	60	3 82	22 00	100	12 32	23 00	0 95	0 43	15 00	5 56	98 60	29 00	17 42

MANIÈRE DE SE SERVIR DU TABLEAU.

Supposons la réception d'un mérinos de 12 croisures; après l'avoir compassé à dix places prises au hasard dans toute sa longueur, si l'on trouve un total de 124 croisures, ce sera 12 croisures 4 en moyenne au quart de pouce. On voit sur le tableau que, dans ce compte, la croisure emploie 86ᵉ 8 pour 85 mètres; on aura donc, pour les échées employées dans la pièce, 86ᵉ 8 × 12 croisures 4 = 1076ᵉ 32.

Si la pièce a 1 mètre de plus que 85, on ajoutera 12ᵉ 26 pour ce mètre en plus, de même qu'il faudrait retrancher cette quantité par chaque mètre en moins, comme cela est indiqué au tableau.

Si la pièce, au lieu d'être tissée pour la largeur de 120 centimètres, sur laquelle le calcul se fait, était plus large ou plus étroite, il faudrait ajouter ou retrancher 8ᵉ 68 par chaque centimètre en plus ou en moins sur la largeur, puisque le tableau indique que chaque centimètre de large emploie cette quantité de trame, en supposant un déchet de 4 p. %.

Il est évident que si le tisseur ne rapporte pas cette quantité de déchet, il doit rendre la différence en bobines de fil non employées; on obtient ainsi un résultat final qui donne juste la longueur du fil entré dans la pièce, toujours en supposant le numéro du fil exact.

On dresse un tableau pour tous les genres : mousselines, baréges, cachemires, stoffs, orléans, châles, gazes, reps, damas, moquettes, etc., en vérifiant chaque résultat par la pratique, avant d'arrêter définitivement le tableau.

Ce travail devrait être publié par les soins du conseil de prud'hommes de chaque localité, ou plutôt par une commission composée d'un membre de chacun des conseils de Paris, Reims, Roubaix, Amiens, Mulhouse, Le Cateau, etc., afin d'établir une juridiction uniforme pour le compte matière dans la réception des tissus.

C'est pour arriver à une entente générale sur la désignation des tissus que M. Alcan, professeur de filature et de tissage au Conservatoire des Arts-et-Métiers, a donné un système de classification des tissus, en indiquant leur composition à l'aide d'une simple formule.

On voit que ce professeur veut amener dans cette branche l'ordre qui règne dans les cours scientifiques; il groupe les tissus par types et par classes, qu'il subdivise en plusieurs genres.

Voici ce qu'a dit de ce système M. E. Gand, dans un rapport rendu public, à Amiens :

CLASSIFICATION DES TISSUS.

M. Alcan ramène toutes les étoffes à des types fondamentaux :

1° Type toile, ou rectiligne continu;

2° Type gaze, ou rectiligne curviligne;

3° Type tulle et dentelle, ou angulaire continu;

4° Type tricot et crochet, ou curviligne continu;

5° Type filet, ou étoffes à mailles nouées;

6° Type gobelin, ou tissus spoulinés.

Chacun de ces types se subdivise en genres variés. Chaque genre réunit les mêmes éléments constitutifs et les mêmes moyens d'exécution.

La notation doit comprendre :

1° Le nombre de chaînes et le nombre de trames continues ou partielles, c'est-à-dire courant d'une lisière à une autre, ou employées seulement de place en place;

2° La quantité de lisses ou de maillons, qu'il nomme faisceaux (c'est ce que nous appelons lames);

3° Le nombre de mouvements imprimés à ces faisceaux pour réaliser un effet déterminé;

4° Elle doit contenir, en outre, un terme qui indique au

besoin l'intervention des apprêts, et s'ils sont donnés avant ou après tissage ;

5° Un terme donnant la réduction, ou nombre de fils par unité de surface, en constatera la valeur absolue, etc.

Il désigne par C la chaîne,

— T la trame,
— *t* la trame partielle,
— F un faisceau,
— M un mouvement,
— R la réduction par centimètre carré.

M. E. Gand, appliquant ces éléments aux velours de coton croisé, leur donne cette formule :

$$C\ T,\ 6\ F,\ 9\ M\ R,$$

c'est-à-dire une chaîne C,

— une trame T,
— 6 faisceaux ou pas de lames, 6 F,
— 9 mouvements, 9 M (6 coups de velours, 3 coups de croisés).

R indique la réduction par centimètre carré ; c'est le compas qui remplace le quart de pouce du tisseur.

M. Gand ajoute cette observation : « On sait que le nombre de mouvements n'implique pas un nombre égal de marches destinées à mettre en mouvement les faisceaux de lames. Ainsi, dans l'étoffe ci-dessus, il y a 6 pas de lames ou 6 F, 9 mouvements ou 9 M, et cependant il n'y a que 6 marches.

» On peut considérer M comme le numérateur d'une fraction dont le dénominateur serait le nombre de marches, et l'on aurait alors :

$$C\ T,\ 6\ F,\ 9\frac{M}{6}R \text{ pour le velours croisé de coton. »}$$

M. Alcan reconnaît cette observation exacte, et cependant il n'a pas cru devoir adopter le nombre de marches comme élément de classification, parce que ce nombre peut varier sans apporter de changement au résultat.

Notation des velours d'Utrecht :

$$2\,C,\ 2\,T,\ 4\,F\ 12\frac{M}{4}R.$$

Il y a ici 12 mouvements successifs et 4 marches seulement : 2 pour la chaîne velours, 2 pour la chaîne de fond.

Notation de l'alépine :

$$C\,T,\ 3\,F,\ 3\frac{M}{3}R.$$

Notation de l'escot, de la serge laine, du batavia et du satin grec :

$$C\,T,\ 4\,F,\ 4\frac{M}{4}R.$$

Le barpoor, ou satin de 5, se note :

$$C\,T,\ 5\,F,\ 5\frac{M}{5}R.$$

La mousseline de laine aura la notation la plus simple, qui est la même pour la batiste et pour la toile d'emballage :

$$C\,T,\ 2\,F,\ 2\,M,\ R.$$

Le sergé aura :

$$C\,T,\ 3\,F,\ 3\,M,\ R.$$

Et le mérinos se notera :

$$C\,T,\ 4\,F,\ 4\,M,\ R.$$

On désigne ainsi tous les genres.

Les satins, dont l'entrelacement n'a lieu que de cinq en cinq fils au moins, et va jusqu'à 15 et 16 fils (ce qui les fait désigner sous les noms de satins de 5, 6, 7 à…. 16), se notent ainsi :

$$C\,T,\ 5,\ 6,\ 7\ldots 16\,F,\ 5,\ 6,\ 7\ldots 16\,M,\ R.$$

Voir, pour d'autres tissus, l'appendice à l'*Essai sur l'Industrie des Matières textiles*, de M. Alcan.

DISTRIBUTION DES FILS AUX TISSEURS.

Lors même que le filateur prendrait tous les soins que j'ai indiqués à l'article emballage, cela ne dispense pas d'en prendre d'autres en distribuant les fils aux tisseurs, pour que tous les fils de la même pièce soient, autant que possible, de la même levée. Ce mode est toujours préférable : les tissus en sont plus réguliers; deux fileurs n'ont jamais exactement la même torsion, puis les fils de plusieurs levées sont exposés à plus de différence entr'eux que ceux d'une même levée.

Les employés plongent les mains dans les caisses en prenant des bobines du haut en bas ; un même tisseur en a de deux ou trois fileurs.

Qu'on fasse cela pour les chaînes, rien de mieux; mais pour les trames, c'est une faute. Sans doute elle est légère et ne donne pas de défauts apparents; mais elle nuit à cet ensemble de perfection qui se trouve dans les tissus bien faits et bien raisonnés, et qui flattent l'œil par leur régularité.

Si par hasard il se trouve une erreur d'une levée à l'emballage (ce qui n'est pas impossible), en distribuant les fils sans précaution, cette levée peut barrer dix pièces; tandis qu'en donnant toutes les bobines d'une même levée au même ouvrier, il n'y en aura qu'une de manquée, deux au plus.

Pour toutes les opérations, il ne faut dédaigner aucune précaution. Les petits défauts échappent à l'analyse, mais leur répétition n'échappe pas à l'acheteur, qui n'est pas obligé de justifier ses préférences.

Je termine ici le chapitre du tissage, en recommandant aux fabricants de n'employer que des laines de bons crus qui rendent le mieux à la teinture, et de bien payer leurs ouvriers, pour avoir les meilleurs et être en droit de se montrer sévère à la réception des tissus. Ce sont les conditions de réussite d'une bonne fabrication, pour laquelle il faut d'abord de l'argent et des gens capables pour l'employer avec intelligence.

J'ai omis de parler de l'épeutissage. Le meilleur moyen est toujours le peigne ou la machine David-Labbez, pour faire cette opération avec économie, surtout aujourd'hui que le peigne à la main est tombé dans le domaine public. Il y a une foule de peignes à épeutir qui se vendent en concurrence avec celui de David-Labbez, qu'on a osé louer jusqu'à 100 fr. par mois. Les peignes se vendent 25 fr., et même moins, parce que les lames sont refendues à la mécanique, et non faites à la main comme celles de M. David-Labbez, qui sont en acier. C'est dans ce fait seul que réside la supériorité de ses peignes, qu'il loue aujourd'hui 15 fr. par mois. Sa machine se loué, je crois, 1000 fr. par an ; j'en connais une qui suit un tissage de cent trente métiers mécaniques. La grande maison du Cateau, qui n'a pas de cardes, peigne et file assez parfaitement pour ne pas épeutir ses tissus. Le secret consiste à travailler à petite vitesse et à petits volumes : ses peigneuses font moitié du *maximum* possible. Il n'y a que des maisons hors ligne qui puissent employer ce moyen, parce qu'elles ont une clientèle spéciale qui en paie les frais.

Il y a une chose que le peigne à épeutir n'enlève pas : ce sont les taches. Parmi les matières ordinaires employées pour les enlever, les unes ont la propriété de détruire la substance qui forme la tache par une dissolution : telles sont, pour les taches de graisse, l'éther, l'essence de térébenthine, le savon, le fiel de bœuf, etc. ; d'autres ont la propriété d'absorber la tache : telles sont, pour les taches huileuses, la craie, la chaux éteinte à l'air, le talc en poudre, les différentes terres glaises, le papier brouillard, etc.

Les taches résineuses sont facilement enlevées par l'esprit de vin.

Ce que les ouvriers du Nord rapportent le plus souvent sur les tissus, ce sont des taches de café. Il faut les laver avec un jaune d'œuf cru délayé dans une petite quantité d'eau ; si la tache est ancienne, on ajoute une dixaine de gouttes d'esprit de vin.

La tache d'encre s'enlève par un lavage à l'eau de savon ; il ne reste plus qu'à enlever l'empreinte de la tache formée par l'oxide de fer : on la mouille avec l'acide sulfurique ou chlorhydrique très-étendu d'eau. Si la tache est ancienne, il faut augmenter la quantité d'acide jusqu'à $1/10^{me}$ de l'eau.

Je donne ces renseignements parce que je les crois utiles pour les fabricants et d'une application facile.

———

J'ai terminé la première édition par un article sur les salaires. Cette fois, je m'abstiendrai de traiter ce sujet délicat.

Un pas a été fait dans le sens libéral par la nouvelle loi sur les coalitions. Encore un petit effort, et que les associations soient libres, le problème sera résolu. Je crois, comme les écrivains qui m'ont répondu, que les associations ouvrières sont le meilleur remède contre les salaires abusifs ; mais, pour cela, il faut que la liberté soit entière : l'édifice attend toujours sa couronne. C'est parce que cette liberté n'existe pas que j'ai demandé un frein contre les abus ; je désirais que l'institution du prud'homme eût des attributions plus étendues. Voici comment s'est exprimé depuis M. Charles Dolfus sur ce sujet :

« L'institution du prud'homme est, à mes yeux, d'une portée trop peu comprise en ce qui concerne les améliorations que la liberté, la science et le rapprochement entre patrons et ouvriers amèneront certainement dans le giron des intérêts industriels. Pourquoi ne pas étendre les attributions de ce tribunal mixte institué pour juger les différends entre ouvriers et patrons ? Je ne vois pas ce qui empêcherait qu'on lui soumît des questions relatives à la fixation des salaires, c'est-à-dire aux contrats entre ceux qui travaillent et ceux qui font travailler. Serait-il donc absolument impossible que patrons et ouvriers s'entendissent pour nommer des délégués chargés de débattre et régler équitablement, pour les uns comme pour les autres, les conditions du travail, selon les temps, les localités?

» ...... L'antagonisme entre le capital et le salaire, entre la démocratie et la bourgeoisie, n'est nullement en opposition de principe. La racine est identique, et cette racine est le travail. Ameuter le capital contre le salaire, ou bien le salaire contre le travail, revient à armer le travail contre lui-même et à troubler la société dans son véritable fondement.

» Du pain et de l'instruction, voilà ce que demande la démocratie, et voilà ce que la bourgeoisie intelligente doit s'efforcer de lui procurer, si elle ne veut pas être brutalement écrasée par les multitudes. »

RÉGLEMENT

D'UNE SOCIÉTÉ DE PRÉVOYANCE.

ARTICLE 1er. — Une société libre, indépendante de toute influence occulte, politique ou religieuse, est formée à *(mettre ici le pays)*; elle a pour titre : société de prévoyance.

ART. 2. — Le but de la société est de donner les soins du médecin et les médicaments aux sociétaires malades, blessés ou infirmes, et de leur payer une indemnité pendant le temps de leur maladie.

ART. 3. — La durée de la société, ainsi que le nombre de ses membres, sont illimités. Le présent réglement est révisible tous les ans, sur la demande de la majorité des membres de la première série dont il va être question.

ART. 4. — Les sociétaires sont divisés en trois séries :

Première série : les hommes; deuxième série : les femmes; troisième série : les enfants.

Les admissions se font en assemblée, à la majorité des voix. Pour être présenté, il faut être d'une bonne santé et d'une conduite régulière.

ART. 5. — Les hommes, qui forment la première série, ont seuls voix délibérative dans les assemblées; ils présentent les nouveaux membres, et paient une cotisation de 40 centimes par semaine. Les femmes paient 20 centimes, et les enfants de douze à seize ans 10 centimes. Plus un droit d'entrée de 3 francs pour les hommes, 2 francs pour les femmes, et 1 franc pour les enfants.

25

Art. 6. — Chaque sociétaire malade a droit, six semaines après son premier versement, aux soins d'un médecin à son choix, aux médicaments et à une indemnité ainsi fixée, à dater du troisième jour de la maladie :

1 franc 25 centimes par jour pour les membres de la première série ;

60 centimes pour ceux de la deuxième série ;

30 centimes pour ceux de la troisième série, qui versent 10 centimes par semaine.

Art. 7. — Le sociétaire touche ces sommes pendant les deux premiers mois, moitié pendant les mois suivants, tant que les ressources de la société le permettent ; au bout d'une année, le bureau statue sur ce qu'il y a à faire dans le cas où la maladie est incurable.

Art. 8. — La société assure à ses frais, à chacun des sociétaires, en cas de décès, un enterrement convenable, auquel assiste une députation tirée au sort.

Art. 9. — Les ouvriers blessés en travaillant ont droit à l'indemnité au moment où cesse leur salaire ; il n'en sera accordé aucune pour blessures provenant de rixes ou inconduite ; le médecin constatera la nature de la maladie.

Lorsqu'une maladie se déclare moins d'un mois après la fin de la précédente, elle est considérée comme la suite de la première.

Art. 10. — Les couches ne sont pas une maladie ; dans aucun cas elles ne seront à la charge de la société ; mais si une maladie se déclarait après un mois, la sociétaire aurait droit aux avantages de la société.

Art. 11. — Seront exclus de la société les membres qui auront subi une condamnation infamante, ceux qui auront causé un préjudice volontaire aux intérêts de la société, ceux qui auront une conduite déréglée et notoirement scandaleuse, enfin ceux qui négligeront d'acquitter leur cotisation. La radiation, proposée par le bureau et votée à la majorité en assemblée générale, ne donne droit à aucune indemnité.

Art. 12. — La société est gouvernée par quatre administrateurs et un président nommés, chaque année, par les sociétaires au scrutin secret, lesquels nomment entr'eux un secrétaire, un trésorier et deux inspecteurs. Tout sociétaire qui, sans excuse valable, n'accepte pas la fonction qui lui est imposée par le scrutin, est réputé démissionnaire.

Art. 13. — Le président surveille et assure l'exécution des statuts; il fait un rapport annuel sur la situation de la société; il est chargé de la police des assemblées.

Le secrétaire tient la liste et les archives de la société; il fait la correspondance et rédige les procès-verbaux; convoque le conseil et les sociétaires sur l'avis du président.

Le trésorier fait les recettes et tient les fonds, dont il est responsable jusqu'à ce qu'ils soient placés à intérêt par les soins du bureau; il ne doit en délivrer que sur des bons visés par le président, qui paraphe et cote le livre de caisse.

Les inspecteurs, dont le nombre peut être augmenté selon les besoins du service, visitent les malades avec ou sans le médecin; ils leur remettent les indemnités qui leur sont dues, signalent au bureau les abus ou infractions au réglement, donnent aux malades des avis fraternels dans l'intérêt de leur guérison, afin qu'ils ne se livrent à aucun travail fatigant et qu'ils ne fréquentent pas les cabarets pendant leur convalescence; dans le cas où les sociétaires n'en tiendraient pas compte, leur subvention serait supprimée.

Art. 14. — Le service médical est réglé de 2 à 3 francs, selon les localités, par sociétaire malade ou non, et le service pharmaceutique sur un tarif réduit. Chaque sociétaire désigne son médecin à l'avance; tous les médecins, philanthropes par nature, accepteront ces conditions, ainsi que les pharmaciens.

Art. 15. — L'assemblée générale se réunit, de droit, deux fois par an, au commencement et au milieu de l'année, pour entendre les rapports et se prononcer sur les questions posées par le bureau et que chaque membre peut soulever. Le bureau se réunit tous les mois sur la convocation du président, qui peut aussi convoquer des assemblées générales si le besoin du service l'exige.

ART. 16. — Il faut au moins trois membres présents pour valider les décisions du bureau; les absents sont amendables au profit de la caisse sociale; il en est de même des sociétaires qui, sans excuse, ne se rendent pas aux assemblées générales après avoir été régulièrement convoqués.

ART. 17. — Le sociétaire qui quitte le pays cesse de participer aux charges et aux avantages de la société; il peut, à son retour, être admis sans verser un nouveau droit d'entrée, s'il est dans les conditions de l'article 4.

ART. 18. — La dissolution ne peut être prononcée qu'en assemblée générale spécialement convoquée à cet effet, et par un nombre de voix égal aux deux tiers des membres inscrits; toutes contestations sont jugées par des arbitres nommés par les parties intéressées.

ART. 19. — Chaque sociétaire, par le seul fait de son entrée dans la société, s'engage à observer les obligations imposées par le présent réglement, dont il déclare avoir pris connaissance; il reconnaît, comme définitives et sans appel, toutes les décisions du conseil qui se renferment dans ce qui précède.

FIN.

SPÉCIALITÉS

DE

L'IMPRIMERIE TYPOGRAPHIQUE & LITHOGRAPHIQUE

DE

DUMESNIL,

RUE DES FOURS, 20, EN FACE L'ÉGLISE, AU CATEAU.

IMPRESSIONS EN TOUS GENRES POUR LES FILATURES ET LES FABRICANTS DE TISSUS.

LIVRETS DE COMPTES, LIVRETS DE CONGÉS, REGISTRES POUR L'INSCRIPTION DES LIVRETS.

REGISTRES RÉGLÉS, IMPRIMÉS ET LITHOGRAPHIÉS SUR TOUS MODÈLES.

BARÈME DES FABRICANTS, 1 VOL. IN-8°, 1 FR. 50.

IMPRIMERIE DUMESNIL, RUE DES FOURS, 20, AU CATEAU.